城市更新行动理论与实践系列丛书
住房和城乡建设领域"十四五"热点培训教材

丛 书 主 编◎杨保军
丛书副主编◎张 锋 彭礼孝

城市更新
投融资模式

高 帅 彭礼孝◎编著

Investment
and
Financing
Model of
Urban Renewal

中国建筑工业出版社

图书在版编目（CIP）数据

城市更新投融资模式 = Investment and Financing Model of Urban Renewal / 高帅，彭礼孝编著 . –– 北京：中国建筑工业出版社，2024. 12. ––（城市更新行动理论与实践系列丛书 / 杨保军主编）（住房和城乡建设领域"十四五"热点培训教材）. –– ISBN 978–7–112–30933–7

Ⅰ . F299.23

中国国家版本馆 CIP 数据核字第 2025T4M939 号

策　　划：张　锋　高延伟
责任编辑：李　慧　柏铭泽　陈　桦
责任校对：赵　力

城市更新行动理论与实践系列丛书
住房和城乡建设领域"十四五"热点培训教材
丛书主编　杨保军
丛书副主编　张　锋　彭礼孝

城市更新投融资模式
Investment and Financing Model of Urban Renewal
高　帅　彭礼孝　编著

*

中国建筑工业出版社出版、发行（北京海淀三里河路 9 号）
各地新华书店、建筑书店经销
北京海视强森图文设计有限公司制版
建工社（河北）印刷有限公司印刷

*

开本：787 毫米 × 1092 毫米　1/16　印张：14$\frac{1}{2}$　字数：271 千字
2025 年 3 月第一版　2025 年 3 月第一次印刷
定价：**89.00** 元
ISBN 978–7–112–30933–7
　　　　（44061）

丛书编审委员会

丛书序言

党的二十大报告提出，"实施城市更新行动，加强城市基础设施建设，打造宜居、韧性、智慧城市"。城市更新行动已上升为国家战略，成为推动城市高质量发展的重要抓手。这既是一项解决老百姓急难愁盼问题的民生工程，也是一项稳增长、调结构、推改革的发展工程。自国家"十四五"规划纲要提出实施城市更新行动以来，各地政府部门积极地推进城市更新政策的制定、底线的管控、试点的示范宣传培训等工作。各地地方政府响应城市更新号召的同时，也在实施的过程中遇到很多痛点和盲点，亟需学习最新的理念与经验。

城市更新行动是将城市作为一个有机生命体，以城市整体作为行动对象，以新发展理念为引领，以城市体检评估为基础，以统筹城市规划建设管理为路径，顺应城市发展规律，稳增长、调结构、推改革，来推动城市高质量发展这样一项综合性、系统性的战略行动。我们的城市开发建设，从过去粗放型外延式发展要转向集约型内涵式的发展；从过去注重规模速度，以新建增量为主，转向质量效益、存量提质改造和增量结构调整并重；从政府主导房地产开发为主体，转向政府企业居民共建共享共治的体制机制，从源头上促进经济社会发展的转变。

在具体的实践中，我们也不难看到，目前的城市更新还存在多种问题，从理论走进实践仍然面临很大的挑战，亟需系统的理论指导与实践示范。"城市更新行动理论与实践系列丛书"围绕实施城市更新行动战略，聚焦当下城市更新行动的热点、重点、难点，以国内外城市更新的成功项目为核心内容，阐述城市更新的策略、实施操作路径、创新的更新模式，注重政策机制、学术思想和实操路径三个方面。既收录解读示范案例，也衔接实践，探索解决方案，涵盖城市更新全周期全要素。希望本套丛书基于国家战略和中央决策部署的指导性，探索学术前沿性，同时也可助力城市更新的实践具有可借鉴性，成为一套系统、权威、前沿并具有实践指导意义的丛书。

本书读者，也将是中国城市更新行动的重要参与者和实践者，希望大家基于本套丛书，共建共享，在中国新时代高质量发展的背景下，共同探索城市更新的新方法、新路径、新实践。

杨保军

前言

党的十八大以来，中国城市建设取得了历史性成就，截至 2024 年末，新型城镇化深入推进：中国城镇化率达到了 68%，存量住房面积约 350 亿平方米，市值约 360 万亿元，城镇人均住房面积 39 平方米，套户比 1.12；城市综合承载能力全面提升：综合交通运输网络总里程超 600 万公里，其中全国铁路营业里程达 16 万公里，其中高铁 4.6 万公里，公路通车里程 550 万公里，其中高速公路 19.2 万公里，城市道路长度达到 55 万公里，建成轨道交通线路长度 9200 公里，供水普及率、燃气普及率、污水处理率分别达到 99.6%、98.5%、98.5%，集中供热面积达到 112 亿平方米，供水和排水管道总长度达到 200 万公里，较好地保障了居民基本生活需求；城市人居环境显著改善：全国城市建成区绿地面积和绿地率分别达到 260 万公顷和 39.5%，地级及以上城市建成区黑臭水体问题基本消除，空气质量优良天数比例达到 88%，地级及以上城市生活垃圾分类工作全面开展，在居民小区中的覆盖率达到 82%；城市治理体系不断完善：城市体检评估全面开展，城市管理执法体制改革深入推进，互联网、大数据、云计算、人工智能等新一代信息技术手段在城市治理中的运用持续加强，城市管理水平持续提高；城市历史文化保护传承全面加强：142 座国家历史文化名城、799 个中国历史文化名镇名村、8155 个中国传统村落、1200 余片历史文化街区、6.72 万处历史建筑，成为传承中华文化最综合、最完整、最系统的载体[①]。

中国已进入全面存量资产的时代，也进入了城市化的成熟阶段（城市化水平在 60%~80%，为成熟阶段）和城市高质量发展阶段。由于传统的地产开发模式仅聚焦于物理空间的建造，利益核算通常呈现项目化、短期化的特点，而新时代的城市更新应该是在长期战略目标的指导下，以提高居民的生活品质和城市的空间品质为目标，以现代城市概念和技术规范体系为准绳，聚焦城市产业发展和城市运营，统筹战略规划、空间规划、产业规划三位一体，有效联动政府、市场、公众利益，从而构建合理的投融资模式，实现城市的可持续发展。合理的投融资模式设计需要结合国家的金融政策、地方政府的财力、资源禀赋，以及具体项目的经营属性、商业模式、回报机制、潜在风险等综合

---

① 国家统计局数据。

考量，从投资主体、融资模式、平衡机制等多维度统筹谋划。总体而言，城市更新与传统地产开发及传统基建投资相比，涉及的主体多，涵盖面广，资金需求大且时间跨度长，往往还带有一定的公益属性，尤其对参与主体的投资能力、产业导入能力、城市运营能力形成极大考验。

一是从城市更新项目的盈利性角度出发，项目可分为纯公益性项目、准公益性项目、经营性项目。对于纯公益性项目，由于项目的非盈利性和社会效益性，政府需要集中财政资金或通过发行政府债券筹集资金投资，比如中央预算内投资、一般债券、专项债券、国债等。对于准公益性项目，既有一定盈利能力又有一定公益属性的项目，比如平急两用工程等，这类项目既要借助政府性资金扶持，也要发挥市场化投资主体的能动性，可采取政企合作等模式充分调动企业尤其是民营企业的投资热情，提高投资有效性。对于经营性项目，要在政策允许的前提下，以市场化为主，实现资源的有效配置，或采取政企合作模式，包括但不限于PPP等多种模式，有效引导社会资本参与到城市更新投资建设中来。

二是按照城市更新项目的阶段划分，城市更新项目可以划分为改造建设期、运营期两个阶段。当项目处于改造建设期，项目自身还不具备"造血"能力，主要依赖于股权投资及债权投资，其中股权投资包括但不限于政府及社会资本的自有资金、政府引导基金、信托资金、保险资金、财政专项补助等；债权投资包括但不限于国债、政府专项债、商业银行贷款、政策性银行或其他商业银行对项目低息长期信贷支持（例如PSL融资）以及目前的城中村改造专项借款等。总之，城市更新建设期需要的是低息、长周期资金来匹配城市更新的周期长、体量大、有一定公益属性的特点。当项目处于运营期时，项目已经有一定现金流，需要积极寻求创新金融工具资产证券化、REITs等融资模式，实现融资路径拓宽、风险分散、资金回笼，为投资者提供多样化的投资选择，同时也为项目筹集资金提供了新的渠道。

三是按照投资主体不同，城市更新项目可以划分为政府主导模式、市场主体主导模式、政企合作模式、自主更新模式四大类。政府主导模式的资金来源包括但不限于财政拨款、专项债券、城市更新基金、税收资金等，当政府授权城投公司作为开发主体时，还可以进行市场化融资，比如发行公司债券等。

对于市场主体主导模式，融资可分为外部筹资性融资及内部经营性融资，将外部筹资方式按股权融资和债权融资进行区分，股权融资方式主要有 IPO、增发、配股、股东直接出资及合作开发等，债权融资方式有银行贷款、信用债、资产证券化、非标融资、境外债、民间借贷等；内部经营融资可以分为销售回款、应付款融资等。而对于政企合作模式，主要包括但不限于 PPP 合作模式、投资人 +EPC 模式、城投 ABO 模式、城市更新综合开发一二三四级联动模式、EOD 模式、城市更新 TOT+BOT 模式等。自主更新，是由老旧小区居民自主筹集资金，政府、策划机构、设计方、建设方、供应商共同参与改造的老旧小区改造模式。各种模式要依据法律法规要求，设计合理的商业模式及交易结构，保障城市更新项目的有序开展。

以上投融资模式对投资主体提出了新的要求。对于政府投资项目，务必要提高投资决策的质量。政府投资城市更新项目应按照《政府投资条例》的要求，结合国家宏观调控政策以及当地财政收支情况、城市资源禀赋，在充分做好前期城市更新谋划的前提下，量力而行，统筹安排使用政府投资资金，避免形成资产的闲置及浪费。

政企合作类城市更新项目未来应该成为城市更新投融资模式的主流，主要原因在于城市更新是系统性、全要素更新，能充分发挥参与主体的自身优势，实现投融资端、产业端、建设端、运营端的结合及价值有效放大。在政企合作模式中，政府要把财政资金价值放大，通过产业投资基金及项目直接投资两种模式，发挥财政资金的引领和放大作用；同时，政府要积极有效盘活存量资产，实现存量资产价值最大化；社会资本在获取合理利润的前提下，通过短期、中期、长期现金流的平衡，保证多路径、多模式的盈利能力的同时，和地方政府共生共荣。

在创新合作模式的基础上，除了传统融资外，依据城市更新的特点，需要积极创新城市更新投融资模式。城市更新创新投融资模式包括但不限于城市更新基金、城市更新资产证券化、城市更新 REITs 模式等。城市更新基金有引导、杠杆效应，且具有参与门槛较低、属于权益性融资工具、监管限制少、便于管理、退出机制灵活等特点，在征拆、开发建设及项目实施等各阶段均可应用；城市更新资产证券化作为创新金融工具，过往债券型资产证券化对城市更新作出了巨大贡献，包括但不限于供应链 ABS、购房尾款 ABS、类 REITs 和 CMBS 等。在传统方式通过"卖地、发债、招商引资"的融资基础上，对有效盘活存量资产、拓宽城市更新融资渠道、助力城市更新高质量发展等提供了融资新路径。此外，伴随着公募 REITs 法律法规体系的健全和完善，城市更新有效拓宽了城市更新股权融资路径，完善了多层次融资体系，盘活了存量资产，实现了基础设施投融资的良性循环；同时，通过创新型交易结构搭建，有效督促城市更新运营主体提高运营水平，从而提高城市运营效率及活力。

总体来看，基础设施及房地产全面进入存量资产时代，"去地产化"是城市更新的未来。建设和谐、共生、韧性的城市，需要实现绿色、低碳、数字化、便利化、精细化的多维度统一，因城市更新影响因素较多，首当其冲要做好顶层谋划。以产业规划和空间规划为抓手，以商业模式闭环为底层逻辑，在选择适合城市发展的产业基础上，创新融资工具，盘活存量资产，实现城市更新投融资的良性循环，同时要积极提高基础设施运营水平，提高城市运营能力。

总之，本书通过系统梳理城市更新投融资模式，希望能为我国城市更新领域补短板、稳投资贡献一份力量。在本书撰写过程中，由高帅主笔，高帅、彭礼孝最终统稿。书稿得到了北京大学医学部基建处柴婷、大成律师事务所合伙人林晓东、德勤中国合伙人董德标、中咨海外咨询有限公司谷卫彬、中国 REITs 联盟秘书长王刚、中国城镇化促进会张雁宾、中泰证券王峥、都市更新（北京）控股集团有限公司柳青、李晴等在案例、内容编排等方面的帮助，在此一并表示感谢。

最后，我要感谢为本项研究提供赞助的都市更新（北京）控股集团有限公司，同时感谢为本书的出版提供支持的中国建筑出版传媒有限公司。

目录

第 1 章

城市更新的政策环境及面临的痛点

城镇化是现代化的必由之路。改革开放以来，中国经历了世界上规模最大、速度最快的城镇化，中国城镇化人口从 1978 年的 17245 万人到 2022 年的 92071 万人，增长绝对数量达 74826 万人，增量超过欧洲人口总和。城镇化率从 1978 年的 17.92% 提升至 2023 年的 66.16%，四十多年提升超 48 个百分点。依据城市化进程的阶段性规律，城镇化率 30% 以下是城市化进程的初级阶段，农村人口占绝对优势，消费力较低，工业提供的就业机会有限，农村剩余劳动力释放缓慢；中期阶段，城市人口占总人口的比重为 30%~70%，城市化进入快速发展时期，城市人口可在较短时间内打破 50% 进而上升到 70% 左右；后期阶段，城市人口占总人口的比重在 70% 以上，成为城市化的稳定阶段。

1.1 我国城镇化进程简述

城市更新是和城市发展相生相伴的，自中华人民共和国成立以来，中国的城市更新经历了以下四个阶段。

第一个阶段是中华人民共和国成立初期至 1977 年，主要以发展生产为主。1948 年末，我国城市共有 58 个，随着解放战争的胜利，大批县城改设为城市。1949 年末，全国城市共有 129 个，其中，地级以上城市 68 个，县级市 61 个。在这个阶段，中国的城镇化率总体增长比较缓慢，从 1949 年的 10% 提升到 1979 年的 20%。

第二个阶段是改革开放至 1992 年，主要是城市扩张期。改革开放前，我国城市发展过程整体比较曲折，小城市和小城镇发展迟缓。1978 年末，全国城市共有 193 个，其中，地级以上城市 101 个，县级市 92 个。伴随着第三次"全国城市工作会议"制定的《关于加强城市建设工作的意见》的颁布，城市建设工作的重要性大幅度提高，使得我国城镇化建设加速，城市数量迅速增加，1992 年城市化率约 29%。

第三个阶段是 1992 年至 2012 年，以"退二进三"为标志的大范围城市建设全面铺开，随着 1994 年《国务院关于深化城镇住房制度改革的决定》公布，以及 1998 年单位制福利分房正式结束，全国掀起了住宅开发热潮。各大城市借助土地有偿使用的市场化运作，通过房地产业、金融业与更新改造的结合，充分发挥"土地级差地租"效益，新建了大量住宅，推动了旧城居住区的更新改造。2004 年，国土资源部颁布《关于继续开展经营性土地使用权招标拍卖挂牌出让情况执法监察工作的通知》（国土资发〔2004〕71 号），规定 2004 年 8 月 31 日以后，所有经营性用地出让全部实行招拍挂制度。2007 年的《中华人民共和国物权法》更加规范了城市更新中的拆迁工作。截至 2012 年，中国城镇化率达到了 50%，中国城市化进程进入下半场。

第四个阶段是 2012 年至 2024 年底，城市的高质量发展成为城市更新的内涵。与城市化进程相伴的是我国城市发展进程取得了历史性成就，发生了历史性变革。

截至 2024 年末，新型城镇化深入推进：依据国家统计局及相关数据，中国城镇化率约 68%，存量住房面积约 350 亿平方米，市值约 360 万亿元，城镇人均住房面积 39 平方米，套户比 1.12。

城市综合承载能力全面提升：综合交通运输网络总里程超 600 万公里，其中全国铁路营业里程达 16 万公里，其中高铁 4.6 万公里，公路通车里程 550 万公里，其中高速公路约 19.2 万公里，城市道路长度达到 55 万公里，建成轨道交通线路长度 9200 公里，供水普及率、燃气普及率、污水处理率分别达到 99.6%、98.5%、98.5%，集中供热面积达到 112 亿平方米，供水和排水管道总长度达到 200 万公里，较好地保障了居民基本生活需求。

城市人居环境显著改善：全国城市建成区绿地面积和绿地率分别达到 260 万公顷和 39.5%，地级及以上城市建成区黑臭水体问题持续巩固消除成果，空气质量优良天数比例达到 88%，地级及以上城市生活垃圾分类工作全面深化，在居民小区中的覆盖率达到 82%。

城市治理体系不断完善：城市体检评估进一步优化，城市管理执法体制改革向纵深推进，互联网、大数据、云计算、人工智能等新一代信息技术手段在城市治理中的运用更为成熟，城市管理水平显著提升。

城市历史文化保护传承全面加强：国家历史文化名城增至 142 座、中国历史文化名镇名村 799 个、中国传统村落 8155 个，历史文化街区 1200 余片，历史建筑 6.72 万处，形成了传承中华优秀传统文化综合、完整、系统的载体。

伴随着城镇化率达到68%，城镇化的发展速度会显著降低。由于土地资源稀缺带来的发展约束，城市更新成为破解资源约束、实现空间价值再造和城市可持续发展的重要手段。2021年，作为中国第二个百年奋斗目标和"十四五"开局之年，"城市更新"首次被写入政府工作报告，并被提高到了前所未有的高度，其中坚持"人民城市为人民"的发展思想，实施城市更新及三大工程行动，打造宜居、韧性、智慧城市，是深刻把握城市发展规律，对新时代新阶段城市工作的战略部署。城市更新也成为完善城市功能、提升城市价值的重要方法和手段，并更加强调"以人为本"。重构城市更新模式是建成区域内城市空间形态和城市功能的持续完善和优化调整，包括"7+1"类更新类型：居住区综合改善类、产业区聚能增效类、城市设施提档升级类、公共空间品质提升类、文化传承及特色风貌塑造类、复合空间统筹优化类、数字化智慧赋能类以及城市更新确定的其他类型。仅以推动居民片区改善类项目为例，依据中指研究院测算，截至2024年末，中国房地产市场存量约为350亿平方米，2024—2030年间，全国城镇住房需求总量约65亿平方米。其中，受新型城镇化推进影响，城镇化率仍有一定增长空间，大概以年均1个百分点提升，新增城镇人口带来的城镇化住房需求约20.3亿平方米，占比约30%；由人均住房建筑面积提升带来的改善需求达25.8亿平方米，占比约41%，是支撑住房需求的重要力量；城市更新带来的住房需求约25亿平方米，占比为30%。综合以上，未来七年全国商品住宅需求规模约65亿平方米，年均9.3亿平方米，每年保守估计在10万亿元左右的市场规模。结合城市道路、城市老旧管线等的维护及改造，投资规模会更大。由于传统城市建设模式仅聚焦于物理空间的建造，利益核算通常呈现项目化、短期化的特点，而新时代的城市更新应该是在长期战略目标的指导下，以更关注提高居民的生活品质和城市的空间品质为目标，以现代城市概念和技术规范体系为准绳，聚焦城市产业发展和城市运营，统筹好城市的战略发展规划、空间规划、产业规划，实现三位一体，有效联动政府、市场、公众利益，从而构建合理的投融资模式，实现城市的可持续发展。合理的投融资模式设计需要结合国家金融政策、地方政府的财力、资源禀赋，以及具体项目的经营属性、商业模式、回报机制、潜在风险等综合考量，从投资主体、融资模式、平衡机制等多维度统筹谋划，实现城市更新的有序推进。

总体而言，城市更新与传统城市建设相比，涉及的主体多，涵盖面广，资金需求大且时间跨度长，往往还带有一定的公益属性，因此必须做好顶层设计、构建金融政策、搭建新发展范式，积极整合市场主体资源，通过全要素更新实现城市的高质量发展。

1.2　城市更新的政策机制

鉴于城市的发展阶段与特点，在国家宏观政策的有力推动下，各级政府纷纷制定了有关城市更新的相关政策。其中《中华人民共和国城乡规划法》《中华人民共和国城市房地产管理法》等法规及政策的出台，更是为城市更新奠定了坚实的政策基石。部分政策文件见表 1-1。

中央层面城市更新法规及政策文件　　　　　　　　　　表 1-1

发布时间	发布单位	政策文件名称
2021.03.12	全国人民代表大会	《中华人民共和国国民经济和社会发展第十四个五年规划和 2035 年远景目标纲要》
2020.07.10	国务院办公厅	《国务院办公厅关于全面推进城镇老旧小区改造工作的指导意见》（国办发〔2020〕23 号）
2021.08.30	住房和城乡建设部	《住房和城乡建设部关于在实施城市更新行动中防止大拆大建问题的通知》（建科〔2021〕63 号）
2020.12.15—2023.05.29	住房和城乡建设部办公厅	《住房和城乡建设部办公厅关于印发城镇老旧小区改造可复制政策机制清单的通知》（第一批—第七批）
2021.11.04、2023.11.08	住房和城乡建设部办公厅	《住房和城乡建设部办公厅关于开展第一批城市更新试点工作的通知》（第一批、第二批）
2023.07.05	住房和城乡建设部	《住房城乡建设部关于扎实有序推进城市更新工作的通知》（建科〔2023〕30 号）
2023.11.10	自然资源部办公厅	《自然资源部办公厅关于印发〈支持城市更新的规划与土地政策指引（2023 版）〉的通知》（自然资办发〔2023〕47 号）
2024.01.24	住房和城乡建设部办公厅	《住房城乡建设部办公厅关于印发城市更新典型案例（第一批）的通知》（建办科函〔2024〕31 号）
2024.04.30	财政部办公厅、住房和城乡建设部办公厅	《财政部办公厅 住房城乡建设部办公厅关于开展城市更新示范工作的通知》（财办建〔2024〕24 号）

城市更新可分为以下三类：一是拆除重建类，即将原有建筑基本拆除，按城市新的规划进行重新建设，更新前后土地使用权人和土地用途发生很大变化，多数城市按房地产开发方式进行，如棚户区改造、老旧工业区和城中村拆除等；二是有机更新类，即基本保留城市原有街区肌理和建筑、只有少量拆除的更新，更新前后土地使用权人和土地用途或变或不变，这取决于是自我更新还是租赁更新，更新后主要以持有经营为主，如城市旧工业区、旧商业区、历史文化街区等的升级更新；三是综合整治类，指基本不涉及建筑物拆建的更新，更新前后土地使用权人和用途不变，更新后产生的主要是民生效益、社会效益和环境效益，如老旧小区改造、基础设施升级、生态环境的改善等。这三种类型分别对应三种不同的更新运作方式和投融资模式。由于各个城市发展的

特点和阶段不同，因此城市更新的模式重点也不尽相同，早期或特殊时期的城市更新以拆除重建为主，成熟发展中的城市更新以有机更新和综合整治为主。

1.2.1　关于住房和城乡建设部《关于在实施城市更新行动中防止大拆大建问题的通知》（建科〔2021〕63号）的解读

文件指出严格控制大规模拆除、大规模增建、大规模搬迁，明确了未来城市更新将减少拆除重建，走向有机更新的模式。在当前"双循环"新发展格局下，城市有机更新因其自身内嵌的经济、社会、环境目标与内循环核心要素高度契合，由此将成为我国新经济模式下重塑城市产业结构、提高消费水平、改善人居环境、推动城市向内涵式高质量发展转型的重要路径，具有重要意义。一是有机更新是提升城市内在质量的更新，城市有机更新的内容将超越传统旧改以物质形态改造为主的范畴，从建筑物更新、社区环境更新扩展到了城市结构及功能体系更新、产业结构升级、历史文脉传承等多方面的内容，实质上是对城市空间结构的再布局、土地资源的再开发、经济利益的再分配和城市运营模式的再优化，以创建最适合人工作和生活的城市空间环境。二是城市有机更新是提高城市资源利用效率的重要路径，城市的发展质量体现在城市的承载力、资源的产出效率和产业的市场竞争能力等多方面，有机更新的作用就是可以充分利用城市本底优势，节约开发建设运营成本，在旧空间引入新型产业和商业业态，促进产业竞争力的不断提升。三是城市有机更新是新旧动能转换的动力，城市有机更新与新区建设或大拆大建相比更需要创新，只有通过科技引领，注重创新驱动和文化创意产业的发展，打造产业智慧化、跨界融合化的新业态等，才能实现城市在旧空间上的高质量发展，所以城市有机更新有助于推动城市动能转换升级。四是城市有机更新是对历史文化脉络的维护，建筑是城市文化与历史记忆的载体，不同时期的历史建筑反映了不同的城市文化，在城市化高速发展的今天，城市历史街区和老旧建筑的有机更新能够为城市建筑文化保留一处基底，留住一代人的"乡愁"，同时为老旧城市以及周边区域发展注入新的经济活力。五是城市有机更新是城市管理的制高点，城市是生命体、有机体，要建设城市、发展城市、管理城市，就要树立城市"全生命周期管理"的意识，城市发展的全过程是一个不断更新、改造的新陈代谢过程，涉及长期性、复杂性、多方利益博弈，而城市有机更新需要从权属、空间、建筑、产权、业态、交通、环境、生态、历史、文化、风貌等多维度控制与协调管理，并进行可持续运营，在更新中实现引人、聚人、留人，实现城市高质量发展。

城市有机更新与传统房地产开发的金融需求完全不同。城市有机更新涉及的产业链条较长，主要靠持有经营获得收益，需要创新的金融支持方式。城市有机更新下的融资链条分为"投资—建设—运营"三个环节。在前期，由于盈利的不确定性较大，更多的需要政策性资金以及股权方式的融资；随着项目改造进程的深入，项目不断成熟、风险点逐渐排除，更新资产的价值已逐渐显现，这个环节可更多利用债权方式融资；当项目进入运营阶段后，由于经营过程的现金流已经趋于稳定，这个环节可采取资产证券化的方式进行融资。因此，城市有机更新投融资的基本规律是：投资基金化、建设信贷化、运营证券化。目前这"三化"均需金融创新支持。

1.2.2　关于自然资源部办公厅《支持城市更新的规划与土地政策指引（2023版）》（自然资办发〔2023〕47号）的解读

文件主要包括几个方面的政策导向内容。

优化核定容积率：城市更新不是简单的以旧换新，不能通过简单地增容来解决更新问题。城市更新的目的是要保障民生。首先，应以激励公益贡献为导向，如果需要新增容积率，应当指向保障居民的基本生活需求、补足短板，即在对周边不产生负面影响的前提下，实施城市基础设施、公共服务设施、公共安全设施项目，以及老旧住宅成套化改造等项目。其次，奖励或转移容积率应以"两多"为导向，即在城市更新项目的规划条件之外，如果能够多保留不可移动文物和历史建筑，能够多无偿移交未来开发出来的公共服务设施，能做出更多公益性贡献，可以按照相应的面积，给予一定的奖励。此外，新增的建筑量直接涉及民生改善的，可不计入容积率。另外，除了用于民生与公益领域，对工业用地本身也给予了容积率的支持，即现有工业用地在符合规划、不改变用途的前提下提高土地利用率和增加容积率的，不再增收土地价款，这对于扩大企业产能、支持企业发展无疑起到了重要作用。

鼓励用地功能转换兼容：城市发展中土地混合使用是一个必然的趋势，这是增强城市活力、提高城市实际功能效益的重要手段，要从简单机械化的功能切割转向土地用地功能的兼容，要允许非公益向公益转换以及公益之间互转等。在制定配套的细则中，要明确正负面清单和比例管控的要求，加强后期的监管，使得功能转换以后的使用和运营的手续管理能够指向对民生的改善，指向公共服务的补足。

盘活利用存量低效土地：我国长期以来都采用严格的土地利用政策，虽然在城镇化建设发展初期起到了重要的作用，但是却难以适应如今的城市更新。因此，本次政策对土地政策给予了很大的灵活性。例如，对划拨土地的规定：原划拨土地使用权人申请办理协议出让，划拨土地使用权转让申请办理协议出让，经依法批准，可采用协议出让方式办理出让手续；以租赁方式取得土地的非商品住宅类更新项目，在租赁期内依法依规完成更新改造的，可在租赁期满后依法以协议出让方式取得土地；鼓励原土地使用权人依法以转让、经分割审批后部分转让或出租土地使用权等方式盘活利用。通过上述规定措施，大量的低效土地可以通过多种创新方式灵活供应，最大限度地在城市更新领域实现"耕者有其田"。

推动复合利用土地：在符合国家标准规范安全使用的前提下，推动城市更新的复合利用和节约利用来促进土地的高效利用。如通过土地组合出让的方式，统筹地上地下空间，分层设置权益，提高土地节约集约利用水平。

细化年限、税费、地价计收规则：适应市场的需求，鼓励灵活确定土地出让年限和租赁年期。以"无收益、不缴税"为原则，城市更新项目可依法享受行政事业性收费减免和税收优惠政策。此外，要加强对国有建设用地使用税的征管，同时鼓励优化地价计收规则。

妥善处置历史遗留问题：要依法依规尊重历史，公平、公正、包容、审慎。如在 2023 年 7 月印发的《关于在超大特大城市积极稳步推进城中村改造的指导意见》（国办发〔2023〕25 号）中，明确超大特大城市以及城区人口 300 万人以上的城中村改造项目，对第二次全国土地调查和第三次全国国土调查均被调查认定为建设用地的，在符合规划用途前提下，允许按建设用地办理土地征收等手续。所以在更新中解决历史遗留问题时，要认真把握好政策边界。

此外，在支持城市更新中要注意防范廉政风险和法律风险，要依法行政。《支持城市更新的规划与土地政策指引（2023 版）》的出台是明确导向，引导各地因地制宜制定具体的政策规定。比如，在强化土地合同监管中，对于未依法将规划条件、产业准入和生态环境保护要求纳入合同的，合同无效；造成损失的，依法承担民事责任。以上所指的合同包括城市更新项目涉及的土地使用权出让合同或履约监管协议等合同，纳入合同的"规划条件、产业准入和生态环境保护要求"应有明确法律法规规定。对于国有建设用地使用权出让合同，规划条件是《中华人民共和国民法典》和《中华人民共和国城乡规划法》明确规定需纳入其中的内容，但尚无关于产业准入和生态环境保护要求需纳入的法律规定。对于集体经营性建设用地使用权出让合同，《中华人民共和国土地管理法实施条例》规定，未依法将规划条件、产业准入和生态环境保护要求纳入合同的，合同无效；造成损失的，依法承担民事责任。对于相关的履约监管协议，可由相应监管部门根据《中华人民共和国文物保护法》《中华人民共和国环境保护法》《中华人民共和国土壤污染防治法》等法律法规提出将产业准入和生态环境保护要求纳入其中，并实施监督管理。

在支持城市更新中，要守好底线。如《关于在经济发展用地要素保障工作中严守底线的通知》（自然资发〔2023〕90 号）的文件精神：坚持以国土空间规划作为用地依据，强化土地利用计划管控约束，落实永久基本农田特殊保护要求，规范耕地占补平衡，稳妥有序落实耕地进出平衡，严守生态保护红线，严控新增城镇建设用地，严格执行土地使用标准，加大存量土地盘活处置力度，切实维护群众合法权益。特别强调，各地在制定支持城市更新的规划和土地政策中，要坚持"多规合一"要求，不得以专项规划、片区策划、实施方案、城市设计方案等替代详细规划，设置规划条件，核发规划许可。

1.2.3　城市更新的政策建议

未来，在城市更新领域，还需要着重开展以下几方面的工作：

1. 强化顶层设计

需在中央层面推出城市更新的顶层政策，并深入研究制定与之相关的法规条例，持续强化城市更新的整体规划设计。城市更新既是转变城市开发建设的方式，也是城市治理的重要内容。我国已进入城镇化的中后期，城市发展进入城市更新的重要时期，由大规模增量建设转为存量提质改造和增量结构调整并重。

"在城市规划、建设、管理上，过去关注目标引领，现在更关注底线约束。"城市更新的重点任务包括：建立完善城市体检评估体系，指导系统治理"城市病"；实施城市生态修复和功能完善工程，提升人居环境质量；强化历史文化保护，塑造城市风貌；加快建设安全健康、设施完善、管理有序的完整居住社区，加强城镇老旧小区改造等。同时要加强监管，指导督促各地落实城市更新底线要求，及时制止和通报大拆大建的行为和做法；防止各地继续沿用粗放的开发建设方式，成片集中拆除现状建筑，大规模新增建设规模，不断加剧老城区交通、市政、公共服务、安全等设施承载压力。城市社区营造是下阶段城市治理最重要的发力点，要加快补齐既有居住社区设施短板，同步配套新建居住社区各类设施，明显改善城市居住社区环境，不断健全共建共治共享机制，显著提升完整居住社区覆盖率。

2. 积极构建投融资长效机制

城市更新通过内容植入与空间改造，实现文化公共属性价值放大，保留城市历史记忆，实现更新和发展并举，并通过新旧文化紧密结合，历史和新潮交融，体现城市的消费属性，延伸产业链条，实现空间价值再造，使得物理空间成为优质的产业载体。这一过程为构建合理的投融资模式创造了高质量的底层资产。

结合城市更新特点，每个城市要建立相应的储备资金、鼓励多元化的资金进入城市更新领域，并建立配套的投融资政策体系，有效推动业务可持续发展，并探索设立城市更新一体化运作平台，打造城市更新的样板。

众多区域城市已经明确了"十四五"期间的城市更新投资规划，详见表 1-2。在政策的有力指引下，更多具有示范效应的城市有机更新项目，将全力补齐城市基础设施和公共服务设施的短板，让人民群众在城市中的生活更加方便、舒心、美好。

部分区域城市更新"十四五"投资规划汇总（单位：亿元）　　　表 1-2

时间	城市	投资规模	备注
2021.04	辽宁	13000	谋划首批城市更新示范项目 120 个，总投资 1891 亿元，谋划"十四五"期间涵盖住建、交通、商业、文旅、工业遗址和生态治理等城市更新项目 2230 个，总投资 1.3 万亿元
2022.02	河南	3000	城市更新工程力争"十四五"期间完成投资 3000 亿元以上
2021.05	广州	3315	广州市"十四五"规划公布了五个重点城市更新方面的投资金额，预计"十四五"期间实现投资总额达 3315 亿元，总投资金额达 7672 亿元
2021.09	成都	6500	当前"十四五"期间 92 个项目估算投资总额超过 6500 亿元
2021.07	武汉	5000	武汉市更新中心初步选择了 153 个更新项目纳入"十四五"城市更新项目库，总投资额超过 5000 亿元
2021.12	南昌	3204	"十四五"期间城市更新项目共计 239 个，总投资 3203.5 亿元
2020.01	深圳	10000	《深圳市城市更新和土地整备"十四五"规划（草案）》指出"规划期内完成城市更新和土地整备固定资产投资总额超过 1 万亿元"
2022.02	青岛	3287	市南区，372 亿元；崂山区，1086 亿元；李沧区，1300 亿元；即墨区，508 亿元；平度市，20.8 亿元

数据来源：各地政府工作规划，各地重点项目计划，浙商证券等。

1.3　城市更新相关金融政策及解读

国家出台了一系列城市更新相关金融政策，旨在推动城市的可持续发展。具体内容包括：设立专项贷款，金融机构为城市更新项目提供专门的贷款支持，确保项目资金的稳定供应，如 PSL 政策性资金；提供优惠利率，降低融资成本，鼓励企业和投资者参与城市更新，PSL 资金 2024 年综合融资成本约 2.4%；延长贷款期限，给予更长的还款期限，以适应城市更新项目的长期特性；加大资本金支持，如中央预算内资金、国债、超长期国债等，增加项目资本金的投入，提高项目的可行性和吸引力；推出创新金融产品，如资产证券化、专项债券等，拓宽融资渠道；提供并购贷款，助力企业进行资产整合和优化，促进城市产业升级；设立产业发展基金，支持特定产业的发展，推动城市更新与产业升级的协同；强化金融服务，提供专业的金融咨询、风险评估等服务，降低项目风险。这些金融政策的实施，将有力推动城市更新进程，提升城市的品质和竞争力。

财政部在 2024 年 5 月 6 日发布的《关于开展城市更新示范工作的通知》（财办建〔2024〕24 号），不仅要求"示范城市制定城市更新工作方案，统筹使用中央和地方资金，完善法规制度、规划标准、投融资机制及相关配套政策"，还明确了中央财政资金补助标准以及资金支持方向，包括地下管网和综合管廊建设、污水管网"厂网一体"建设改造、市政基础设施补短板、老旧片区更新改造等。

财政部在 2024 年 5 月 13 日发布的《2024 年一般国债、超长期特别国债发行有关安排》（财办库〔2024〕94 号）中提出，1 万亿元的超长期特别国债主要用在粮食安全、能源安全、产业链供应链稳定安全、城市基础设施和保障性安居工程配套基础设施、生态环境保护修复等方面。其中与城市基础设施和保障性安居工程配套基础设施主要相关的就是城市更新、城中村改造与保障性住房建设项目。城市更新相关的金融政策见表 1-3。

城市更新相关的金融政策

表 1-3

序号	发布时间	发布机构	政策文件	核心要点
1	2017 年 4 月 26 日	财政部、国家发展改革委、司法部、人民银行、银监会、证监会	《关于进一步规范地方政府举债融资行为的通知》（财预〔2017〕50 号）	地方政府不得以借贷资金出资设立各类投资基金，严禁地方政府利用 PPP、政府出资的各类投资基金等方式违法违规变相举债

续表

序号	发布时间	发布机构	政策文件	核心要点
2	2017 年 5 月 28 日	财政部	《关于坚决制止地方以政府购买服务名义违法违规融资的通知》（财预〔2017〕87 号）	着力规范政府购买服务管理，制止地方政府违法违规举债融资行为
3	2017 年 6 月 7 日	财政部、中国人民银行、中国证监会	《关于规范开展政府和社会资本合作项目资产证券化有关事宜的通知》（财金〔2017〕55 号）	提出要分类别进行 PPP+ABS 推广，并在实施程序、监管方面都做出相应规范
4	2017 年 7 月 3 日	国家发展改革委	《关于加快运用 PPP 模式盘活基础设施存量资产有关工作的通知》（发改投资〔2017〕1266 号）	要求积极推广 PPP 模式，加大存量资产盘活力度，形成良性投资循环，有利于拓宽基础设施建设资金来源，减轻地方政府债务负担
5	2017 年 11 月 10 日	财政部办公厅	《关于规范政府和社会资本合作（PPP）综合信息平台项目库管理的通知》（财办金〔2017〕92 号）	在严格入库标准和集中清理已经入库项目 2 个方面对 PPP 进行规范管理
6	2019 年 3 月	财政部	《财政部关于推进政府和社会资本合作规范发展的实施意见》（财金〔2019〕10 号）	再次重申鼓励 PPP 模式；给出 PPP 的正负面清单，并规范了可行性缺口补助项目；列出 PPP 项目应当符合的 6 个条件
7	2020 年 7 月 10 日	国务院办公厅	《关于全面推进城镇老旧小区改造工作的指导意见》（国办发〔2020〕23 号）	明确国家开发银行、农业发展银行要结合各自职能定位和业务范围，依法合规加大对城镇老旧小区改造的信贷支持力度
8	2020 年 4 月 24 日	中国证监会、国家发展改革委	《关于推进基础设施领域不动产投资信托基金（REITs）试点相关工作的通知》（证监发〔2020〕40 号）	旨在盘活存量资产、形成投资良性循环，吸引更专业的市场机构参与基础设施项目运营管理，提高投资建设和运营管理效率，提升投资收益水平。城市有机更新涉及老城区承载力提高，如果将有机更新项目纳入 REITs 试点，退出的资本可以再投入新的更新项目，则可真正形成一个投资退出的闭环，从而撬动更多社会资本参与开发建设
9	2021 年 2 月	国家发展改革委、住房和城乡建设部、财政部	《关于下达保障性安居工程 2021 年第一批中央预算内投资计划的通知》（发改投资〔2021〕198 号）《关于梳理 2021 年新增专项债券项目资金需求的通知》（财办预〔2021〕29 号）	老旧小区改造被纳入保障性安居工程范畴，其主要资金来源是财政资金和专项债资金
10	2021 年 2 月	国家发展改革委	《引导社会资本参与盘活国有存量资产中央预算内投资示范专项管理办法》（发改投资规〔2021〕252 号）	该管理办法从支持的重点领域、重点区域、重点项目三个方面规定了支持的范围。采用 PPP 模式是支持重点项目盘活国有存量资产的重要方式，此文件的发布有利于进一步激发社会资本方的投资热情
11	2022 年 3 月 10 日	国家发展改革委	《2022 年新型城镇化和城乡融合发展重点任务》（发改规划〔2022〕371 号）	要求开发银行、住房城乡建设部、发展改革委等部门负责有序推进城市更新任务，因地制宜改造一批大型老旧街区和城中村
12	2022 年 5 月	国务院办公厅	《关于进一步盘活存量资产扩大有效投资的意见》（国办发〔2022〕19 号）	有序盘活长期闲置但具有较大开发利用价值的项目资产，包括老旧厂房、文化体育场馆和闲置土地，以及国有企业开办的酒店、餐饮、疗养院等非主业资产。其中国开行、农发行给出了政策性配套资金支持
13	2022 年 9 月 24 日	财政部	《关于加强"三公"经费管理严控一般性支出的通知》（财预〔2022〕126 号）	严禁通过举债储备土地，不得通过国企购地等方式虚增土地出让收入，不得巧立名目虚增财政收入，弥补财政收入缺口规范地方事业单位债务管控，建立严格的举债审批制度，禁止新增各类隐性债务，切实防范事业单位债务风险

续表

序号	发布时间	发布机构	政策文件	核心要点
14	2022 年 10 月 26 日	国务院办公厅	《第十次全国深化"放管服"改革电视电话会议重点任务分工方案》（国办发〔2022〕37 号）	依法盘活用好 5000 多亿元专项债地方结存限额，与政策性开发性金融工具相结合，支持重点项目建设
15	2023 年 2 月 20 日	中国证券投资基金业协会	《不动产私募投资基金试点备案指引（试行）》（中基协发〔2023〕4 号）	不动产私募基金投资范围包括（存量商品住宅、保障性住房、市场化租赁住房）商业经营用房、基础设施项目等
16	2023 年 2 月 24 日	中国人民银行、国家金融监督管理总局	《关于金融支持住房租赁市场发展的意见》（银发〔2024〕2 号）	支持住房租赁市场结构性改革，推进房地产投资信托基金（REITs），严控住房租赁金融业务边界
17	2023 年 10 月	国务院办公厅	《关于金融支持融资平台债务风险化解的指导意见》（国办发〔2023〕35 号）	提出了一系列关于地方政府债务化解的要求，推动城投企业的重组转型与化解地方隐性债务同步进行
18	2023 年 12 月	国务院办公厅	《重点省份分类加强政府投资项目管理办法（试行）》（国办发〔2023〕47 号）	12 个重点省份在地方债务风险降低至中低水平之前，严控新建政府投资项目，严格清理规范在建政府投资项目，以控制债务风险
19	2024 年 5 月	财政部办公厅、住房和城乡建设部办公厅	《关于开展城市更新示范工作的通知》（财办建〔2024〕24 号）	2024 年，每省（区、市）可推荐 1 个城市参评，首批评选 15 个示范城市，重点向超大特大城市和长江经济带沿线大城市倾斜，东部地区每个城市补助总额不超过 8 亿元，中部地区每个城市补助总额不超过 10 亿元，西部地区每个城市补助总额不超过 12 亿元，直辖市每个城市补助总额不超过 12 亿元。资金根据工作推进情况分年拨付到位
20	2024 年 5 月	财政部	《关于公布 2024 年一般国债、超长期特别国债发行有关安排的通知》（财办库〔2024〕94 号）	财政部公布 2024 年一般国债、超长期特别国债发行有关安排，其中超长期特别国债涉及品种为 20 年、30 年、50 年

其中，2023 年 2 月，中国证券投资基金业协会公布了《不动产私募投资基金试点备案指引（试行）》。自此，中基协在私募股权投资基金类型项下增设"不动产私募投资基金"产品类型，允许符合条件的私募股权基金管理人设立不动产私募投资基金，引入机构资金，投资存量住宅地产、商业地产、在建未完成项目、基础设施，促进房地产企业盘活经营性不动产并探索新的发展模式。

2023 年 3 月 7 日，证监会发布《关于进一步推进基础设施领域不动产投资信托基金（REITs）常态化发行相关工作的通知》，公募 REITs 发行品类进一步放宽至消费类不动产。2023 年 3 月 24 日，国家发展改革委发布《关于规范高效做好基础设施领域不动产投资信托基金（REITs）项目申报推荐工作的通知》（发改投资〔2023〕236 号，以下简称 236 号文），236 号文正式将消费类基础设施纳入基础设施公募 REITs 试点范围，同时对 REITs 试点工作的前期准备、发行条件、审核流程、专业支撑、募投项目、运营管理等要求进行系统总结和再次升华，体现了申报推荐工作规范化、标准化、精细化的管理转型，对于进一步提升项目申报推荐的质量和效率、推进基础设施 REITs 常态化发行具有重要指导意义。公募 REITs 是资产的上市，"运营现金流"质量始终是基础设施 REITs 持续健康发展的生命线。基础设施 REITs 产品发行相当于"并购重组 + 资产 IPO"，涉及众多管理环节和不同利益相关方，准入门槛相对较高。盘活存量，带动增量，促进投资良性循环，这是我国发展基础设施 REITs 的初衷。自首批基础设施 REITs 申报工作启动以来，发行 REITs 净回收资金约 90% 都要以资本金形式投入储备和存量项目。236 号文强化了资金监管和运营责任，回应了募集资金投向多元化和使用年限适当延长等诉求，有利于保障基础设施 REITs 净回收资金的有效投资。

同时，236 号文进一步夯实了基金管理人的运营管理责任，要求运营管理机构更加注重项目运营的可持续性。基础设施 REITs 投资人的主要收益来源于项目自身现金流，项目运营管理能力是投资收益的重要保障，也是实现项目公共属性和经济属性有机统一的关键所在。

其次，在债权融资方面，超长期国债、特别国债、专项债，以及政策性银行的贷款（类 PSL 资金）可以助力、接力地方财政，以非隐债的合规方式，为城市更新债务融资提供了可能。结合国家金融政策，城市更新的投融资方式及回报来源见表 1-4。

城市更新的投融资方式及回报来源　　　　表 1-4

城市更新投资方式	政府直接投资	各级财政拨款、中央预算内资金、政府专项债券	中央预算内资金、国债、特别国债、专项债（包括土地储备、棚户区改造、保障性租赁住房、老旧小区改造专项债等）
	社会资本直接投资	包括城投类国有企业、央企、房地产开发类企业等	
	公私合作投资	广义 PPP 模式、ABO 等	包括 BOT、TOT、ROT、O&M、投资人 +EPC、EOD、ABO 等
城市更新融资方式	银行贷款	政策性银行贷款　商业银行贷款	
	非标融资	信托、私募	
	债券资金	政府债、城投债、企业债等	
	城市更新基金		
	资产证券化、REITs		
城市更新回报来源	土地价值溢出收益	通过土地指标腾挪、拆除重建、综合整治、增加容积率、存量项目盘活等，给土地价值赋能	

续表

城市更新 回报来源	产业价值赋能收益	引进和培育有较高成长性的产业，产业协同，实现建链、补链、强链、延链效果
	科技赋能收益	互联网＋（流量驱动效应），大数据＋（数据驱动效应），人工智能＋（算法驱动效应），移动通信＋（效率驱动效应），区块链＋（诚信驱动效应），智慧城市、生态城市、和谐城市的价值再创造收益
	金融模式创新收益	通过资产证券化、REITs、存量资产盘活等实现资产的流动，实现资产价值高周转收益

总之，要结合城市更新金融政策，合理谋划城市更新项目的投融资模式。若从城市更新项目的盈利性角度出发，项目可分为纯公益性项目、准公益性项目、经营性项目。对于纯公益性项目，由于项目的非盈利性和社会效益性，政府需要集中财政资金或通过发行政府债券筹集资金投资，比如中央预算内投资、一般债券、专项债券、国债等。对于准公益性项目，即有一定盈利能力且有一定的公益属性，比如平急两用工程等，这类项目既要借助政府性资金扶持，也要发挥市场化投资主体的能动性，可采取政企合作模式等充分调动企业尤其是民营企业的投资热情，提高投资有效性。对于经营性项目，在政策允许的前提下，以市场化为主，实现资源的有效配置，或采取政企合作模式，包括但不限于 PPP 等多种模式，有效引导社会资本参与到城市更新投资建设中来。

总体而言，随着中国城市化进程进入下半场，中国城镇化发展阶段已从"前期"的房地产增量市场转变为存量提质增效的"中后期"，城市更新成为推动城市高质量发展的核心引擎。为了助力城市更新行动健康有序发展，企业和政府高效合作，综合运用开发性金融、银行贷款、企业债券、资产证券化产品、不动产投资信托基金（REITs）等金融工具和政策，实现城市更新空间价值的放大。结合国家相关金融政策，城市更新要实现全链条有效联动，需要做到几个前置。

1.3.1　择优合理选择城市更新项目

坚持因地制宜地选取城市、选定项目，为城市高质量发展开启新局面，探寻出可持续发展的城市更新之路，是各个城市必须预先思考的核心要点。城市管理者与投资人必须从多个维度、全要素对城市进行全面扫描与体检，严格遵循项目能够实现自身造血，不以土地财政作为主要回报来源，且能使城市更新具备一定产业基础，为未来运营城市筑牢根基的原则，以此深入挖掘和改造一批具有一定产业基础的大型老旧街区和城中村。

通过城市更新可达成以下几个目标：

1. 推动城市健康可持续发展：实施城市更新行动，是推动城市高质量发展的关键举措。2019年至2023年，全国累计新开工改造城镇老旧小区22万个，惠及居民3800多万户，完成投资9000多亿元。借助城市更新的手段来完善城市功能，优化产业结构，改善人居环境，推进土地、能源、资源的节约集约利用，进而有力促进城市健康可持续发展。各城市管理者须从多角度进行思考，依据自身实力，有序地推动城市高质量发展。

2. 激活存量土地资源：2017年颁布的《全国国土规划纲要（2016—2030年）》设定了国土开发强度的约束性指标，明确到2020年我国国土开发强度不超过4.24%，到2030年不超过4.62%。截至2015年末，该数字为4.02%。若以我国陆地国土960万平方千米作为基数进行估算，2016—2030年我国建设用地年均净增量的空间为4830平方千米，而2009—2018年我国年均国有建设用地供应面积就达5706平方千米。考虑还有集体性质的建设用地供应，在国土开发强度被限定为约束性指标的情况下，要维持充足的建设用地供应量，对存量土地进行再度开发就成为必然之选。盘活存量、提升土地利用效率是城市后续发展的主要方向，而城市更新对于城市产业的进一步发展、城市形象与活力的进一步提升具有重要意义。

3. 助力产业结构优化升级：产业的更迭往往与城市的兴衰紧密相连。以城市更新为引领，推动以工业为主的第二产业向以现代服务业为主的第三产业升级，是城市持续演进发展的关键所在。在产业结构由工业向现代服务业转型的大背景下，城市更新将迎来全新的发展动力。从国内城市的发展现状来看，普遍存在用地粗放低效的问题，大量的工业用地闲置，建设用地单位产出相对较低。通过城市更新助力产业升级、提升土地使用效率是城市进化的必然趋势。通过城市更新来改造存量工商业用地，提升土地产出，顺应城市新产业配置，成为城市升级发展的必经之路。

4. 改善住房供应状况：由于过去受到经济条件的限制，设计理念较为滞后，以及施工标准相对较低，存在着众多采用老式结构的房屋。这类低标准的老式房屋，其实际使用年限难以达到现今住宅的50年设计使用标准，并且其空间设计、硬件设施等也难以满足现代人的居住需求。大城市住房供应紧缺且存量住房品质不高，存量住房的改善需求极为巨大，通过城市更新能够有效提升居民的生活质量。

1.3.2　城市更新需规范运作，实现真运营

伴随城市更新的持续深入推进，单纯依靠房地产销售来实现投资回报，已非城市发展的主要驱动力，而通过资产管理与运营来实现资产增值，则成为了城市发展的新引擎。当前，城市更新逐渐以产城融合、职住平衡、生态宜居为追求目标，同时借助城市体检去发现问题，加以归纳分析，进行系统谋划，查找那些影响城市竞争力、承载力以及可持续发展的短板与弱项。坚持问题导向，坚守"做产业"的合规底线，摒弃"重建设、轻运营"的观念，由开发导向模式转为运营管理模式，注重长期运营，关注长期效益回报，以达成城市的可持续发展。

在此过程中，实施主体甚至需要全部或部分持有城市资产，综合考量各类资源的整体运作，长期参与空间开发、提升改造、物业管理、投融资运作、业态内容更新、产品更新迭代等各方面的全程运作，方能确保所持有的资产持续增值，并适应未来长期不断变化的外部市场和消费环境的冲击。城市资产管理，实则是通过资产运营，达成低效资产价值的提升，但最为核心的是培育项目的运营能力，以最终实现空间资产的增值。城市更新不只是城市空间的改造、修补与重塑，更需要从运营的视角，激发片区的发展活力，推动产业升级，促进城市的可持续发展。从城市化更新路径来看，是将"资产"转化为"资本"。通过系统性的资产更新、具有针对性的场景改造，以及高效的内容运营策略，致力于实现资产价值的最大化。

与此同时，政府、企业和社会各方也都在积极探寻适合自身地域特色的城市更新模式与路径。借由城市更新，有效孵化区域产业，促进人才和消费人口聚集。进一步通过精细化管理运营，向"空间"索取效益，以实现运营效益的放大及城市的可持续发展。

未来，通过 REITs、类 REITs、CMBS、资产的收并购等融资方式，为持有型城市更新资产的退出提供了资产资本化的路径。进而，以城市运营反哺城市建设，形成可持续发展的城市有机更新模式。因此，运营在城市更新中具有至关重要的作用。

1.3.3　城市更新严控地方政府形成新的隐性债务

在城市更新的大背景下，严控地方政府形成新的隐性债务成为至关重要的问题。地方隐性债务常见问题众多，如化债不实、假借名义、间接举债、占用资金、资金别用、提供担保等，都会引发金融风险、财政隐患及信用风险。城市更新模式复杂，融资需多渠道打通，牵涉利益方众多。为此，地方政府在实施城市更新项目前，务必做好融资规划，尤其要确保不增加政府支出，以有效控制政府隐性债务问题。

1. 政府隐性债务的定义

根据 2018 年 8 月国务院发布的《关于防范化解地方政府隐性债务风险的意见》（中发〔2018〕27 号），文件正式定义了隐性债务，地方政府隐性债务是指地方政府在法定债务预算之外，直接或间接以财政资金偿还，以及违法提供担保等方式举借的债务。

2. 银保监会对金融机构制定的防范政府隐性债务的要求

根据《银行保险机构进一步做好地方政府隐性债务风险防范化解工作的指导意见》（银保监发〔2021〕15 号），不得以任何形式新增地方政府隐性债务。银行保险机构应严格尽职调查，政府及其部门出具承诺或担保性质的文件提供融资应符合以下要求：

1）不得违法违规提供实际依靠财政资金偿还或者提供担保、回购等信用支持的融资。

2）不得要求或接受地方党委、人大及其常委会、政府及其部门出具，包括但不限于决议、会议纪要、协议、各类函件等担保文件。

3）不得要求或接受以机关、事业单位、社会团体的国有资产为相关单位和个人融资进行抵押、质押以及以售后回租、售后回购等的方式变相抵押、质押。

4）不得要求或接受以政府储备土地或者未依法履行划拨、出让、租赁、作价出资或者入股等公益程序的土地抵押、质押。不得提供以预期土地出让收入作为企业偿债资金来源的融资。

5）参与政府和社会的合作（PPP）、政府投资基金等，不得约定或要求由地方政府回购其投资本金、承担其投资本金损失、保证其最低收益，不得通过其他明股实债的方式提供融资及相关服务。

6）不得将融资服务作为政府购买服务内容。

7）企事业单位在本行、本公司存量地方政府相关融资，已经在抵押担保方式、贷款期限、还款方式等方面整改合格。

8）不得以其他任何形式新增地方政府隐性债务，健全新增隐性债务发现机制。银行保险机构应在合同中约定，一旦发现客户违规新增地方政府隐性债务将终止提供融资，已签订融资合同的终止提款，同时及时将有关情况报告相关监管机构。

3. 非隐性债务识别口径和标准

从融资主体特点识别，只有符合了以下特征，才具备被认定为市场化主体的基础，其对外融资才有可能被认定为市场化融资：

1）管理机制。项目运营单位是否成立了市场化的公司治理结构，政府对公司运营决策的影响程度是否较高，政府官员不能在项目运营单位内兼职。

2）股东结构。项目运营单位出资人是否市场化，除国资外，是否还有其他社会投资者。

3）收入来源。项目运营单位收入结构是否具备多样化、市场化的特征，若完全自主定价的收入占比过半数，一般可判定为市场化运营。

4）偿债能力。项目经营单位能够依靠自身经营收入偿还对外融资本息，扣除政府补贴后的收入足够兑付对外债务。

5）收入分配机制。项目运营单位是否成立了市场化的投资回报机制，公司决策层是否能独立决策利润分配方案，不需上缴财政。

但是，不能说只要融资主体具备了上述条件，其融资就必然不会被认定为政府隐性债务。如果融资主体仍然实质上实施了替政府融资的行为，则仍然将会被认定为形成政府隐性债务。

4. 有效控制政府隐性债务问题

1）明确投资主体。对项目类型进行系统筹划，合理划分责、权、利边界条件。明确政府应承担投资的主体责任和适合市场化运作的项目，避免出现资金权属不清、使用混乱的情况，防止市场化项目出资责任被认定为政府承担相关债务，导致新增隐性债务。

2）明确项目预算。做好项目资金筹划，通过城市更新专项债等方式筹集资金，明确融资规模，确保募集资金充足。在募集资金不足时，不得违规将其他项目资金用于城市更新项目，以规避挪用资金风险，避免该部分挪用资金最终由政府承担偿还义务，增加隐性债务。

3）明确资金用途。保证用于城市更新项目的资金专款专用，不得变相调整或改变原有资金用途。若将以城市更新名义募集的资金用作其他用途，如偿还前期隐性债务、购买其他服务等，政府仍需在预算外安排资金进行城市更新项目建设，从而增加政府隐性债务。

4）不得违规担保。地方政府在城市更新中授权国企融资时，应严格遵循相关法律法规规定。除法律和国务院另有规定外，不得以人大常委会、政府、财政局等名义出具决议、批复、承诺书等文件为国企向金融机构贷款融资提供担保，否则政府需承担偿还责任，属新增隐性债务范畴。

5）不得变相举债。城市更新项目周期通常较长，而政府购买服务合同履行期限一般不超过一年，故地方政府不得以购买服务名义进行城市更新项目建设。若将到期需偿还的贷款列入政府中长期财政预算，属于变相举债行为，存在被认定为隐性债务的风险。

6）不得乱占资金。城市更新建设的资金应通过合法渠道筹集，地方政府不得随意占用国企资金，并以"拨款"等名义用于城市更新建设。未经政府预算、随意占用的国企资金最终需由政府偿还，且因未通过合法渠道获取，会造成新增政府隐性债务。

总之，城市更新中地方政府要确保不新增隐性债务，需做到"三明确""三不得"，并在融资过程中确保不增加政府财政预算外的支出，以有效规避新增隐性债务问题。

1.3.4　城市更新融资模式需要突破

在城市更新的进程中，融资模式的突破与优化成为城市更新成败的关键所在。单纯依靠财政资金和债务融资，已难以满足城市更新对大量资金的需求。因此，引入各类社会资本和市场化的投资主体，形成"产业＋金融"的融资模式并确保其高效运行，以支持城市更新的长期运营、推动城市更新项目的顺利进行显得尤为重要。

城市更新领域投融资模式的选择与优化需综合考量多种因素，包括项目的特性、规模、目标、市场条件以及政策环境等。在此基础上，充分发挥政府与市场的作用至关重要。政府需提供政策支持、财政资金以及公共服务，同时要激发市场的活力，调动市场化资金投资的积极性，以形成多元化的投资主体。

在传统融资方式如财政资金、专项债等的基础上，城市更新更需通过产业运营来实现资产增值。为此，探寻新的融资机会至关重要。合理设计融资结构，降低融资成本，提升融资效率成为关键。城市更新的各参与方，如金融机构、社会资本以及产业运营方、产业资本等，可通过多元化的渠道参与到城市更新项目中，拓宽融资路径与渠道。

导入全新产业，真正激活和运营存量空间，使其通过资产增值逐步进入资本市场，获取更多资金，从而达成去地产化、实现有机更新的目标。在融资路径上，有效结合股权融合与债权融资，最终推动产业发展、促进就业并增加税收。

总之，城市更新链条漫长，资金需求量巨大，必须从全维度角度进行系统思考，并对城市更新项目的投融资模式进行持续跟踪与评估。关注项目的实施效果、财务状况以及风险变化，及时调整和优化投融资策略。

城市更新投融资模式分析的框架可以包括以下几个方面：融资需求分析，确定项目的资金需求规模和时间周期；融资渠道评估，分析各种融资渠道的可行性和适用性；政策环境研究，了解相关政策对融资的影响；风险评估与管理，识别和管理融资过程中的风险；投融资方案设计，制定具体的投融资方案，包括融资结构、成本和效率等；项目效益评估，评估项目的经济效益和社会效益；调整与优化，根据实际情况及时调整和优化投融资策略。

1.3.5　城市更新需要有效盘活存量资产

城市更新的核心在于防止"大拆大建"。城镇化步入下半场后，基础设施建设历经改革开放以来的快速增长与爆发，造就了众多闲置存量基础设施资产。如何激发存量资产的潜能与再融资能力，对于提升运营管理能力、拓宽投融资渠道、促成存量资产与新增投资的良性循环、降低相关主体的负债水平与债务风险，均具有重要意义。

因而，盘活存量资产、放大现有资产价值、扩大有效投资，已成为新时期各级政府、投资人及相关利益方所重点关注的高质量发展路径。就现实状况而言，中心城区的城市更新项目往往面临更多难题，如更新成本高昂、资金筹措渠道单一、资产变现困难、运营效率偏低等。以多数传统街区和老式建筑为例，存在商业发展滞后、历史与人文环境衰落、空间肌理与现代商业不匹配、商业功能模糊等问题，致使其陷入停滞甚至衰败的困境，老街区的住宅环境也无法得到有效提升。

在维持现有格局基本不变的前提下，通过局部拆建、建筑物功能置换、保留修缮等方式对空间进行更新改造，重现老旧街巷、建筑的历史价值，并激活消费经济活力，达成投融资链条的闭环，赋予城市可持续发展的内生动力，进而实现由实物资产向金融资产的转变，探索出兼顾经济效益与社会效益的解决方案。通过城市更新来盘活存量资产，能够改变资产形态，将物化的长期资产转化为流动性较强的金融资产，从而可有效提升资金的使用效率与投资效益，进而改善居民的生活品质与环境，带动相关产业的转型升级，传承城市文脉。盘活存量资产有利于解决过往的历史遗留问题，包括但不限于产权分散、经营低效、管理困难等。通过合理创新金融工具来盘活资产，提高资产运营效益，实现规范化经营。同时，借助城市更新来盘活存量资产，有利于引入最优质、最具能力的相关方，进而实现责权利的重新分配，将资产转变为资本，再将资本转化为资金，开创多层次、多元化的融资渠道，充分调动社会资金参与投资，缓解开发资金不足的困扰，为城市更新提供更充足的资金保障。

1.4　城市更新的总体思路

城市更新的目的是对城市中某一衰落的区域进行拆迁、改造、投资和建设，以全新的城市功能替换功能性衰败的物质空间，使之重新发展和繁荣。包括两方面的内容：一方面是对客观存在实体（建筑物等硬件）的改造；另一方面是对各种生态环境、空间环境、文化环境、视觉环境、游憩环境等的改造与延续，包括邻里的社会网络结构、心理定势、情感依恋等软件的延续与更新。在欧美各国，城市更新起源于二战后对不良住宅区的改造，随后扩展至对城市其他功能地区的改造，并将其重点落在城市中土地使用功能需要转换的地区。城市更新的目标是解决城市中影响甚至阻碍城市发展的城市问题，这些城市问题的产生既有环境方面的原因，又有经济和社会方面的原因。

同时，城市有机更新虽然涉及房屋和土地，但与传统房地产开发迥然不同。首先，房地产开发是大拆大建、标准化、短周期、可复制的建设方式；而城市有机更新是渐进式、"留 + 改 + 拆"、以留改为主的建设方式。其次，房地产开发主要以建设为主，解决城市发展的增量需求问题；而城市有机更新是改空间、补短板、升产业、留文化、保民生、美环境，历史印迹呈现与现代功能提升相结合，以运营城市、提升空间价值为目的，主要解决城市可持续发展的问题。再者，房地产开发是以散售、高周转为主要特征的盈利模式；而城市有机更新更多的是持有性经营，以依靠资产管理和运营、提升现有资产现金流为主要特征的盈利模式。另外，房地产开发是以土地招拍挂方式，由单一或若干房地产开发企业主导的发展模式；而城市有机更新是片区统筹，规划引导，由利益相关者政府、企业、社区、原居民共同主导的发展模式。对政府而言，未来城市的发展要依靠发展产业，包括先进制造业和现代服务业，促进实体经济发展，通过现金流获得税收来支持城市的财政，实现中央提出的"推动金融、房地产同实体经济均衡发展"的要求，进而通过运营提升空间价值，形成产业链闭环，实现城市高质量发展。在城市发展转型的大趋势下，城市有机更新也是传统房地产企业转型发展的重要方向，对企业获取新的发展资源、探索新的盈利模式、积累可持续发展经验具有重要意义。通过城市有机更新，房地产企业可以在更长的价值链条上创造更多的服务价值，以获取更理想的利润水平。

基于城市发展的阶段特征，以及中国城市面临的各种问题，城市更新的总体思路如下：

1. 以高质量发展作为城市更新的总发展理念

首先，要坚持统筹谋划，从全局出发，坚持系统观念，统筹整体和局部布局、短期和长期、经济和社会、发展和保护、规划与实施、政府和企业等关系，将城市更新置入"双循环格局""国内统一大市场""供给侧改革""共同富裕"等当前经济社会发展的重大改革发展语境中，与城市发展和社会经济发展统筹谋划。将城市作为一个有机的生命体来解决"城市病"，秉持有机更新理念，健全城市体检评估体系，将全生命周期管理思想贯穿于城市规划、建设、管理全流程，统筹城市治理体系与治理能力现代化。

2. 以科学规划为城市更新总纲

"多规合一"是确保"多规"的保护性空间、开发边界、城市规模等重要空间参数一致，并在统一的空间信息平台上建立控制线体系，以实现优化空间布局、有效配置土地资源、提高政府空间管控水平和治理能力的目标。需要将国土空间规划作为统筹引领和科学管控的重要工具和抓手，将城市更新与城市群、都市圈、城乡融合、乡村振兴等任务作为"一盘棋"研究，尤其要高度重视党和中央关于生态环境保护、基础民生服务、历史文化保护、绿色低碳循环，以及智慧城市建设的相关指示。统筹有序推进基础设施建设、公共服务配套、产业培育发展、生态环境提升等工作。

3. 以协同融合发展为城市更新赋能

顺应城市发展的规律，需要充分把握城市更新复杂巨系统的内部关联性和正外部性，拓展合作，放大资源聚合效应，促进企业与城市共同发展，共享红利。与地方建立稳定机制，结合地方资源和政策，探索开展混改、产权划转、政企合作、"综改试验"等方式，优化国有资本布局，促进产业链整合升级。

4. 以绿色可持续发展为城市更新增效

要坚持绿色可持续发展的理念，通过开发绿色制造业、优化森林资源、扩大公园绿地、完善垃圾处理等方式，提高城市环保水平，净化城市空气和水质，降低环境危害物质排放量，为居民提供优质生活环境。

5. 以文化传承为城市更新打造精神内涵

城市是一个有着历史内涵的地方，在城市更新过程中，必须充分关注文化遗产的保护和继承，倡导公益性文化建设，打造丰富的文化场所，推动文化交流，促进建筑文化传播，让城市更新与城市文化相生相伴。

1.5　全要素城市更新要点

结合住房和城乡建设部发布的《关于扎实有序推进城市更新工作的通知》（建科〔2023〕30号），其中对城市更新工作提出了五点明确要求：一是坚持城市体检先行；二是发挥城市更新规划统筹作用；三是强化精细化城市设计引导；四是创新城市更新可持续实施模式；五是明确城市更新底线要求。城市更新是城市片区的产业结构升级、空间结构调整、土地资源整理、生态环境提升、区域功能重塑等，只有通过深挖城市资源，通过生态链接和平台赋能，提供全要素统筹城市更新资源，才能建立一揽子解决方案，实现项目"肥瘦搭配"，实现投融资模式的闭环。结合建设部的相关文件，全要素城市更新主要包括以下几个维度：城市资源的全要素、参与主体的全要素、投融资模式的全要素、产业链条闭环的全要素、运营前置迭代的全要素，通过以上几个维度实现资金流、人流、产业流在空间上的积聚，从而实现城市更新的空间价值再造。因此，城市更新需要以系统规划绘制城市发展蓝图，以专业投建打造城市空间品质，以资产管理重塑城市资源价值，以综合运营完善城市产业生态。城市更新的发展路径：

1. 产业规划先行，实现产城互动。城市更新核心在于产业、城市做好前瞻性的规划和定位，避免盲目的城市化导致城市空心化，真正落实产业定位，实现城市与产业发展之间的相互促进。

2. 把握产业趋势，引领产业变革。城市更新在于突破早期城镇化的弊端。而城市更新的土地资源、空间资源用于发展新兴产业（或未来前沿产业）或发展与城市资源禀赋强关联的产业，落实城市更新，城市才具有发展的可持续性。

3. 兼顾城市竞争。城市竞争格局是城市更新不可回避的问题，当前，全球产业正在发生新的变革和转移。借助产业结构转型机遇，吸引优质产业，鼓励企业做大做强，积极参与国际化竞争，不断提升城市的国际影响力。

城市更新按照"拆、改、留、修"的原则，具体要做好以下几方面的工作，即对城市更新的战略规划深度研究，进而对政策实现路径进行系统思考，并对产业规划、城市总体规划、土地利用现状、权利人属性、企业资源禀赋等进行分析，利用大数据技术，对上述要素中的产业、企业、人口、土地等资源进行匹配及梳理，从而为城市更新的利益相关方提供一张蓝图。中国房地产研究院提出了"七维图叠加"理论，是对城市更新需要做的各项工作的系统总结，也是多规合一在城市更新工作的延伸。表 1-5 为城市更新"七维图叠加"理论的主要内容。

城市更新"七维图叠加"理论的主要内容　　　　　　　　　表 1-5

名称	主要内容
战略规划	城市更新要着眼于未来，要系统理解城市各区域的发展潜力，从产业、人口、城市规划、金融等多个维度来判断产城融合的中长期潜力
政策路径	政策路径需要系统梳理城市更新中的产业政策、控制性详细规划，以及土地征拆迁政策、房地产行业政策、金融、财税、人口、教育、医疗等方面的经济社会政策，并按照逻辑梳理，确保不同阶段项目的可执行性，以及真实反映各级政府的政策意图
产业规划和产业链带动图	系统梳理城市的主导产业及结构、空间布局、转移趋势、规划方向及产业之间的关联度等。交通物流是产业发展的命脉，科技创新是产业发展的源泉。因此，产业规划和产业链带动图为企业招商提供了路径支持
城市总体规划图	城市总体规划是对城市未来布局的系统思考，从空间上决定了未来的人口、产业、功能定位、生活配套等方面的宏观信息

续表

名称	主要内容
土地利用现状图	土地利用现状图反映了城市中每块土地的土地性质及利用现状，依据产业布局，以及人、产、城的融合可适当调整
权利人属性图	权利人属性图反映了每一个具体地块土地权利人的信息，包括企业名称、企业属性、经营范围、经营状况等；需要制定系统的拆迁补偿方案，以及补偿路径、土地征收路径等
企业资源禀赋图	对于产城融合的开发企业的综合能力评判，包括战略规划定位能力、资源导入能力、整合能力、产业资源的调动能力、未来产业的招商能力、投融资能力、城市未来的运营能力进行系统分析

备注：来自中国房地产研究院。

结合各城市更新的实践案例，只有把城市更新放在全要素的维度，才能实现全局规划、顶层设计，内外部资源集成协同。而全要素更新的首要任务就是通过针灸式体检，实现对城市资源的统筹和筛选。城市资源的全要素筛选标准如下：一是投资回报原则，综合考虑资源开发的投资收益率、回收期、盈亏平衡压力等要素；二是综合效益原则，从行业成熟程度、进入门槛要求、集团业务协调程度等层面综合考量；三是社会效益原则，主要包括区域经济带动、人居环境优化、城市就业拉动、社会稳定性等；四是开发运营原则，主要包括开发模式的便利性、维护难度、运营稳定程度、运营年限等；五是风险规避原则，主要包括政策风险、经济风险、经营风险、技术风险、试错风险等。基于以上原则，对城市中的资源梳理及分类见表 1-6~ 表 1-11（资源等级由低到高依次为 A，AA，AAA）。

城市更新土地资源梳理　　　　　　　　　　表 1-6

土地分类	土地二级分类	资源等级
居住用地	住宅用地	AAA
	服务设施用地	AA
工业与物流用地	工业用地	AA
	物流仓储用地	AA
商服用地	商业设施用地	AAA
	商务设施用地	AAA
	娱乐康体设施用地	AA
道路与交通用地	城市道路用地	AAA
	城市轨道交通用地	AAA
	交通枢纽用地	AAA
	公共枢纽用地	AA
	交通场站用地	AA

续表

土地分类	土地二级分类	资源等级
集体建设用地	宅基地	A
	经营性建设用地	AA
	公用设施用地	A
农林用地	耕地	A
	林地	A
	牧草地	A
	设施农用地	A

城市更新自然资源梳理　　　　　　　　　　　　　　　　表 1-7

土地分类	土地二级分类	资源等级
生态资源	生态修复	AA
	景观提升	AA
	生态保护	AA
	生态旅游	AA
水文资源	水利发电	AAA
	水体治理	AA
	水库开发	AA
	河道开发	AA
太阳能资源	光伏发电	AAA
	光伏储能	AAA
矿产资源	建材类矿产	AAA
	战略性新兴产业矿产	AAA
风能资源	风力发电	AA
	城市风电	A
地热资源	地热发电	AA
	地热供热	AA
	地源热泵	AA

城市更新产业资源梳理（以文旅资源为例）　　　　　　表 1-8

土地分类	土地二级分类	资源等级
景区景点	自然景区	AA
	历史建筑	AA
	园林景观	AA
	文化遗址	AA
历史街镇	历史城镇	AA
	历史街区	AA
	仿古街区	AA

续表

土地分类	土地二级分类	资源等级
新建综合体	主题公园	A
	工业遗产改造	AA
	综合度假区	AAA
	文商旅综合体	AAA
乡村旅游	休闲体验型	AA
	购物度假型	AA
非物质文化遗产	传统习俗	A
	文化演艺	AA
	岁时节令	AA
	旅游购物	AA

城市更新存量资产梳理　　　　　　　　表 1-9

土地分类	土地二级分类	资源等级
老旧小区改造	房屋室内改造	AA
	基础设施改造	AA
	环境改造	AA
	社区服务设施	AA
闲置资产	企业市场腾退	AA
	老旧厂房	AAA
	文化体育场馆	A
	综合交通枢纽改造	AA
道路改扩建	主次干道改扩建	AA
	支路改扩建	AA
	道路智慧化改造	AAA
	文商旅综合体	AAA
产业园区	工业园区	AAA
	文创园区	AAA
	产业小镇	AAA
仓储物流	仓储房屋	AA
	物流基础设施	AAA
其他存量资产	保障性租赁住房	AA
	烂尾项目	A
	闲置土地	AA

城市更新市政资源梳理　　　　　　　　表 1-10

土地分类	土地二级分类	资源等级
燃气	燃气设施建设	AA
电力	传统发电	A
	新能源发电	AAA
	输配售电	AAA

续表

土地分类	土地二级分类	资源等级
通信	5G 设施建设	AA
	5G 运营	AA
	4G 设施建设	A
水务	供水	AA
	排水	AA
	污水处理	AAA
供热	供热生产运营	AA
	供热工程建设	AA
	节能改造	AA
固废	生活垃圾处理	AAA
	工业固废处理	AA
	建筑废弃物	AA
	危险固废	A
新基建	城市新基建	AAA
	新能源汽车充电桩	AAA
	信息基础设施	AAA
	创新基础设施	AAA

城市更新数据资产梳理　　　　　　　　　　　　表 1-11

土地分类	土地二级分类	资源等级
基础设施数据	邮电通信设施数据	A
	交通设施数据	AA
	防灾设施数据	AA
	能源设施数据	AA
公共安全数据	城市治安数据	A
	安全生产数据	A
	网络安全数据	A
民生服务数据	社保服务数据	AA
	医疗卫生数据	AA
	教育服务数据	AA
	住房服务数据	AA
绿色宜居数据	城乡建设数据	AA
	节能环保数据	AA
产业经济数据	制造业数据	AA
	农业数据	AA
	建筑业数据	AA
	服务业数据	AA
城市治理数据	城市治理数据	A
	城市规划数据	A

通过对城市中的资源进行系统统筹，分类研究策划，坚持因市制宜、因地制宜、因业制宜、适度前瞻的开发理念，把上述资源要素进行归纳分类，如图 1-1 所示。

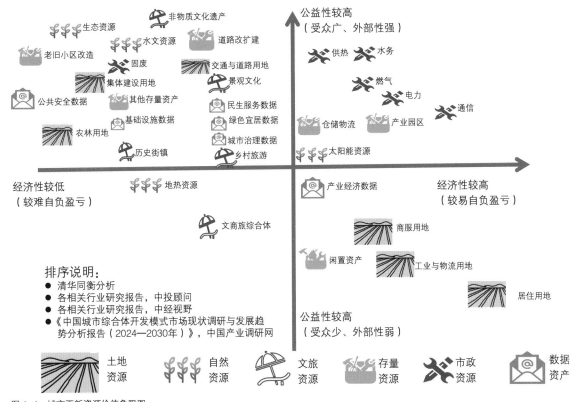

图 1-1 城市更新资源价值象限图

通过资源梳理，圈定城市更新的范围、更新的业务内容，以及确定更新的周期，从而完善商业模式，锁定利益相关方，最终实现资产运营提升资源价值，通过资本运作实现资源的二次增值，实现城市资源的精细化和高效综合利用，为"资源—资产—资本—资金"闭环夯实基础。

1.6 基于全要素城市更新的模式

随着城市更新的不断深入，城市更新也在不断迭代。结合城市自身的资源禀赋、产业政策、气候条件、区域环境、人才优势、区位特征等因素，对各地区各城市的城市更新发展提出了不同的要求。各城市需要结合自身实际及特色，有针对性地实施城市更新，构建适应自身发展的新模式。

1.6.1　城市更新功能提升模式

城市更新的内容包括城市景观改造、地区再开发、城市功能升级等；城市更新要求城市有产业作支撑，产业与城市功能融合、空间整合。二者是有机的统一，需要坚持产业空间重塑优先，走产业带动城市更新及城市功能提升的新路。产业兴则区域兴，区域兴则人口旺。众多城市也从传统的旧城改造房地产综合开发模式，转变为城市更新产业空间再造、产业带动城市更新的发展模式，即以产业为载体，围绕产业规划配套居住及生活，同步推进周边旧村改造，以产业发展带动城市更新。

其中，广州、深圳等城市更新坚持因地制宜，打好政策组合拳，最大限度凝聚各方共识、提升综合效益。土地政策方面更需要综合施策、灵活施策、精准施策、以改带拆、以拆带改、拆改结合，要切实坚持导入先进产业、增加集体收入、改善人居环境，使综合效益实现有效提升。广州、深圳多个城市更新项目实现了产业兴旺、原居民收入增加、人居环境显著改善。

此外，在城市更新功能提升模式中，要充分结合社会治理，对于原有棚户区的社会结构、社会关系、社会心理等改造提升，切实通过城市更新化解城市发展中的各类问题，实现土地、物业、管理、分红等的有机结合，促进了原居民与新环境的有效融合。

对于城市更新功能提升模式，主要操作路径如图1-2所示。

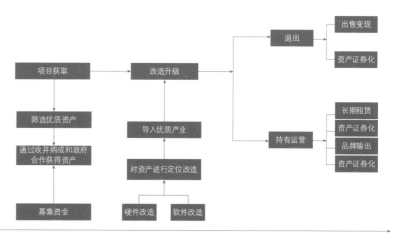

图1-2　城市更新功能提升模式主要操作路径图

1.6.2　传统园区转型升级模式

截至 2019 年 10 月，中国有各类国家级开发区 628 家，省级开发区 2053 家，各类产业园区 15000 多个，对整个中国经济的贡献达 30% 以上（数据来源于前瞻产业研究院）。产业园区按照级别划分为国家级产业园区、省级产业园区、地市级产业园区等。

产业园区的发展也经历了多轮迭代，从最早的产业主题不明显到产业集聚相对清晰，进而形成产业链型园区，到目前很多园区向产业生态园区过渡。产业园区以产业为基础，以工业类用地或物流 / 仓储类用地两大类型为载体，开发服务于生产制造、研发办公、仓储配送、商贸物流、生产性服务等产业价值链上相关环节的新型形式。从表现形式上，主要包括了工业园、科技园、总部基地、仓储 / 商贸物流园及相关的生产配套设施等产品。从发展意义上，帮助企业提升企业形象、提高企业发展力；为产业提供集聚发展平台、提高产业发展速度；帮助政府改善区域环境、提升区域竞争力。但随着产业的迭代升级，部分产业园区的主导产业定位不清晰、配套设施不健全、园区运营模式落后等问题凸显，园区作为城市功能的重要组成部分，其迭代升级也成为城市更新的重要支撑。

如《苏州工业园区产业用地更新三年攻坚行动方案（2021—2023 年）》正式发布，宣布将用 3 年完成 2 万亩以上产业用地更新，更新后"亩均税收"达到 A 类企业平均水平，进一步提升产业集聚度、科技创新能力、安全环保水平。

这套行动方案，是苏州工业园区进一步加快盘活低端低效产业用地、导入优质项目资源、提高土地产出效率的重要纲领，也是自身巩固工业经济基础地位、促进产业转型升级、推动经济高质量发展的重要路径。按照这套方案，苏州工业园区聚焦落实功能区推进产业用地更新的主体责任，重点梳理工业企业资源集约利用综合评价结果为 C 类、D 类及亩均税收 5 万元以下的低端低效工业用地，争取用 3 年时间完成 2 万亩工业用地更新。

在这套方案之下，苏州工业园区鼓励各类市场主体积极参与更新，探索建立合理的更新增值利益分配机制，实施有效的激励政策，提高各类市场主体参与的积极性，形成多元化参与更新的模式。鼓励国企通过收购、股权合作、提供专业化运营服务等方式积极参与更新工作，在具备条件的区域谋划实施集中连片开发，形成规模效应和示范效应，引导优化业态，提升产业集聚水平。

最后，探索适当放宽更新项目容积率上限和配套设施建设限制，对积极配合、主动更新并取得明显成效的土地使用权人，通过"以奖代补"等方式给予一定经济奖励。同时，通过差别化用电、用气和差异化监管执法等措施，加大对工业企业资源集约利用综合评价尾部企业的反向倒逼力度；严格土地出让合同和投资发展监管协议等履约管理，从法律、信用等多方面探索，压实企业履约责任。图1-3为园区更新项目操作路径图。

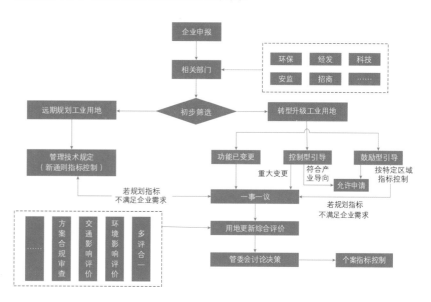

图 1-3　园区更新项目操作路径图
来源：火花园区智略

产业园区提升的路径主要体现为模式升级、技术手段升级和业态升级三条路径。在模式升级方面，很多产业园区以智慧平台为抓手，搭建"电子商务、物流配送、展贸结合"等O2O交易模式，打造"线上展示＋线下体验＋线上下单结算"的高效交易生态圈。技术升级在于充分利用智慧市场、云计算、物联网、区块链、人工智能等信息技术，促进专业市场管理和运营方式的变革，实现市场管理生态圈、精准营销和个性化定制消费体验等，为产业园区搭建商贸运营的新生态圈。此外，业态升级主要促进多领域的专业市场升级，催生功能复合型新业态，为产业园区提升换挡。产业园区运营模式如图1-4所示。

1.6.3　产业兴城更新模式

部分城市由于老城区的自然环境、产业基础都不具备很强的优势，城市更新限制因素较多，同时，要疏解老城区的部分功能，希望打造出一个人、

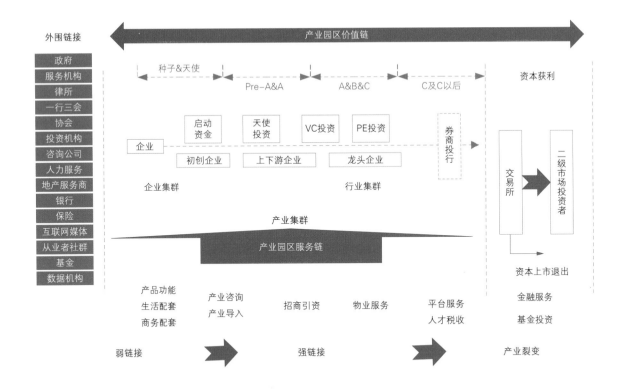

图 1-4　产业园区运营模式
来源：火花园区智略

产业、城市共生的新的城市运营体系及模式，以多元产业集聚融合、城市资源均衡配置、社会管理智能高效为核心理念。

　　产业兴城的城市运营板块主要分为市政基础设施、公共服务设施、产业服务设施以及智慧城市四大板块。市政基础设施主要包括城市道路、公共交通、给水排水、燃气、电力、园林、绿化、环卫、雨污水处理等，主要属于面向民生的基本保障性工程。公共服务设施主要指城市公园或广场、体育场、医院、学校、公益性养老机构、城市展览馆、图书馆、公共停车场、加油/加气站，以公益性或半公益性为主。产业服务设施主要包括产业园、孵化器以及居住区等，保证产业及城市的深度融合。智慧城市板块属于新基建体系范畴，主要利用大数据板块，提升城市的智慧体系及运营效率。以上更新往往聚焦于核心城市周边，"拆改留"的关系相对简单，更多的是城市核心片区产业功能的延伸。产业兴城城市更新路径如图 1-5 所示。

1.6.4　"城市更新+导向型"模式

　　城市需要可持续发展，必须建立适合自身特点、长期的发展规划。导向型开发模式目标明确，目前有"城市更新+EOD模式"和"城市更新+TOD模

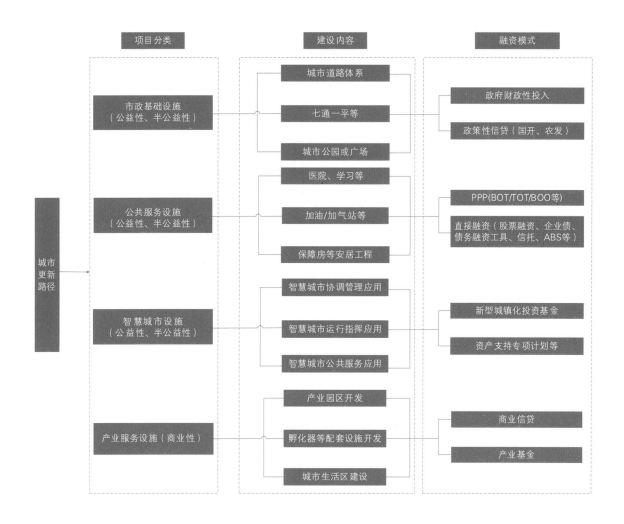

图 1-5　产业兴城城市更新路径

式"，其中"城市更新 +EOD"模式是一种以生态环境改善为目标，以生态文明建设为引领，以特色产业运营为支撑，以城市综合开发为基础，以可持续发展为目标的城市发展模式。"城市更新 +TOD"模式是以公共交通为导向的开发，即把公共交通系统的建设和土地开发结合起来，公共交通系统能够方便有效地服务于沿线地区，而沿线土地开发需要创造出一个公共交通经济带，并能为公共交通系统带来足够多的客流，最终形成轨道交通与周边土地共生体模式。

深化 TOD 价值创造逻辑，首先需要对乘客的独特价值进行深度思考，深入乘客生活，模拟构建城市生活、工作及消费场景，形成快进（轨道交通的便捷性）、舒畅（购物的体验感）、贴心（想顾客所想）的逻辑，优化轨道交通的接驳服务、轨道交通与其他交通工具的无缝对接及商超的人性化运营。其次充分利用 MaaS 平台，与利益相关者推进市政一体化，与机场、汽车客运站、

图 1-6　TOD 城市更新框架体系

运营商等形成利益同盟，并在轨道交通中形成主题视觉活动，加大营销力度。此外，以 TOD 为主导，积极融合其他行业，催生出新业态、新产业、新模式，推出以顾客为核心的新产品和新服务，构建共生体空间价值网，并铸就自身护城河。图 1-6 为 TOD 城市更新框架体系。

1.6.5　产业小镇模式

产业小镇是指依赖某一特色产业和特色环境因素（如地域特色、生态特色、文化特色等），打造的具有明确产业定位、文化内涵、旅游特征和一定社区功能的综合开发体系。它不是单一的旅游景区或产业园区，也不完全是建制镇，而是旅游景区、产业聚集区、新型城镇化发展区三区功能合一、产城乡一体化的新型城镇化更新模式。

产业小镇需要体现"产业"的特别性、"功能"的特别性、"形态"的特别性，即产业特征鲜明、产城乡一体化功能集聚、风貌特征突出。

"产业"的特别性在于产业小镇要立足当地资源禀赋、区位环境以及产业发展历史等基础条件，提出产业转型升级的路径，完成建链、延链、补链、强链，实现传统产业升级—产业回归—向新兴产业过渡的路径。其次，产业小镇要体现环境美、生态优、幸福指数高的特点，从而实现人员的集聚。

"功能"的特别性在于产城乡一体化需要深度融合，即产业小镇的"产业"端具有足够强的生命力，"服务"体系的构建需要有足够强的延展性，才能形成一定规模的人口集聚，形成独有的小镇印象符号。

"形态"的特别性体现在独特的风土人情、独特的饮食文化、独特的山水风貌、独特的建筑体系，这也彰显着小镇的个性及特色。小镇的风土人情是以历史文化、生活方式、风俗习惯等的沉淀为基础，结合非遗、演艺、社区文化、人际交往等固化放大，形成自己的独特性。独特的饮食文化是一方山水养育一方人，美食彰显的是历史和风土人情，也是产业小镇的价值放大渠道。独特的山水风貌哺育了不同性格、不同语言、不同的饮食文化，能给人过目不忘的震撼感。独特的建筑体系体现在建筑的外观及结构体系，尤其是历史文化的传承，以及建筑风格就地取材与当地生态及自然环境的一致性。图 1-7 为产业小镇的更新融合体系。

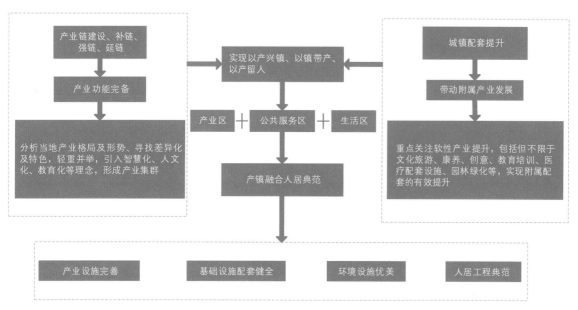

产业小镇发展路径：特色小镇良性发展、商业模式短、中、长目标均能实现、产镇深度融合、在地资源深度挖掘，实现人气旺、环境美、产业新。

图 1-7　产业小镇的更新融合体系

1.7 城市更新面临的痛点

1.7.1 城市更新项目运作周期偏长

城市更新项目运作周期较长、业态复杂，考验投资人的综合经营能力。

由于城市更新项目运作时间长、周转率低、风险大，要求投资主体具备充足的可流动资产以抵抗项目无法如期转化对企业现金流所带来的冲击。

城市更新村改类项目周期短则 5~8 年，长则 10 年以上，高于业内住宅开发周期 2.5~3 年。在"三旧"改造中，"旧厂"项目多为单一业主，产权清晰，前期协调难度低，整体开发周期为 3~5 年。"旧村""旧城"改造产权复杂，开发周期一般为 5~8 年，且项目蕴含一定风险，若项目进展受阻，周期一般大于 10 年。城市更新周期图如图 1-8 所示。

1.7.2 城市更新占用资金量较大

从短期来看，目前所留存的城市更新项目多位于城市核心区域，改造成本高。从长期来看，利息支出占用资金量大。总体而言，城市更新的重要工作就是做好片区统筹，平衡片区内不同项目的资金需求。因此，片区统筹一方面要确定项目本身的边界，同时也要划定更新片区的经济边界，对项目的类型合理区分，合理规划和整合片区内的经济空间，调整和确定业态布局，协调项目运营主体，充分挖掘项目潜在收益，处理好动态的经济边界与静态的规划边界之间的关系，再配以合理有效的融资安排，才能应对所面临的资金压力。社会资本方需要整合产业资源，把各类优秀的专业公司组织起来，充分发挥市场力

图 1-8　城市更新周期图
来源：前瞻产业研究院《2021 年中国城市更新发展前瞻报告》

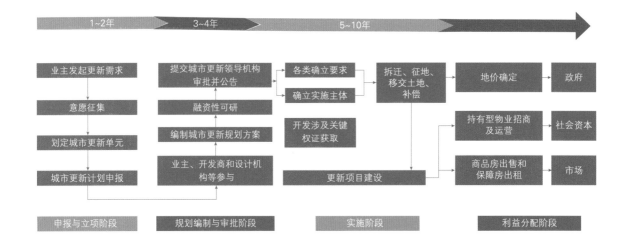

量，通过合理安排基础设施建设、公共设施配套、土地一级开发、产业开发运营、住宅功能提升等多项内容的开发时序，与现金流安排充分结合起来，使得城市更新实现短期、中期、长期现金流的稳定。

1.7.3　城市更新项目融资路径复杂且多样化

除城市更新产业基金外，企业也可借助城市更新私募基金在投资阶段进行资金募集；在建设阶段，主要借助银行、信托、政策性机构进行贷款融资。第一太平戴维斯在《历史文化街区的活化迭代》城市更新白皮书系列中提到，在城市更新运营阶段，发行房地产信托投资基金（REITs）、抵押贷款证券化（CMBS）、收益权资产证券化（ABS）等资产证券化的方式存在一定困难。不同于资产证券化标的的商业物业项目，城市更新项目的基础资产权属复杂，难以清晰梳理并实现资产权益的真实转移和风险隔离；同时，城市更新项目开发周期长、难度大，项目现金流与收益均存在不确定性。城市更新主要融资模式如图 1-9 所示。

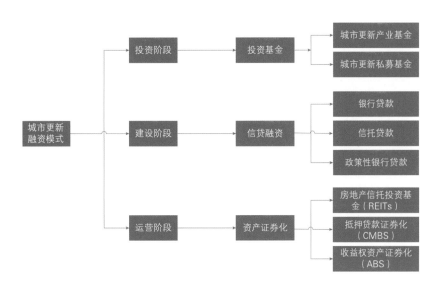

图 1-9　城市更新主要融资模式
来源：前瞻产业研究院《2021 年中国城市更新发展前瞻报告》

1.7.4　城市更新项目协调面广

城市更新往往牵涉的利益相关方多、资金需求大、建设周期长、约束因素多、社会影响面广，因此要处理好以下几个关系：①建设与拆除的关系，对于有历史文化价值或者历史记忆的符号，并不需要推倒重来，可以设定拆除建设的标准，做到旧物利用更新及功能提升，但对于影响城市发展及面貌的也需要破旧立新，因此要做到综合整治，保护与重建相结合；②政府与市场的关系，要设计合理的商业模式，有效减轻政府财政负担，同时，通过引进社会资本，提高资源利用效率，使得政府在城市更新中充当公共利益的守护者，主要职能为政策制定及规划引导，并保证城市更新的进程；而社会资本方则发挥在融资、建设、运营方面的优势，避免资源浪费的同时取得合理收益；③公众与城市更新主导者的关系，强化对权益人的权利保护，做到信息透明、合法、合规，并鼓励公众参与融入城市更新计划、规划制定和审批的全过程，保证未来城市更新中人的参与度，实现产、城、人的高度统一。

企业能否积极参与城市更新，盈利模式只是外在的显性因素。在盈利模式背后，是政企关系的组合方式、政府相关的支持政策、方案的设计水平以及实施过程中的多元化利益关系的协调程度。实施城市更新面广事繁，需要构建多部门参与的横向协调机制。可采取设立部门联席会议机制、签署部门合作协议等方式开展工作。通过联席会议进行协商和分工，以实现工作目标。签署城市更新部门合作协议可建立部门间的协调机制，强化信息沟通、整合部门资源、衔接行政权力，互相配合完成工作任务。

同时，进一步强化主管部门系统自身的垂直协调能力，构建上下联动机制。城市更新资源协调如图 1-10 所示。

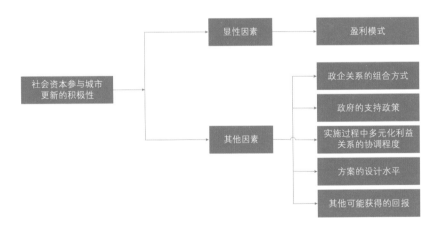

图 1-10　城市更新资源协调
来源：前瞻产业研究院《2021 年
中国城市更新发展前瞻报告》

总体而言，城市更新是一个系统工程，城市片区统筹更新面临以上诸多难点，城市更新过程体现了"有为政府"和"有效市场"的结合。其中，政府通过政策制定和实施实现城市更新的监管、协调和资源分配，在城市更新进程中发挥监督和保障作用。从已经出台的相关政策与未来政策需求看，规划建设与土地、住房保障、财税金融与投资、产业、生态环境等领域都是城市更新配套政策的重点。在实施城市更新的政策体系构建中，规划建设与土地、住房保障两个领域是核心。从当前城市更新实践中的政策需求出发，财政金融与投资、试点指引等领域对政策供给的需求更强。同时，实施城市更新要引导城市发展模式转变，涉及产业、社会治理等多方面的调整、转型工作，相关配套政策供给需进一步加强，同时积极发挥市场主体作用，整合各方资源，使"合适的市场主体"做"合适的事"，实现"责、权、利"的有效统一。

一是实施城市更新的规划建设与土地政策要实现城市开发建设方式转变。

引导城市建成区空间形态和城市功能的持续完善和优化调整，鼓励以小规模、渐进式、低影响、可持续的方式来实施城市更新行动与必要的规划建设活动。坚持规划引领，加强规划管控，将城市更新纳入经济社会发展规划、国土空间规划统筹实施，出台一系列与存量提质改造相适应的政策，推动城市开发建设方式由大规模增量建设转为存量提质改造和增量结构调整并重。

二是实施城市更新的住房保障政策要有利于解决住房结构性供给不足的矛盾。

借助实施城市更新行动的重大机遇，结合三大工程建设，完善住房市场体系和住房保障体系，出台鼓励多主体供给、多渠道保障、租购并举的住房保障政策。要明确政策导向，鼓励通过拆旧建新、改造存量等多种方式增加保障性住房尤其是租赁住房的供给，努力实现全体人民住有所居、住有宜居。

三是实施城市更新的财税金融与投资政策要鼓励市场主体积极参与城市更新。

实施城市更新需要大量资金投入，必须通过政府主导、市场运作来实现。要完善多渠道筹集城市更新资金的相关政策，充分发挥财政资金的撬动作用，鼓励地方政府加大对城市更新的财政投入。鼓励有条件的地方设立城市更新专项基金，鼓励城市更新投融资机制创新探索，研究出台一系列政策。鼓励城市更新利用自筹类型的资金开展工作，并通过金融创新，利用资产证券化、REITs 等模式实现有现金流的利润和有利润的现金流。

四是实施城市更新的产业政策要推动创意经济和服务经济发展。

城市更新将在盘活低效空间、推动产业升级中发挥重要作用。相关政策也将进一步促进高附加值的现代服务业和高新技术产业向城市中心区集聚，促进低附加值的制造企业外迁，从而优化城市产业空间布局。建议加快出台通过实施城市更新促进产业转型、支持城市更新区域产业发展的有关政策，围绕城市更新相关重点产业的转型升级出台指导意见，进一步强化房地产业、建筑业、交通业、信息产业等对城市更新的支持。

五是实施城市更新的环境政策要有利于推进生态宜居城市建设。

实施城市更新要统筹推动城市生态空间更新，相关政策要鼓励将城市生态空间纳入更新区域，如城市重要景观廊道、生态廊道等。要建立连续完整的生态基础设施标准和政策体系，通过实施城市更新完善城市生态系统，加强城市绿色生态网络建设。探索出台政策引导绿色低碳发展，鼓励城市更新采用低碳化手段改造建筑、产业、社区，形成绿色更新模式。

六是实施城市更新的社会治理政策要有助于协调多方利益。

制定让城市居民参与城市更新全过程的政策，构建能吸纳和考虑多方诉求的协商制度，健全城市更新长效治理机制。进一步完善城市更新利益平衡机制和共享机制，制定保障居民合法权益的政策，完善包括容积奖励、税收减免及其他优惠政策在内的多渠道、多方式的支持政策。围绕社区的城市更新出台相关政策，更加关注硬环境改造外的治理结构重构。要厘清城市更新涉及各利益主体的诉求，将治理共同体的理念融入社区管理，引导和鼓励居民、外来人口、社会组织等城市建设和发展主体参与城市更新管理体系。

七是实施城市更新的文化政策要加强城市历史遗存的保护，引导塑造城市新风貌。

围绕具有历史文化价值的街区、建筑及其影响地段的传统格局和风貌，出台一系列政策与规定，防范城市更新对城市历史文化价值和特色风貌造成不可挽回的损失。在全面开展城市设计工作方面出台政策，鼓励强化建筑设计管理，优化城市空间和建筑布局，塑造城市时代特色风貌。

八是实施城市更新的试点指引政策，鼓励先行先试。

城市更新的试点指引政策要在全国范围内选择一批能体现新发展理念的、代表性较强的城市，为全国的城市更新树立典型，形成可复制、可推广的经验做法。在试点的选择上，要统筹结合现阶段已经开展的城市"双修"、智慧城市、设计城市、气候适应型城市等试点工作。相关政策要鼓励分类分层次开展试点工作，既要根据制度、机制、改革任务的不同方面开展试点工作，也要选择不同规模、不同类型城市开展试点工作。

第 2 章

城市更新的融资模式探究

随着城市更新的蓬勃发展，各地对城市更新的诉求及公共服务配套的高质量需求越来越大，但与之相伴的是政府财力不足和政府债务风险凸显，成为制约城市更新发展的"拦路虎"。为了缓解这些矛盾，城市更新需要创新投融资模式。项目融资以其自身特征符合城市更新建设的需求，成为城市更新领域融资的重要途径。

2.1 项目融资概述

城市更新项目所需的大部分资金都是通过项目融资（Project Finance）获得。项目融资是指为建设一个新项目或者收购一个已有项目，或对已有项目进行债务重组所进行的一切融资活动。广义的项目融资，属于企业资本运作的范畴。本书所谈的是狭义的项目融资，是指以项目资产、预期收益或权益作抵押，取得的一种无追索权或有限追索权的融资活动。

2.1.1 项目融资的主要特征

项目融资有以下几个特征：

1. 项目融资是以项目为独立的系统和融资主体，并以项目公司为核心，打破传统融资中以企业资信为依据的风险控制体系。尽管项目融资也会关注母公司的资信，但更多关注项目公司（SPV）是否能产生稳定的现金流。

2. 项目债务融资是以未来若干年的特许经营收入偿还金融机构的贷款，是否能实现预期现金流取决于项目公司的实际运营，且融资数额一般较大。而要评估未来的运营收益，涉及特许经营等各种法律协议等，因此融资程序复杂。

3. 项目融资分为无追索权融资和有限追索权融资两种。目前城市更新主要采用的是无追索权融资，当项目失败时，债权人不能追索项目自身以外的任何形式的资产，因此项目融资依赖于项目未来收益，有效降低了股东的主体风险。

由此可见，城市更新的项目融资过程中，为实施项目专门成立的项目公司（SPV）是主体，在城市更新的全生命周期中，项目公司都处于核心地位。典型的城市更新结构示意图如图 2-1 所示。从图 2-1 可以看出，城市更新项目所有的合同关系和财务关系都与项目公司直接相关。对于城市更新未来的运营来说，设立项目公司的好处如下：一是项目资产的所有权集中，便于管理；二是确保项目公司不受投资人其他无关业务的影响，成本、费用与收益核算相对

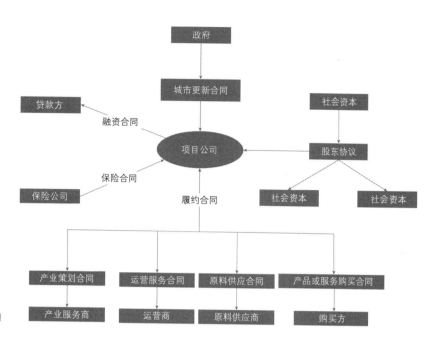

图 2-1　典型的城市更新结构示意图

清晰；三是有效做到风险隔离，避免或者减轻股东受到项目经营中的经济损失和其他不利影响。

　　项目公司可以采取有限责任公司、合伙企业或其他形式，具体采取哪种组织机构，取决于融资便利性、税务等情况。（实践中项目公司都是有限责任公司形式，合伙企业一般都是在项目公司的股东层面。）

2.1.2　无追索权融资和有限追索权融资

　　债权人对项目债务人的债权追索形式是区分项目融资和传统融资的重要标志。追索权是指当债务人不能按期偿还债权人到期贷款时，借款人用除去抵押资产以外的其他资产偿还债务的权利。项目融资分为无追索权融资和有限追索权融资。

　　无追索权融资是纯粹的项目融资，是指以项目未来收益及项目资产作为偿还金融机构贷款的资金来源和安全保障，提供贷款的金融机构对项目公司发起人的其他项目资产没有任何追索权，只能依靠项目本身收益偿还的融资。而这一切的基础是项目公司具有的利用该项目产生现金流的能力。

　　有限追索权融资是指当债务人无法偿还金融机构贷款时，金融机构只能就项目的现金流量和资产对债务人进行追索的融资。有限追索权融资，除了以项目本身经营收益作为还款来源和物权担保外，还要辅以第三方担保，即在无追索权的基础上加担保，以控制贷款风险。

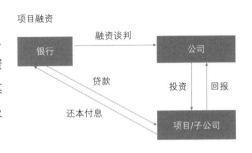

2.1.3　传统融资与项目融资的区别

传统融资（公司融资）与项目融资在融资主体、融资基础、融资程序、追索性质及还款来源等方面都有差异，通过项目融资对投资者实施无追索权和有限追索权，使项目投资与投资者的其他资产进行风险隔离。公司融资与项目融资的区别见表 2-1 及图 2-2。

图 2-2　传统融资与项目融资

公司融资与项目融资的区别　　　　　　　　表 2-1

项目	公司融资	项目融资
融资主体	原有公司	项目公司
融资基础	借款人的信用、经营情况、资本结构、资产负债率等	项目资产和未来收益及财政补贴。债权人最关注项目收益
追索性质	无限追索权，即公司以其全部财产对公司承担债务	无追索权和有限追索权，即项目未来收益及项目资产作为偿还债务来源，必要时辅以第三方担保
融资程序	相对简单	程序复杂
还款来源	公司所有资产及收益	项目投资后本身资产和现金收益
增信结构	传统的抵押、质押或其他信用增级方式	利益相关方以多种形式提供的保证或其他增信措施

2.1.4　融资分类

城市更新项目融资，即在城市更新项目的设计、建设、运营、维护、移交等各环节安排融资方案，实现对城市更新项目的资金支持。从资金供给来讲，融资方包括银行、保险、信托等金融机构，以及私募基金等其他非金融机构。

融资的分类标准有很多，以下是一些常见的分类标准：

按照资金来源划分可分为内源融资和外源融资。内源融资主要依靠企业自身的资金积累，如利润留存等；外源融资则是从企业外部获取资金，如银行贷款、股权融资等。

按照融资期限划分可分为短期融资和长期融资。短期融资一般用于满足企业短期资金需求，如应付账款；长期融资则用于支持企业的长期发展，如发行股票、债券等。

按照融资对象划分可分为个人投资者、机构投资者、金融机构等。

按照融资目的划分可分为项目融资、企业扩张融资、并购融资等。

按照融资方式划分可分为股权融资、债务融资、夹层融资等。其中股权融资又包括货币出资和实物出资，是项目公司进行其他融资的基础。债务融资是项目公司最重要的融资渠道，融资工具包括银行贷款和发行债券。随着金融工具的创新，夹层资本也被越来越多地运用到了城市更新项目融资中来。在城市更新项目的运营期，随着项目公司逐渐产生稳定的现金流，可以通过资产证券化、售后回租、REITs 等方式实现融资。城市更新主要融资方式与资金构成汇总如图 2-3 所示。

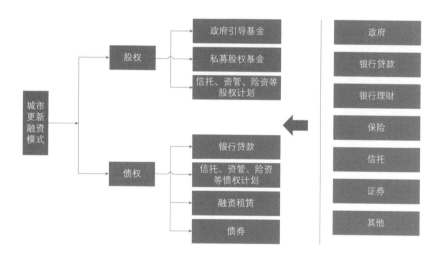

图 2-3　城市更新主要融资方式与资金构成汇总图

2.2　股权融资

股权融资是指企业的股东愿意让出部分企业所有权，通过企业增资的方式引进新的股东的融资方式。股权融资所获得的资金，企业无须还本付息，新股东将与老股东同样分享企业的盈利与增长。股权融资的特点决定了其用途的广泛性，既可以充实企业的营运资金，也可以用于企业的投资活动。在城市更新项目融资中，项目的股权结构、股东组成、出资比例及治理结构对城市更新项目的影响十分深远。

2.2.1　项目资本金

项目资本金，是项目单位在一个固定资产投资项目中出具的自有资金，即非债务性资金。设立项目资本金制度是建立投资风险约束机制、有效控制投资项目规模、提高投资效益的重要举措。我国项目资本金制度建立于 1996 年，其后国家多次修改调整，但项目资本金的基本属性和制度框架并没有发生根本性改变。

1. 项目资本金的概念、性质和作用

项目资本金是指在项目总投资中，由投资者认缴的出资额，对投资项目而言是非债务性资金，项目法人不承担这部分资金的任何利息和债务；投资者可按其出资的比例依法享有所有者权益，也可转让其出资，但不得以任何方式抽回。上述项目资本金的定义有三大特征：一是由投资者认缴；二是对投资项目来说，资金本是非债务性资金，项目法人不承担任何利息和债务；三是投资者可以转让出资，但不得以任何方式抽回。

项目资本金的出资方式包括但不限于货币、实物、工业产权、非专利技术、土地使用权。对作为资本金的实物、工业产权、非专利技术、土地使用权，必须经过有资格的资产评估机构依照法律、法规评估作价。以工业产权、非专利技术作价出资的比例不得超过投资项目资本金总额的 20%，国家对采用高新技术成果有特别规定的除外。

城市更新资本金的来源包括但不限于各级人民政府的财政预算内资金、国家批准的各种专项建设基金、"拨改贷"和经营性基本建设基金回收的本息、土地批租收入、国有企业产权转让收入、地方人民政府按国家有关规定收取的各种规费及其他预算外资金；国家授权的投资机构及企业法人的所有者权益（包括资本金、资本公积金、盈余公积金和未分配利润、股票上市收益资金等）、企业折旧资金以及投资者按照国家规定从资金市场上筹措的资金；社会个人合法所有的资金；对某些投资回报率稳定、收益可靠的基础设施、基础产业投资项目，以及经济效益好的竞争性投资项目，经国务院批准，可以试行通过发行可转换债券或组建股份制公司发行股票方式筹措资本金；国家规定的其他可以用作投资项目资本金的资金。

2. 实践中项目资本金的关注要点

1）各种来源的资本金都汇集在一个账户中，金融机构很难区分，必须审核来源的合规性，需要向上追溯到股东的财务报表，但一般只追溯到第一级股东，不会再向上穿透股东的股东。

2）铺底流动资金必须是股东自有资金，不得发放贷款。关于铺底流动资金是否属于项目资本金存在争议，根据 35 号文，项目铺底流动资金是项目总投资的一部分，一般是全额流动资金的 30%，项目总投资是投资项目的固定资产投资与铺底流动资金之和，因此项目资本金计算出现两种方式：

项目资本金 =（固定资产投资 + 铺底流动资金）× 资本金比例

项目资本金 = 固定资产投资 × 资本金比例 + 铺底流动资金

两种方式计算结果差别很大，而且铺底流动资金和项目资本金也不完全一样。铺底流动资金必须是股东自有，项目资本金可以是股东的债务性资金；铺底流动资金在项目启动阶段或初始运行阶段就会被投入使用，不会闲置，而资本金一般不允许抽回。各大银行的内部管理制度都会严禁对铺底流动资金发放贷款。

3）原则上要求项目资本金同比例到位。资本金如果是分期到位的，每一期都需要追溯来源的合规性。

4）项目实际投资超过原定投资金额，需要以调整后的概算为基础重新计算资本金比例，要求项目发起人配套追加不低于变更后项目资本金比例的投资。

5）同一债务人同时实施多个项目，资金混用，资金池运作，通常一笔资本金运作多个项目时，金融机构需要对每个项目进行审核，防控风险。

6）银团贷款的情况下，牵头行行使项目资本金审核职责，参加行对所属的份额进行审核，拼盘项目金融机构按自身承担的贷款比例履行资本金审核职责。

3. 项目资本金比例的调整

自《国务院关于固定资产投资项目试行资本金制度的通知》（国发

〔1996〕年35号）确立了部分行业的项目资本金比例后，随着不同时期经济发展进程和行业政策的变动，项目资本金比例又经过了四次调整，分别为：《关于调整部分行业固定资产投资项目资本金比例的通知》（国发〔2004〕13号）；《关于调整固定资产投资项目资本金比例的通知》（国发〔2009〕27号）；《关于调整和完善固定资产投资项目资本金制度的通知》（国发〔2015〕51号）；《关于加强固定资产投资项目资本金管理的通知》（国发〔2019〕26号）。

各行业投资项目的最低资本金比例为：城市基础设施项目，20%；交通基础设施项目，机场项目为25%，其他港口、铁路、公路等项目均为20%；房地产开发项目，保障性住房和普通商品住房项目为20%，其他项目为25%；产能过剩行业项目，钢铁、电解铝项目为40%，水泥项目为35%，煤炭、电石、铁合金、烧碱、焦炭、黄磷、多晶硅项目为30%；其他工业项目，化肥（钾肥除外）项目为25%；其他项目均为20%。绝大多数的项目资本金最低比例为20%，只有个别项目（机场、化肥、非保障房和普通住房）为25%，以及产能过剩行业在30%~40%之间。

2.2.2　项目公司资本结构的特点

城市更新项目公司资本结构符合公共产品理论的主要特征，在公司运行上适用现代产权理论、治理理论、代理理论，在项目融资层面上可以借鉴现代资本结构理论，如有税收条件下的莫迪利安尼—米勒定理（MM定理）、权衡理论等。与传统公司相比，城市更新项目公司资本结构的自身特点源于城市更新本身赋予的特性，主要包括如下几个方面：

1. 政府部门往往承担着多重角色，既是项目公司中地方国有资本的最终投资者，又是项目建设和运营的监管者。

2. 城市更新项目涉及的参与方较多，公共部门与社会资本、项目公司经营管理层、项目建设承包商、设备供应商以及参与项目的专业服务机构，存在多维度、多层次的委托代理关系。

3. 社会投资人更多的关注点是城市更新投资的逻辑和现金流的平稳性，而政府方除了要关注以上问题外，还要考虑项目产出的数量与质量。

4. 城市更新的目标是通过全要素更新，提升公共服务品质，实现空间价值再造，营造人、产、城的和谐统一。

这些特征决定了城市更新的股权融资，既要满足法律法规的相应要求，又要充分考虑各类股东的能力特点。在股权结构设计中，要充分考虑金融机构、产业服务商、建设运营商等的业务特长，降低委托代理成本。城市更新的股权投资人包括但不限于政府、政府融资平台、社会资本方，以及城市更新的业务协同专业投资者等。

2.2.3　城市更新股权投资者

1. 政府

以政府部门为实施主体，利用财政资金直接进行投资建设。其建设资金的主要来源是政府财政直接出资。

例如，中央预算内资金是由国家发展改革委负责管理和安排，用于固定资产投资的中央财政性建设资金，可进行新建、扩建、改建、技术改造等，安排方式包括直接投资、资本金注入、投资补助、贷款贴息等。

数据显示，2023 年中央预算内投资规模为 6800 亿元，较 2018 年增长约 26.5%，主要投向社会公益服务、公共基础设施、农业农村、生态环境保护和修复、重大科技进步、社会管理以及符合国家有关规定的其他公共领域。申报主体为政府或者企事业单位。

2. 地方国有企业

各级政府指定全资或控股的地方国有企业（包括但不限于政府融资平台或国有资产管理公司等）作为发起人组建城市更新公司，或对城市更新项目进行股权投资。目前部分地方国有企业已经具备了投融资、建设、运营的全产业链能力，是比较适合的城市更新项目投资人。

3. 政府引导基金融资

对于中大型城市，可以成立城市更新类产业引导基金，从资本金角度对项目公司提供融资支持。城市更新基金通常与承包商、行业运营商等组成投资联合体，作为项目发起人或社会资本参与项目投资运营。有时为了放大财政杠杆，城市更新基金采取母子两级基金的结构，引入社会资本的方式来运作。政府引导基金融资如图 2-4 所示。

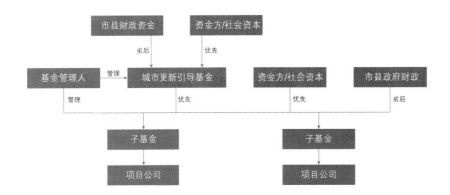

图 2-4　政府引导基金融资

4. 相关金融机构

金融机构具有雄厚的资金实力和投融资管理能力,是城市更新股权融资的重要资金来源。目前股权投资以信托投资、资管与基金投资(与上述政府投资资金类似)、保险投资为主。从目前国内城市更新项目来看,通常由信托公司、基金子公司、保险资管机构作为专业投资管理机构,与地方政府或其他指定政府融资平台合作,设立基金。股权投资机构、财政或政府融资平台公司作为劣后级投资人,商业银行理财资金及资管资金、保险资金作为优先级投资人,共同投资城市更新项目。

1)信托计划直接融资

信托公司可以设立信托计划,通过股权投资的方式投入项目公司。但是因为信托计划的公众投资者要求的投资回报期限较短(1~2年),而城市更新类项目的建设及回收期较长,因此实践中可以采取股权逐步退出的方式解决。信托公司通过股权转让或增资的方式进入项目公司的,可以选择股权委托管理或者与产业资本组成联合体进行投资的方式。信托融资如图 2-5 所示。

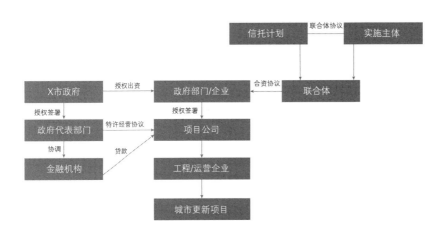

图 2-5　信托融资

2）保险资金融资

根据中国保监会 2017 年 5 月 4 日发布的《关于保险资金投资政府和社会资本合作项目有关事项的通知》，保险资金投资基础设施投资项目，是指保险资产管理公司等专业管理机构作为受托人，发起设立基础设施投资计划，面向保险机构等合格投资者发行受益凭证募集资金，向与政府方签订基础设施投资项目合同的项目公司提供融资。投资计划可以采取债权、股权、股债结合等可行方式，投资一个或一组合格的基础设施投资项目。保险资金投资不动产需要取得四证，因此，保险资金投资城市更新中的不动产项目时，在股权投资、债权方式以及物权方式方面有较大差异。

保险资金投资计划投资的城市更新融合类项目应当符合以下条件：

（1）属于国家级或省级重点项目，已履行审批、核准、备案手续和相关审查审批程序。

（2）承担项目建设或运营管理责任的主要社会资本方为行业龙头企业，主体信用评级不低于 AA+，最近两年在境内市场公开发行过债券。

（3）城市更新类项目合同的签约政府方为地市级（含）以上政府或其授权的机构，城市更新项目合同中约定的财政支出责任已纳入年度财政预算和中期财政规划。所处区域金融环境和信用环境良好，政府负债水平较低。

（4）建立了合理的投资回报机制，预期能够产生持续、稳定的现金流，社会效益良好。保险资金融资如图 2-6 所示。

3）城市更新基金

城市更新项目采用私募基金的方式融资，基金子公司受证监会监管，私募

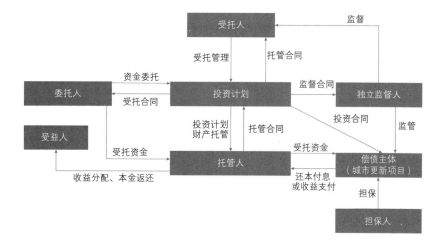

图 2-6　保险资金融资

基金受基金业协会监管，属于股权投资基金。城市更新基金的管理人需要取得基金业协会的管理登记备案，且该股权投资基金需要在基金业协会系统进行产品备案。鉴于城市更新基金的项目标准低、退出灵活等原因，城市更新基金未来将成为城市更新项目股权融资中的一种重要方式。

城市更新基金通常以公司股东、合伙企业的合伙人等身份对项目公司进行投资。城市更新基金的组织形式通常有有限合伙制、信托制及公司制。

5. 城市更新业务协同者

综合实力较强的承包商和建筑商、技术服务商和运营商、产业导入方等都是城市更新股权投资的重要参与方。通过引入承包商和建筑商作为投资者，实现项目发起人与承包商的利益深度捆绑，既防范了道德风险，还可以通过股权投资收益与未来工程收益的协同控制综合融资成本。技术服务商和运营商是具有专有技术和对未来城市运营有独特能力的优质投资者，比如智慧城市是基于云计算、物联网、大数据等新一代信息技术，实现全面透彻的感知和互联，使城市化实现在资源动态伸缩下的可持续发展，要求技术服务商具备相关能力和业绩，避免走弯路及走错路。城市运营能力是城市更新成功的重要支撑点，也是城市更新获得成功的关键，选择合适的资源整合方或运营商，能有效提升城市更新产业的地位。

2.2.4　股权融资的风险控制措施

城市更新项目风险控制的核心理念就是对于多元、复杂的项目，在项目筛选阶段就能很好地揭示风险，并对风险进行分类评估，使得风险在具有不同优势的政府、社会资本方和参与者之间进行合理分配。本着风险分配优化、风险收益对等、风险规模可控的原则，将各种风险分配给最具有能力管理或承担该风险的参与主体，总体最优地控制各项风险，实现资源的优化配置和有效管理。

1. 项目评估与筛选

1）对城市更新项目进行全面、深入的评估，包括产业基础、资源要素、市场需求、技术可行性、经济效益等方面，并建立一套较为完善的评判标准，是城市更新成功的关键。同时，城市更新项目链条长、风险敞口多，对投资人整合资源要素能力要求较高，因此，需要对城市更新不同阶段的风险进行充分识别，并对风险进行合理地分配和转移。

2）通过专业的评估团队、策划团队或第三方机构对城市更新项目进行分析研判，实现专业团队做专业事，确保城市更新有序开展。

2. 其他约束措施

包括但不限于：1）遵守法律法规的要求，如确保融资活动符合国家法律法规和政策要求，避免法律风险；及时关注法律法规的变化，尤其是城市更新相关政策的变化，对股权融资方案进行相应调整。2）合理设计股权结构，避免城市更新项目股权过于集中或过于分散，合理分配股权，确保公司决策的科学性和效率，要把股权设计与参与方的能力结合起来；设立适当的股权制衡机制以及合适的公司治理章程，防止大股东操纵公司，确保参与各方的工作积极性。3）多元化风险分担设计，通过与多个投资者合作，分散投资风险，降低单一投资者的风险承担；引入长期稳定的战略投资者，提供资金和经验支持。4）专业管理团队建设，招聘和培养具有丰富经验和专业知识的管理团队，提高项目运营水平；定期进行培训和学习，提升团队的风险管理能力。5）风险预警与应对机制，建立完善的风险预警系统，实时监测项目风险状况；制定应急预案，当风险发生时能够迅速采取措施进行应对。6）合同管理与约束，明确各方在合同中的权利和义务，避免合同纠纷；对合同执行情况进行监督和检查，确保合同的顺利履行。

2.2.5　股权投资者的退出路径

股权投资者退出是指股权投资人在城市更新项目运行至成熟的过程中，将所持有的项目公司股权或其他权益在合适的时间节点，以合适的方式退出的行为。股权投资者退出的目的是最大化实现资本价值的增值或减少损失。

股权投资退出是除了项目分红以外，股权投资者实现资金回报的最主要渠道，关系到投资者的本金回收及收益实现，是投资者最关心的问题，也是评判城市更新项目投资成败的评价标准，是城市更新项目运作整体过程中最重要的组成部分。

股权投资退出要考虑多方面因素，尤其是时机因素。退出时机的选择是综合考虑投资目的、回报、经济环境及合作关系等多方面因素的结果，通常对投资目的的实现会产生重大影响，是所有股权投资者必须要深度考虑的因素。

选择投资退出时机，首先要看投资者进行城市更新项目投资时所设定的预期目标，无论是社会效益目标（主要是公共部门）还是财务目标（对公共部门和社会资本）。理性的投资者通常会将预期目标作为投资退出的重要决策依据。其次要考虑宏观经济、资本市场等外部环境因素，判断是否有短期因素或剧烈波动会显著影响退出收益，寻找机会成本最低的退出时点以防范市场波动风险，实现收益最大化。

城市更新项目股权投资与一般企业股权投资具有共性，同时因其属于大基建范畴，有其自身特点。城市更新股权投资者的退出路径主要包括：

1. 股权回购：公司或大股东以一定价格回购投资者的股权。优点是快速回收资金并可能保持一定控制权；缺点是可能对公司资金造成压力且回购价格可能有争议。具体内容包括回购价格的确定和回购方的选择。回购条款的安排要充分考虑可操作性和市场化程度。从合规性角度看，应采用对赌式回购的方式。

2. 股权转让：投资者将股权转让给其他投资者或第三方。优点是较灵活，可根据市场选择合适对象和价格；缺点是寻找受让方可能耗时，且交易受多种因素影响。具体内容涉及转让协议的签订和股权的过户。

3. 公开发行股票：通过公司上市等将股权在公开市场出售。优点是可能获得高回报和提升股权流动性；缺点是上市过程复杂且受市场波动影响。具体内容需要满足上市条件和监管要求。

4. 清算退出：在公司清算时按顺序获得剩余资产分配。优点是在其他方式不可行时保障部分权益；缺点是通常意味着投资失败且回报可能低于预期。具体内容涉及清算程序和资产分配规则。

选择合适的退出路径需要综合考虑多种因素，如投资者目标、市场情况、公司发展前景等。不同路径各有优劣，投资者应根据具体情况权衡决策，并在投资前明确退出策略。

2.3　债权融资

城市更新债权融资具有规模大、期限长的特征，且项目公司所承担的债务水平会直接影响公司的资本结构，并会对综合融资成本和项目管理效率产生影响。依据莫迪利安尼—米勒（MM）理论，由于税法允许债务融资利息减扣应纳企业所得税，负债能够为企业带来正面价值，但是提高公司负债比率会使公司财务风险上升，破产风险加大，从而迫使公司不选择负债率最大的筹资方案而选择次优筹资方案；另外，随着公司负债比率的上升，债权人因承受更大的风险而要求更高的利率回报，从而导致负债成本上升，筹资难度加大，这样也会限制公司过度负债。因此，要综合考虑股权融资和债权融资，合理控制最优债务水平，实现最优资本结构。

目前城市更新的债权融资来源主要有银行贷款、发行债券、融资租赁、信托贷款等多种途径，而资源主要来自于商业银行及政策性银行等。其中由于政策性银行对城市更新有相应扶持政策，资金成本低、期限长、与城市更新对资金的需求匹配度高，被城市更新的股权投资人所青睐。

2.3.1　政策性银行贷款

银行在对城市更新项目或实施主体的资信状况、现金流、增信措施等进行审核的基础上，为项目公司提供贷款类资金融通服务，具体形式包括但不限于项目贷款、银团贷款、流动性贷款以及具有贷款性质的贸易融资、保理等。城市更新政策性银行的贷款审批条件见表 2-2。

城市更新政策性银行的贷款审批条件　　　　　　　　　　　　　表 2-2

参考某政策性银行的城市更新贷款审批条件	
1	地方政府必须完善配套的政策环境，一般要求地级市及以上政府出台相应的"城市更新管理办法"进行制度保障
2	管理办法要求对实施模式、工作机制、土地出让、工作流程、规划控制、实施主体都作出相应的规定
3	项目方案应当经过市本级政府批准
4	贷款期限：一般不超过 20 年
5	信用结构：自身信用（包括资产抵押、应收账款质押等）+ 第三方担保补足。优质客户可以免担保
6	借款人：即实施主体，可包括市级或区级国有企业单独实施、市区两级企业合作实施、国有企业引进优质社会资本方实施等多元化的市场主体
7	建设内容：拆迁安置、生态环境治理、住宅修缮改造、基础设施完善、公共服务设施配套、产业提质升级及配套、历史风貌保护与文化传承
8	偿债能力评审：统筹实施"有收益 + 无收益"项目，归集项目自身收益、公司现金流及政策协调保障资金，确保实施主体保本微利可持续，构建市场化还款现金流。包括：（1）产业配套设施和公共服务配套设施租赁产生的现金流；（2）项目配套经营性资产、土地等经营性资源产生的现金流；（3）公司自有资金、子公司运营、经营性资产和特许经营性业务等产生的公司现金流；（4）政府给予政策协调保障的各类资金等
9	评审时注意避免单独以拆迁、基础设施建设为建设目标
10	三个政策红线：政府隐性债务、土储贷款和商业房地产贷款政策红线

目前，国内多家银行对城市更新提供了支持，以帮助城市进行基础设施建设、改善城市环境、提升城市形象。部分国内城市更新银行贷款融资情况统计见表 2-3。

部分国内城市更新银行贷款融资情况统计　　　　　表 2-3

城市	银行	融资额度（亿元）	截止日期	表述
上海市	浦发银行	600	2022.9	浦发银行持续在城市更新领域发力，以实际行动加快构建城市新发展格局。相关资金有效支持上海多个旧区改造项目，切实保障和改善民生
青岛市	工商银行和农业银行	45	2022.7	青岛市胶州城市建设发展集团有限公司负责实施建设的"胶州市临空经济区低效片区启动区城市更新项目"成功获得工商银行和农业银行的 45 亿元贷款批复，第一笔资金 18 亿元完成投放
潍坊市	建设银行	13	2022.7	对山东潍坊市区（包括奎文区、潍城区、坊子区、高新开发区、滨海开发区、峡山开发区、综合保税区）范围内进行城市更新，13 亿元城市更新贷款成功获得批复
北京市	兴业银行	2.91	2022.5	亦创高科创新科技园城市更新产业升级项目发放贷款 2.91 亿元。该笔贷款为该行落地的首笔城市更新项目贷款，助力打造国际科技创新中心"三城一区"的主平台和高精尖产业
宁波市	农业银行	5	2022.3	宁波市北仑区现代服务业发展有限公司牵头实施的凤凰城市城市更新项目，收到了农业银行北仑分行发放的首笔 5 亿元城市更新贷款资金
重庆市	国家开发银行	17.5	2021.3	九龙坡区民主村片区城市更新项目发放贷款 17.5 亿元，是 3 月国开重庆分行向民主村片区城市更新项目授信承诺人民币中长期贷款 42.5 亿元后发放的第一笔贷款

2.3.2　地方政府专项债

地方政府债券是政府债券中的一种重要的债券形式。当前我国地方政府债券主要分为两种：一般债券和专项债券。一般债券主要是指地方政府根据其资金需求状况及纯公益性项目投资而发行的债券，要纳入财政一般预算管理，以本级政府一般公共预算收入还本付息。专项债券主要是针对有一定收益的公益性项目资金需求情况而发行的债券，如轨道交通、高速公路等交通基础设施、生态环保、农田水利、市政和产业园区基础设施、保障性安居工程、新型基础设施等领域建设项目，要纳入政府性基金预算，以公益性项目对应的政府性基金或专项收入作为还本付息来源的保证。地方政府专项债券的发行主体为省、自治区和直辖市政府及经批准自办债券发行的计划单列市政府，市县级政府需要发行债券融资的，只能通过省级政府代发。

　　《政府投资条例》共分七章三十九条，对政府投资的含义、投资范围、投资方式、决策程序、投资管理、项目实施、责任追究等方面作了全面规定。政府性资金主要包括财政预算内投资资金、各类专项建设基金、国家主权外债资金和其他政府性资金。依据《中华人民共和国预算法》规定，政府财政预算收支安排见表 2-4。

政府财政预算收支安排　　　　　　　　　表 2-4

种类	来源	用途
一般公共预算收入	以税收为主体	主要用于保障和改善民生、维持国家行政职能正常运转、保障国家安全等方面的支出
政府性基金预算	在一定期限内向特定对象征收、收取或者以其他方式筹集的资金（国有土地使用权出让收入、彩票公益金、政府住房基金等）	专项用于特定公共事业发展的收支预算
国有资本经营预算	经营和使用国有财产取得的收入	除调入一般公共预算用于保障和改善民生支出外，优先用于国有企业各项支出
社会保险基金预算	社会保险缴款、一般公共预算安排和其他方式筹集的资金	专项用于社会保险的收支预算

1. 地方政府专项债券的分类及特征

　　财政部《关于做好 2018 年地方政府债券发行工作的意见》（财库〔2018〕61 号）将地方政府债券期限结构分为一般债券、普通专项债券和项目收益专项债券。专项债券是地方政府为具有一定收益的项目资本支出而发行的债券，相对于政府的一般债券，专项债券可以称为项目收益债券。2017 年 6 月，财政部颁布了《关于试点发展项目收益与融资自求平衡的地方政府专项债券品种的通知》（财预〔2017〕89 号），鼓励各地区结合专项债务未使用限额，结合项目对应的政府基金性收入、专项收入情况，合理选择重点项目试点分类发行项目收益与融资自求平衡的专项债券，保障重点领域合理融资需求。专项债券分类构成如图 2-7 所示。

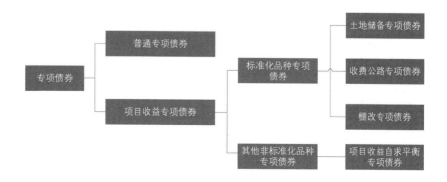

图 2-7　专项债券分类构成

政府专项债券有如下特征：一是发行成本较低，且随着市场竞争的加剧，地方政府专项债券的发行利率近年来呈现下降趋势。财政部统计数据显示，2020年至2023年，全国地方政府专项债券平均发行利率分别为3.44%、3.41%、3.09%、2.96%。地方政府债券和国债一样，对投资者的利息收入免税。二是专项债券发行品种多，地方政府可在总额度控制下，根据当地公益性项目建设需要，充分利用项目收益专项债券进行融资。三是投资者可享受税收优惠，依据《关于地方政府债券利息免征所得税问题的通知》（财税〔2013〕5号）的规定，对企业和个人取得的2012年及以后年度发行的地方政府债券利息收入，免征企业所得税和个人所得税。四是助力城市更新补短板，专项债券的重点投资领域为基础设施和公共服务，一定程度上可以弥补城市更新资金的不足。专项债券的重点投向领域涉及交通基础设施、能源、农林水利、生态环保、社会事业、城乡冷链物流基础设施、市政和产业园区基础设施、新型基础设施、国家重大战略项目、保障性安居工程（包括城镇老旧小区改造、城中村改造、保障性住房等）以及特殊重大项目等。同时，对于专项债券支持、符合中央重大决策部署、具有较大示范带动效应的项目，允许将部分专项债券作为一定比例的项目资本金，包括铁路、收费公路、干线机场和东部地区支线机场、内河航电枢纽和港口、城市停车场、天然气管网和储气设施、城乡电网、水利、城镇污水垃圾处理、供排水、新能源项目、煤炭储备项目、国家级产业园区基础设施等领域的建设项目。随着城市高质量发展标准体系的逐步建立，未来有望进一步推动新型城镇化建设、智慧城市与数字新型基础设施建设、城镇基本公共服务建设在全国范围内的开展，为专项债券发力提供更大空间。

2. 地方政府专项债券申请流程

专项债券是为有一定收益并且具备公益性的项目发行的，要求项目能够产生持续稳定、反映为政府性基金收入或专项收入的现金流，且现金流应当能够覆盖专项债券还本付息。项目收益专项债券严格对应项目发行，可以对应单一项目发行，也可以对应同一地区多个项目集合发行，具体由省级财政部门确定，较之一般债券更为封闭、独立。专项债券包括新增专项债券和再融资专项债券等。其申报流程主要分为项目立项、项目申报、项目发行、债券存续期管理四个阶段。主要申请流程如下：

1）项目前期谋划阶段

根据国家宏观政策、部门和行业发展规划，开展项目谋划工作；结合政策明确的专项债券资金投向领域相关政策，从收益性、可融资性的角度进行梳理分析，筛选地方政府拟实施的基础设施投资建设项目，通过挖掘收益潜力、提升现金流的充足性和稳定性等方式，对项目的回报机制进行优化，增强项目的收益性和可融资性，提出需要债券资金支持且基本满足发行使用专项债券条件要求的项目名单；按要求开展拟申报项目投资咨询评估，履行投资项目决策程序，编制可研报告，分析项目收益与融资自求平衡情况，落实建设条件，办理立项、用地、规划、环评等各项手续。

2）项目立项批复手续步骤

项目实施主体委托咨询公司编制，项目实施主体去审批局 / 发展改革委办理项目建议书批复；项目实施主体委托工程咨询公司编制，项目实施机构去规划局办理规划选址意见；项目实施主体去自然资源局办理项目用地预审意见，若需办理稳评、能评，则需项目实施机构办理项目相关批复件；项目实施机构申请发改 / 审批部门办理可行性研究报告批复，发改 / 审批部门办理可行性研究报告批复文件；项目实施机构去环保局办理环评批复意见。

3）项目申报阶段步骤

项目实施机构委托咨询公司编制项目实施方案（含融资自平衡方案）；项目实施机构委托会计师事务所编制财务评估报告（或者由咨询公司牵头协调会所出具报告）；项目实施机构委托律师事务所编制法律意见书（或者由咨询公司牵头协调律所出具报告）；项目实施机构分别将项目向同级发展改革部门、财政部门申报纳入"国家重大建设项目库""地方政府债务管理系统"，发改部门、财政部门将项目需求逐级上报至国家发展改革委、财政部审核后，国家发展改革委、财政部将审核结果反馈至地方；财政部下达各省专项债券额度，省财政厅会同省发展改革委核定下达各市债券额度。

4）项目发行阶段步骤

省财政厅负责项目资料梳理，编制专项债券信息披露文件；省财政厅委托信用评级机构做信用评级；省财政厅在中国债券信息网公示专项债券信息披露文件；省财政厅发布专项债券招标投标信息；承销商投标并承销；省财政厅在中国债券信息网发布中标结果公示；资金由省财政厅转贷给市财政 / 区县财政；本级财政将项目资金拨付至项目单位。

5）债券存续期管理

依托地方政府债务管理信息系统，对专项债券发行使用实行穿透式、全过程监控，动态监测地方财政、相关主管部门以及项目单位等各类参与主体，逐个环节跟踪进展，定期进行专项债券存续期信息披露和开展专项债券绩效评价。

3. 地方政府专项债券与银行项目贷款的异同点

1）二者的概念有差异

银行项目贷款通常是用于建造一个或一组大型生产装置、基础设施、房地产项目或其他项目，包括对在建或已建项目的再融资；借款人通常是为建设、经营该项目或为该项目融资而专门组建的企事业法人，包括主要从事该项目建设、经营或融资的既有企事业法人；还款资金来源主要依赖该项目产生的销售收入、补贴收入或其他收入，一般不具备其他还款来源。

地方政府专项债券是指省、自治区、直辖市政府为有一定收益的公益性项目发行的、约定一定期限内以公益性项目对应的政府性基金或专项收入还本付息的政府债券。

2）二者主要异同点

（1）借款主体

银行项目贷款的借款主体必须为企事业法人，可以是项目公司或者是银行同意的统贷统还主体公司（可以是项目公司的股东，也可以是当地某一城投代表）；专项债券的借款主体是政府，具体使用专项债券时，可以是当地城投公司，也可以是当地城投公司与第三方合资的项目公司，原则上当地城投公司需控股。

（2）还款来源

银行项目贷款还款来源原则上是项目的经营性收入，也可以是借款人其他经营性收入的补充，不得是项目产生的政府性基金性收入，如土地出让金等；专项债券的还款来源必须是该项目自身产生的收入，可以是政府性基金收入，如土地出让金、新增耕地指标收入，以及项目产生的运营收入。

（3）用款方式

银行项目贷款一次性授信总额，借款人在建设期内按需提款，用款方式1000万以上需受托支付，1000万以内可自主支付；地方政府专项债券按实际预测的工程实物量按批次申报，最低申报金额原则上不低于1000万。

（4）担保措施

银行项目贷款一般要求提供资产抵押担保、信用等级较高的公司提供保证担保等措施；专项债券不设额外的担保条件，投资人看重的是地方政府信用。

（5）还本付息及融资成本

银行项目贷款一般需要定期支付本息（例如按照等额本金、等额本息等方式），融资利率 LPR 通常采用浮动制，还款频次及融资成本相对较高；地方政府专项债券通常为每年还一次利息，到期后还本金，融资成本比 LPR 低。

3）选择策略

（1）对于项目产业收入较弱，但是可以产生土地出让收入及新增耕地指标流转收入等政府性基金收入的项目，优先选择专项债券，如土地整治项目、后备耕地的盐碱地治理项目、棚户区改造项目等。

（2）对于项目收入仅为产业性经营性收入，且符合专项债券投向范围的，优先谋划地方政府专项债券；同时考虑到专项债券用款不灵活，且批复额度不确定等因素，项目实施主体为公司法人主体的也可同步申报银行项目贷款。

（3）对于多个子项目的项目包，且项目类型构成复杂的，建议申报银行项目贷款。

2.3.3　城市更新类特别国债

经济政策中主要包含财政政策和货币政策，不同政策的属性和作用不同，发挥的经济调节作用方向和程度也不同，需要结合经济结构和宏观环境加以区分运用。财政政策主要包括财政收入（税收）、国债和财政支出；货币政策主要包括法定准备金率、公开市场业务、贴现政策、基准利率四大工具。其中，政府债务按照中央政府及地方政府分类，中央政府债务主要包括普通国债（储蓄式、记账式）、定向国债（只向特定机构发行、非上市流通）、专项国债（用于重大基础设施开展而发行）、特别国债（为实施特定国家政策、专款专用、收支同时进行）；地方政府债务包括一般债券、专项债券或债务等。

特别国债是指为特定目标发行的、具有明确用途的国债。特别国债与普通国债相比，具有一定的特殊性：一是从资金用途看，特别国债具有明确的特定用途，其资金需专款专用，而普通国债主要用于弥补财政赤字；二是从预算管理看，特别国债不纳入一般公共预算、不计入财政赤字，但需纳入国债余额限额进行管理；三是从发行流程看，新发特别国债仅需国务院提请全国人大常委会审议批准，并相应追加年末国债余额限额，在发行流程上审批简易、灵活快捷。

国债是国家以其信用为基础，按照债券的一般原则，通过向社会筹集资金所形成的债权债务关系，是中央政府为筹集财政资金而发行的一种政府债券，是中央政府向投资者出具的、承诺在一定时期支付利息和到期偿还本金的债权债务凭证。由于国债的发行主体是国家，所以它具有最高的信用度，被公认为是最安全的投资工具。其中特别国债是为了实施国家特定政策、专款专用、收支同时进行，无需通过预算安排来还本付息，不适合普通投资者投资。特别国债的具体操作模式是财政部在一级市场向商业银行发行，央行则启动现券买断工具回购特别国债并释放等额资金。商业银行在此期间仅起到央行与财政部之间的通道功能，因此特别国债的本质是央行向财政部提供融资。而商业银行不会因特别国债而多一笔流动性，其结果是央行与财政部同时实现了扩表且财政部无须考虑还本付息的问题，即特别国债不会影响流动性。其中 2024 年的超长期特别国债专项用于国家重大战略实施和重点领域安全能力建设（"两重"），重点解决一些潜在建设需求巨大、投入周期长但现有资金渠道难以发挥作用的领域。

1. 特别国债的申报要求

项目符合投向领域、前期工作成熟（能尽快开工形成实物）、各渠道建设资金落实、申报材料真实合规。项目原则上应为"十四五"规划、国务院及国务院有关部门批复的重点专项规划和区域规划或省级规划和相关实施方案中的重点项目。支持在建和新开工项目，新开工项目原则上能在 2024 年底前开工建设；除"两重"直接明确的项目和工程外，在建项目应为总投资 1 亿元以上、主体工程开工时间原则上在 2023 年 1 月 1 日之后、各项手续完备、能在 2024 年形成较大实物工作量的项目，已完工或投资完成额超过 80% 的项目不得申报。

新开工项目应具备一定的前期工作基础，原则上应当已完成项目审批（核准）或备案手续（相关领域有特殊规定的除外），优先支持办理完毕项目用地（用海）、环评、用能等各项前期手续的项目，特殊项目手续不完整的，可通过政府相关部门出具书面承诺函进行申报。严格落实各渠道建设资金，确保项目资金拼盘完整闭合。项目建设内容中不得含有房地产开发、楼堂馆所、形象工程和政绩工程等国家政策禁止性内容。同一项目不得重复申报多个投向领域。

2. 特别国债的申报流程

2024 超长期特别国债采用以下审批流程：前期准备工作→项目申报→逐级审核→项目确定→资金下达。进入申报期后，项目单位根据申报通知要求，准备符合申报条件的项目同时从线上（国家重大建设项目库）和线下（项目单行材料）两条线进行申报；由发改部门会同行业主管部门对照专项管理办法和申报通知要求逐级审核、逐级上报。线上：拟申报中央预算内投资项目基本信息，由项目申报单位经互联网端口录入国家重大建设项目库，并推送至属地发改部门，由属地发改部门会同行业主管部门进行筛选审核，并将最终通过审核的项目纳入国家三年滚动计划库，逐级推送。线下：项目业主单位准备项目申报材料，包括资金申请报告、项目审批（核准、备案）文件、真实性说明、资金承诺函等单行材料，同步报送至属地发改部门。最终由省级发展改革部门汇总上报国家发展改革委进行项目审核，确定支持项目清单。

3. 申报文件及内容

申报文件应当包括如下内容。

项目单位基本情况：包括全国投资项目在线审批监管平台生成的项目代码、建设必要性及可行性、建设内容、总投资及资金来源、建设条件落实情况、项目建成后的经济社会环境效益等。

项目列入政府投资项目库和三年滚动投资计划：通过在线平台，完成审批情况。申请投资支持的主要理由和政策依据。

项目建设方案：包括项目建设的必要性、选址、建设规模、建设内容、工艺方案、产品方案、设备方案、工程方案等。

项目投资估算：包括主要工程量表、主要设备表、投资估算表等。

项目融资方案：包括项目的融资主体、资金来源渠道和方式等。

相关附件：包括项目城乡规划、用地审批、节能审查、环评等前期手续复印件以及资金到位情况。

4. 项目审核要点

项目汇总申报单位应当依托在线平台（国家重大建设项目库），对申请专项投资的项目开展审核，并对审查结果和申报材料的真实性、合规性负责。

审核后将符合条件的项目，推送至年度投资计划申报区，上报专项年度投资计划申请报告、绩效目标表并附项目资金申请报告。根据以往经验，项目主要审核要点主要包括：项目是否纳入国家重大建设项目库和三年滚动投资计划；项目是否符合支持范围；项目是否具有项目代码，通过在线平台核验项目代码真实性以及申报材料与在线平台上的项目信息是否一致；项目是否重复申报；项目单位是否被列入严重失信主体名单；申报投资是否符合支持标准；项目是否完成审批、核准或备案程序；原则上支持计划新开工、续建项目，不得用于已完工项目；计划新开工项目前期工作条件是否成熟、具备开工条件；在建项目各项建设手续是否完备，是否投资计划一经下达即可开工建设；地方建设资金是否落实；日常监管直接责任单位及监管责任人填报是否规范等。

总体而言，城市更新是特别国债支持的重要范畴，要有序开展项目谋划，紧跟国家相关政策部署要求，围绕项目申报领域与资产扶持的特点，做好项目谋划、申报工作，并积极争取市场化资金，助力国家重大战略实施和重点领域安全能力建设，为城市高质量发展保驾护航。

2.3.4　抵押补充贷款（PSL）方式融资

PSL（Pledged Supplementary Lending），即抵押补充贷款，是一种央行的结构性货币政策工具，具有基础货币投放和定向贷款支持两大功能。PSL作为一种新的储备政策工具，有两层含义。首先量的层面，是基础货币投放的新渠道；其次价的层面，通过商业银行抵押资产从央行获得融资的利率，引导中期利率。

PSL的主要功能是支持国民经济重点领域、薄弱环节和社会事业发展而对金融机构提供期限较长的大额融资。抵押补充贷款采取质押方式发放，合格抵押品包括高等级债券资产和优质信贷资产。

在我国，有很多信用投放，比如基础设施建设、民生支出类的信贷投放，往往具有政府一定程度担保但获利能力差的特点，如果商业银行基于市场利率水平自主定价、完全商业定价，对信贷较高的定价将不能满足这类信贷需求。央行PSL所谓引导中期政策利率水平，很大程度上是为了直接为商业银行提供一部分低成本资金，引导资金投入到这些领域。这也可以起到降低该领域社会融资成本的作用，因此与城市更新的属性及特点关联度较高。

回顾我国 PSL 投放历程，主要经历了三个阶段：一是 2014 年至 2019 年，5 年间累计投放 3.65 万亿元，其用途主要在于支持棚改货币化安置；二是 2022 年 9 月至 2022 年 11 月，3 个月累计投放 6300 亿元，其用途主要在于支持保交楼和基建项目；三是 2023 年 12 月至 2024 年 1 月，2 个月累计投放 5000 亿元，用途主要在于支持"三大工程"，即保障性住房建设、"平急两用"公共基础设施建设和城中村改造。央行通过 PSL 可以调节向金融机构融资的成本，引导其向需要提供支持的实体经济部门注入低成本流动性，以降低特定实体经济部门的融资成本。不可否认的是，PSL 兼具定向流动性释放的功能。

PSL 目前主要聚焦在以下两个领域相结合的项目，一是从项目类型看，主要支持前述"三大工程"项目；二是从投放区域看，主要支持超大特大城市、100 万人口以上的大城市（目前针对保障房建设项目）、200 万人口以上的大城市（目前针对城中村改造项目）。因此，目前在城市更新领域，并非所有的项目和所有的城市都能够得到 PSL 的眷顾，未来是否能够放宽，存在不确定性。

2.3.5 融资租赁方式融资

城市更新通过融资租赁方式的融资主要有三类：

1）以售后回租的形式盘活存量资产，解决城市更新类项目社会资本或者政府的资本金支出和减少贷款数额的需求；

2）以售后回租的形式盘活新建的城市更新类项目资产，为社会资本提供退出的通道；

3）以预付款直接融资租赁的形式，解决城市更新类项目的建设资金需求。

直接融资租赁的具体形式：①租赁公司与 SPV 项目公司签订融资租赁合同；② SPV 项目公司指定建设方作为设备、材料供应商；③租赁公司与建设方签订设备购买合同；④租赁公司向建设方支付设备购买价款（预付款）；⑤ SPV 公司到期归还租赁公司本金及利息。融资租赁融资模式如图 2-8 所示。

图2-8 融资租赁融资模式

2.3.6 信托债务性融资

城市更新项目通过信托方式融资，根据中国银保监会监管要求，信托公司若向房地产项目进行债性融资，则所投资项目需满足中国银保监会规定的信托公司"432条件"，即向房地产项目进行债性融资时"开发商或其控股股东具备二级资质""项目资本金不低于30%"（保障性住房和普通商品住房项目维持20%不变，其他项目由30%调整为25%）及"四证齐全"的条件。

若当地银监局将城市更新项目界定为房地产项目，则在城市更新信托融资中，需注意以下几点：第一，在交易结构中需落实还款来源，通常的信托融资交易结构是通过后续城市更新项目的销售回款作为第一还款来源，然而，实务中在实施主体取得四证后，即可获取更为低廉的融资渠道，通常以资金置换的方式偿还城市更新项目信托融资资金；第二，若以结构化方式设计房地产集合资金信托计划，其优先级与劣后级受益权配比比例不得高于3:1；第三，不得向房地产开发企业发放用于缴纳土地出让金价款的贷款。

若融资主体或其控股股东不具备房地产开发二级以上资质，则融资主体通过信托方式融资可能存在一定的障碍，但城市更新项目还要依据以下两个方面做相应规避：第一，城市更新信托融资的投资主体为信托公司，信托公司受银保监会和各地银监局监管，各地银监局是否将城市更新项目纳入房地产项目有较大的自主决定权，若当地银监局认定城市更新项目属于其他类项目，则信托公司无论采用债权投资、股权投资及股权＋债权投资都不构成实质性障碍；第二，银保监会的上述限定是基于信托债性投资（即纯粹的信托贷款或信托股东借款），若城市更新项目为纯股权投资，则不受上述规定的限制。

2.4　城市更新资产证券化

城市更新资产证券化是指城市更新融资人将缺乏流动性但具有可预测现金流的资产或资产组合（基础资产）出售给特定的机构或者载体（SPV），并以该基础资产产生的现金流为偿付支持，通过结构化等方式进行信用增级，在此基础上发行资产支持证券的一种结构化融资手段。

2.4.1　资产证券化的基本要求

1. 对原始权益人的基本要求

原始权益人为有限责任公司、股份有限公司、全民所有制企业或事业单位；原始权益人内部控制制度健全，具有持续经营能力，无重大经营风险、财务风险和法律风险；原始权益人最近 3 年未发生重大违约或虚假信息披露，人民银行企业信息信用报告中无不良信用记录；原始权益人最近 3 年未发生过重大违法违规行为。

2. 对基础资产的要求

基础资产符合法律法规及国家政策规定，权属明确，可以产生独立、可预测的现金流且可以特定化。基础资产的交易基础应当真实，交易对价应当公允，现金流应当持续、稳定；基础资产不得附带抵押、质押等担保负担或者其他权利限制，但通过专项计划相关安排，在原始权益人向专项计划转移基础资产时能够解除相关担保负担和其他权利限制的除外；基础资产不属于《资产证券化业务基础资产负面清单指引》的附件《资产证券化基础资产负面清单》的范围。

2.4.2　资产证券化的主要特征及交易结构

资产证券化的特征主要包含以下四个方面：一是对基础资产有特定要求，即指符合法律法规规定、权属明确、可以产生独立、可预测的现金流且可特定化的财产权利或者财产基础资产，可以是企业应收款、租赁债权、信贷资产、信托受益权等财产权利，基础设施、商业物业等不动产财产或不动产收益权，以及监管部门认可的其他财产或财产权利；二是有特殊目的载体（SPV），即指为开展资产证券化业务专门设立的资产管理计划（包括资产支持专项计划、信托计划或者监管部门认可的其他资管计划等），SPV 的设立目的是实现风险

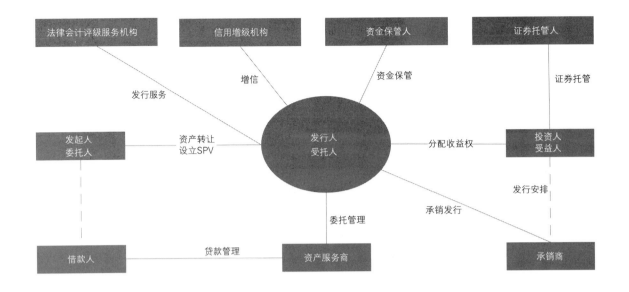

图 2-9   资产证券化的交易结构图

隔离和有限追索；三是对融资人有特定要求，即指按照约定向 SPV 转让其合法拥有的基础资产以获得资金的主体，企业资产证券化业务中融资人被称为原始权益人，信贷资产证券化业务和资产支持票据业务中融资人被称为发起机构；四是结构化融资，即资产证券化产品通常设置优先级证券和次级证券，次级证券为优先级证券提供信用支持，增强优先级证券本息偿付的安全性。资产证券化的交易结构如图 2-9 所示。

2.4.3　资产证券化的主要特点

1. 基础资产与特许经营权密切相关，运营管理权和收益权相分离

基础资产大部分情况下与政府特许经营权密切相关，但由于国内法规对特许经营权的受让主体有非常严格的准入条件，使得在城市更新资产证券化中，运营管理权和收益权将发生分离，运营管理权转移比较困难，但收益权可以分离出来作为基础资产，实质上为城市更新类项目资产的收益权证券化。

2. 基础资产的合规性要求高

一般资产证券化业务中财政补贴难以作为基础资产，而基金业协会在《资产证券化业务基础资产负面清单指引》中对"地方政府按照事先公开的收益约定规则，在政府与社会资本合作模式（PPP）下应当支付或承担的财政补贴"进行了豁免，这有利于进一步拓宽城市更新类项目资产证券化的基础资产范围。但是，随着当前 PPP 模式所发生的政策变化，财政补贴的规定也已经随之调整。

3. 地方政府或融资平台提供直接增信的难度较大

城市更新类项目与一般的政府融资平台项目有很大不同，政府融资平台项目普遍含有政府信用和财政兜底，且资产抵质押要求高；而城市更新类项目属于项目融资范畴，对项目本身的偿债能力要求较高，因此相比一般类型的资产证券化，城市更新类项目资产证券化需要弱化"政府信用兜底"，更关注城市更新类项目本身的现金流产生能力和社会资本方的支持力度。

2.5　城市更新融资小结

我国城市更新融资具有企业（或政府）融资杠杆大、项目融资比重小的特点，融资困难，已成为"城市更新"模式稳固推进的"拦路虎"。推进城市更新项目的科学分类、构建可行的收益回报机制、选择匹配的投融资模式，是城市更新项目融资顺利实施落地的关键。

从项目融资落地实施的实操角度考虑，提前做好项目整体策划规划，可将城市更新项目细化拆分为多个子项目，并按项目性质和收益高低进行归类，包括无收益的"公益性项目"、具有一定收益的"准公益性项目"以及具有市场化融资运作能力的"经营性项目"。对于无收益的公益性项目，积极寻求政府财政资金和政策金融工具支持；对于具备一定收益的准公益性项目，充分利用地方政府专项债券，同时预留项目拆分、重新立项的合规空间，以撬动更多市场主体投资；对于经营性项目，发挥本地国资国企的引领作用，运用多样化市场融资工具，引入社会资本开展合作。

城市更新是一项长期而复杂的系统性工程，需要政府、企业和社会各界的共同努力。核心在于从政策层面给予城市更新以支持，通过打包项目策划、争取地方政府专项债券、获取政策性银行等低成本长周期债权融资资金，并通过保险资金等获得低成本股权融资资金，运用多样化融资组合拳确保城市更新项目资金落地。

第 3 章

城市更新合作模式及要点

城市更新涵盖了旧改、棚改，且进一步扩展到城市结构、功能体系及产业结构的更新与升级等多方面的内容。其实施范围不仅限于棚户区、老旧小区等住宅建筑，更是进一步延伸到了旧工业区、旧商业区、旧住宅区、城中村及旧屋村等各种城市建成区。城市更新通过拆除、保留、改造并举的方式，实现城市空间结构的重新布局、土地资源的重新开发、经济利益的重新分配和区域功能的重新塑造。

根据《住房和城乡建设部关于在实施城市更新行动中防止大拆大建问题的通知》（建科〔2021〕63号），原则上城市更新单元（片区）或项目内拆除的建筑面积不应大于现状总建筑面积的20%，拆建比不应大于2，居民就地、就近安置率不宜低于50%。图3-1为保障性住房、老旧小区改造与城市更新的区别。

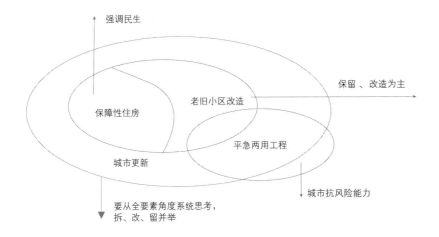

图 3-1　保障性住房、老旧小区改造与城市更新的区别

城市更新与保障性住房、老旧小区改造有着显著区别，因此确定城市更新的合作模式时，就要从全要素维度分析城市更新的盈利点。城市更新的效益涵盖社会与经济两方面。社会效益包括提升居民生活品质、改善城市环境、增强社区凝聚力，其旨在实现城市的可持续发展与综合竞争力提升；经济效益涉及土地价值提升、促进产业发展、增加就业机会等。对于公益属性较强、项目本身收益一般的城市更新项目，适合政府主导，负责制定更新计划、筹措资金、组织建设和运营管理等。而对于项目有一定收益且有较强外部公共价值的城市更新项目，适合公私合作或市场主导模式，从而充分发挥政府和企业各自优势，提高城市更新效率和专业化程度。对于这类项目，需要总结城市更新项目的主要盈利点，具体包括以下五个方面：一是基础设施建设收益，包括但不限于城市土地整理、智慧能源设施、供排水设施、交通设施、邮电通信设施、环保设施、防灾设施、环境改造等项目的收益；二是土地价值溢出收益，通过土地指标腾挪、拆除重建、综合整治、增加容积率、存量项目盘活

等，给土地价值赋能；三是产业价值赋能收益，引进和培育有较高成长性的
产业，产业协同，实现建链、补链、强链、延链效果；四是城市运营收益，城
市空间价值的溢出，外加互联网＋（流量驱动效应），大数据＋（数据驱动效
应），人工智能＋（算法驱动效应），移动通信＋（效率驱动效应），区块链＋
（诚信驱动效应），智慧城市、生态城市、和谐城市的价值再创造收益；五是
金融模式创新收益，通过资产证券化、REITs 等实现资产的流动，实现资产
价值高周转收益。基于以上的城市更新收入来源，才能设计出较为合理的合作
模式。

依据上述主导主体的不同，城市更新的投融资模式也有较大差异，以下是
对各种城市更新模式的具体介绍。本章重点介绍政府和社会资本合作的城市更
新模式。

3.1 政府和社会资本合作的城市更新模式

政府和社会资本合作的城市更新模式，是一种通过联合政府与社会资本力
量，推动城市更新的创新模式。在此模式中，政府与社会资本共同参与项目的
规划、建设与运营。政府提供政策支持和监管，社会资本则注入资金、技术
和管理经验。双方优势互补，共同致力于实现城市的可持续发展。这种模式
的特点包括分担风险，降低政府财政压力；引入市场机制，提高项目运作效
率与质量；促进资源优化配置，推动城市产业升级；提升公共服务水平，满
足居民多元需求。

通过合作，可实现城市功能的完善、环境的改善以及经济的增长，为城
市发展带来新的活力。常见的城市更新合作模式包括但不限于政企合作模
式（PPP）、基金模式、ABO 模式、投资人 +EPC 模式、EOD 模式、TOD
模式、TOT+BOT 模式、一二三四级联动合作模式等。

3.1.1 PPP 合作模式

PPP 是"Public-Private Partnerships"的缩写，直译为"公私合作伙
伴关系"，"公"即公共部门，"私"即私营机构。这种模式最早起源于英国，
是指政府与社会资本签订长期协议，授权社会资本代替政府建设、运营或管理
公共基础设施并向公众提供公共物品（包括产品和服务），有广义和狭义之分。

广义的 PPP 泛指公共部门和私营机构就提供公共产品和服务而建立的合作关系；狭义的 PPP 为一系列具体项目融资方式的总称，强调公共部门与私人部门在 PPP 项目协议签订的基础上组成特殊目的公司（SPV），并依据 PPP 协议，共同设计开发，共同承担风险，开展公共产品，提供全过程合作。

全世界各国的 PPP 主管机构也给出了不同的 PPP 定义解读。2014 年 9 月，结合中国国情，中国财政部在《财政部关于推广运用政府和社会资本合作模式有关问题的通知》（财金〔2014〕76 号）中指出："政府和社会资本合作模式（PPP）是在基础建设及公共服务领域建立的一种长期合作关系。通常模式是由社会资本承担设计、建设、运营、维护基础设施的大部分工作，并通过'使用者付费'及必要的'政府付费'获得合理投资回报；政府部门负责基础设施及公共服务价格和质量监督，以保证公共利益最大化。"PPP 典型交易结构如图 3-2 所示。

1. PPP 项目类型

纯使用者付费类项目，是指完全依靠使用者付费以实现社会资本方投资回报的项目。此类项目更多依赖于投资人的全链条管理能力，首先要分析城市更

图 3-2 PPP 典型交易结构图

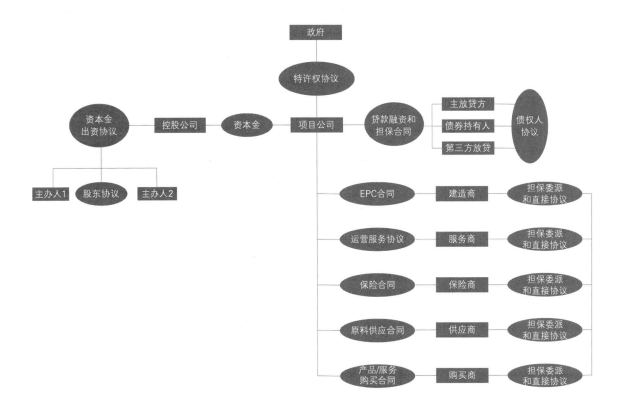

新项目是否具有一定公益性且存在经营性收入,目前政府鼓励聚焦使用者付费项目,并采取特许经营模式。

纯政府付费类项目,是指不以盈利为目的,不收取费用,完全依靠政府付费以实现投资回报的项目。上述模式类似拉长版的 BT,目前在 PPP 新政中,对类似模式是禁止开展的。

使用者付费 + 政府可行性缺口补贴类项目,是指通过使用者付费及政府可行性补贴以实现投资回报的项目。对于此类项目,需确保使用者付费具有可行性,且政府付费只能按规定补贴运营,不能补贴建设成本。不得通过可行性缺口补助、承诺保底收益率、可用性付费等任何方式,使用财政资金弥补项目建设和运营成本。

基于 PPP 新政的特点,对于城市更新更多的是存量资产的盘活,更加注重的是城市运营的能力,因此,PPP 合作模式在未来城市更新落地中具备一定的优势。

2. PPP 合作模式特点

伙伴关系是 PPP 首先需要考虑的问题。政府购买商品和服务、给予授权、征收税费和收取罚款,这些事务的处理并不必然表明合作伙伴关系的真实存在和延续,形成伙伴关系,首先要落实到项目目标一致之上。

利益共享方面,PPP 中公私部门并非简单分享利润,还需要控制私营部门的高额利润,因 PPP 项目具有公益性,不以利润最大化为目的。共享利益既包括社会成果,也包括使私营部门获得平和、长期稳定的投资回报。利益共享是伙伴关系基础之一,无此便无可持续的 PPP 伙伴关系。

风险共担方面,PPP 机制与市场经济规则兼容,利益与风险对应。风险分担是伙伴关系的另一基础,无风险分担则难有健康、可持续的伙伴关系。PPP 中公私部门合理分担风险,是区别于其他交易形式的显著标志。如政府采购私营伙伴,应使双方风险尽量最小,即 PPP 中公共部门尽量承担自身有优势的伴生风险,使对方风险尽量小。若每种风险皆由最能抵御风险的相关方承担,整个城市更新建设项目的成本就可实现风险最小化。图 3-3 为 PPP 模式风险分担机制图。

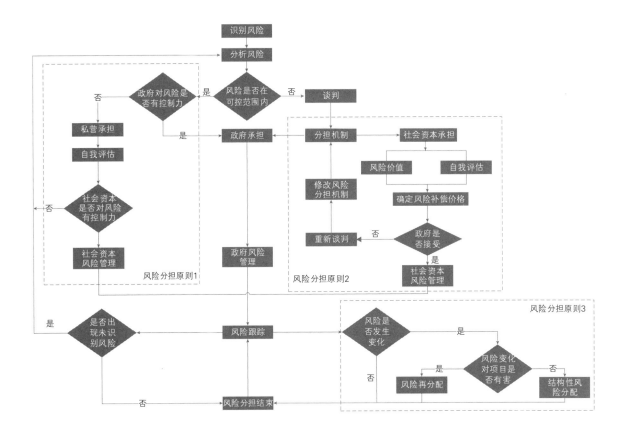

3. 社会资本视角 PPP 模式操作流程

从社会资本视角，城市更新的 PPP 模式主要运作及决策流程如图 3-4 所示。

图 3-3　PPP 模式风险分担机制图
来源：柯永建、刘新平、王守清，基础设施 PPP 项目的风险分担

1）PPP 项目投资阶段操作要点

首先，确定城市更新类 PPP 项目筛选标准，确定投资区域、投资边界及范围，包括但不限于资本金出资比例、项目征地拆迁比例、融资路径及方案、投资测算、PPP 类型等。

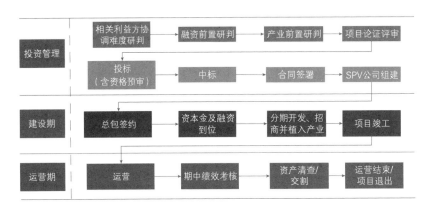

图 3-4　城市更新的 PPP 模式主要运作及决策流程图

其次，多渠道收集相关项目信息，并了解项目前期工作进展情况，对项目的产业策划、空间规划、实施路径等进行深度研究，深入了解项目投资条件，明确项目为存量项目还是新建项目，招标投标方式及风险分配机制，合理和政府分配责、权、利等内容。

再者，组建 SPV 公司，要合理设置股权结构及公司治理章程，并设置相应退出路径。

2）PPP 项目建设期操作要点

包括但不限于投融资模式的设置，与银行机构积极对接，实现融资落地；同时确保工程合同签署，并确定开工条件，落实开工前的各项准备工作，以及在实施过程中对设计、施工、采购等的统筹，进而做好竣工验收准备工作并完善项目建设期档案管理。

3）PPP 项目运营期操作规程

在项目运营期间，明确项目运营维护的内容、范围、期限等；明确运维绩效服务费的付费模式；明确绩效考核内容以及考核扣分机制，以及建设投资的可用性服务费与运维绩效考核的挂钩比例等。完善项目期中绩效考核评估，运营期满后，做好资产清查 / 交割、运营结束 / 项目退出。

从社会资本视角，需要对城市更新类 PPP 项目系统管理，因此有必要对城市更新全流程进行划分，在此把城市更新类项目全流程分为 7 个一级节点，43 个二级节点，结合社会资本的自身管理体系，确定分级授权流程，从而使得城市更新类 PPP 全流程运作顺畅。城市更新类 PPP 项目主要运作流程一二级节点如图 3-5 所示。

城市更新 PPP 类项目流程长，覆盖面广，涉及内容多，因此，必须对重点事项系统把握。PPP 模式城市更新重点事项流程安排见表 3-1。

4. 最新 PPP 模式解读

PPP（政府与社会资本合作）模式在中国发展迅速，自 2014 年财政部正式发文推广 PPP 以来，国内 PPP 模式迅猛发展。截至 2022 年末，全国 PPP 项目累计投资总额已超 20 万亿元，对国内基础设施建设起到了积极推动作用。

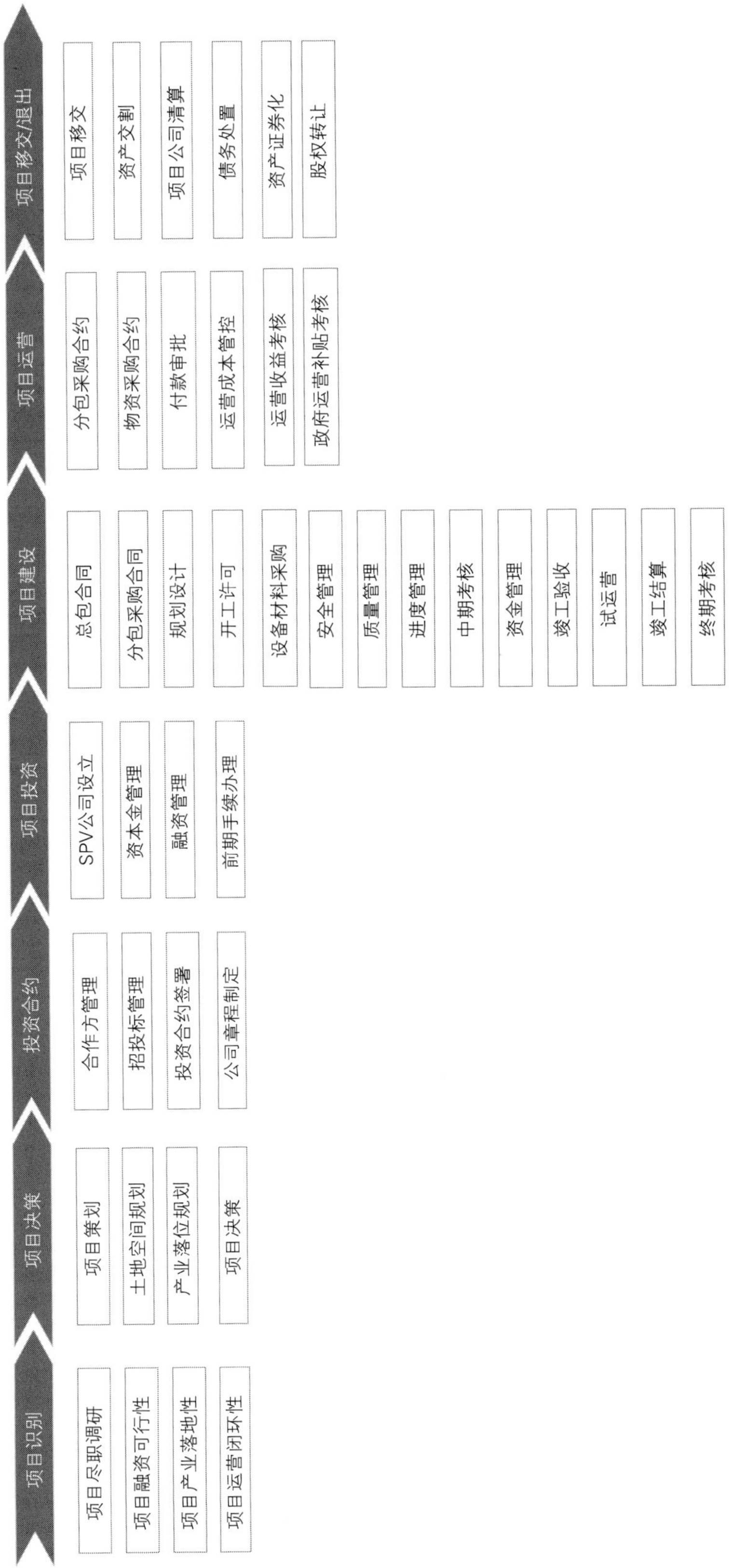

项目识别
- 项目尽职调研
- 项目融资可行性
- 项目产业落地性
- 项目运营闭环性

项目决策
- 项目策划
- 土地空间规划
- 产业落位规划
- 项目决策

投资合约
- 合作方管理
- 招投标管理
- 投资合约签署
- 公司章程制定

项目投资
- SPV公司设立
- 资本金管理
- 融资管理
- 前期手续办理

项目建设
- 总包合同
- 分包采购合同
- 规划设计
- 开工许可
- 设备材料采购
- 安全管理
- 质量管理
- 进度管理
- 中期考核
- 资金管理
- 竣工验收
- 试运营
- 竣工结算
- 终期考核

项目运营
- 分包采购合约
- 物资采购合约
- 付款审批
- 运营成本管控
- 运营收益考核
- 政府运营补贴考核

项目移交退出
- 项目移交
- 资产交割
- 项目公司清算
- 债务处置
- 资产证券化
- 股权转让

图3-5 城市更新类PPP主要运作流程一二级节点图

PPP 模式城市更新重点事项流程安排

表 3-1

重点事项	TO	15/30/45	60	75	90	105	120	135	150	165	180	T1	15	30	45	60	75	90	105	120	135	150	165	180
1. 拓展协议	备忘录签订				PPP招标采购流程						正式协议签订（TO+180）	正式协议议签订												
		实施主体确定（TO+60）		三大报告上会（TO+90）	PPP资格预审公告（TO+105）			成交确认书获取（TO+165）																
2. 整体立项	启动两规	两规编制				开发策略、投资规划编制				政府汇报沟通													开发策略、投资规划及预算更新	
	启动会召开（TO+1）	产业规划通过（TO+60）		空间规划通过（TO+90）		开发策略、投资规划、首年预算获批（TO+120）			政府汇报通过（TO+160）															
3. 土地资源		土地资源摸排（测绘、地勘、地块权属等）指标、规模情况复查										首批建设用地指标获取				土地利用规划调整（T1+60）	建设用地指标批复（T1+90）土地收储完成（T1+90）			土地挂牌（T1+120）		土地成交确认（T1+150）	后续规划、指标持续策划	
4. 产业发展	启动预招商	储备招商项目、拟定招商政策										启动正式招商			招商政策获批（T1+30）	龙头企业签约（T1+60）			持续招商					
5. 城市发展		首开区建筑方案、景观方案编制								城市运营方案、品牌方案设计					建筑方案获批（T1+30）景观方案获批（T1+30）			首开区开工（T1+90）			首开区建设		首开区形象展示（T1+180）	
6. 城市运营																运营方案获批（T1+60）品牌方案获批（T1+60）				运营方案、品牌方案落地				
7. 模式走通																				基建、土地整理、落地投资、投资审计				
																			审计咨询单位招采（T1+120）				

国办函〔2023〕115 号文件全称为《国务院办公厅转发国家发展改革委、财政部关于规范实施政府和社会资本合作新机制的指导意见》（以下简称《新机制》）。该文件是为了进一步深化基础设施投融资体制改革，切实激发民间投资活力，国家发展改革委、财政部就规范实施政府和社会资本合作新机制提出的指导意见。文件中优先选择民营企业参与并分类管理，不忘初心，正本清源，最大程度地鼓励民营企业参与 PPP 项目。对 115 号文件分析如下：

1）管理主体明确

管理主体明确由国家发展改革委牵头承担政府和社会资本合作管理责任，地方各级人民政府承担主体责任，地方各级发改部门管项目，财政部门管预算。原则上"两案一评"应该会被"特许经营方案"替代。

2）全部采取特许经营模式

新机制下将 PPP 与特许经营二宗归一，PPP 项目可以采用 BOT、TOT、ROT、BOOT、DBFOT 等具体实施方式。项目实施机构需要参照投资项目可行性研究报告编写大纲，牵头编制特许经营实施方案。

3）项目回报机制确定为使用者付费

新机制严禁以提前终止为由将特许经营转变为通过建设—移交（BT）方式变相举债。对于国家既有法规政策明确规定的财政支持渠道，新机制预留了允许项目积极争取国家支持资金的弹性空间，特许经营者通过加强管理、降低成本、提升效率、积极创新获得的额外收益主要归特许经营者所有。

4）鼓励措施新，社会资本优选民企

对于市场化程度高、公共属性相对弱的项目（如垃圾固废处理、垃圾焚烧发电、公共停车场、农业废弃物资源化利用、旅游农业等项目），要求由民营企业独资或控股；对于关系国计民生、公共属性相对强的项目（如污水处理、城镇供水、供热、供气、城际铁路、智慧城市、数据中心等项目），民营企业在项目公司的股权比例原则上不低于 35%。

5）新期限，特许经营期限可达 40 年

《新机制》规定特许经营期限原则上不超过 40 年，投资规模大、回报周期长的特许经营项目可以根据实际情况适当延长，但法律法规另有规定的除外。

5. PPP 模式下的存量资产盘活

城市更新最重要的就是防止大拆大建，有效盘活存量资产。《国家发展改革委关于加快运用 PPP 模式盘活基础设施存量资产有关工作的通知》（发改投资〔2017〕1266 号）指出：对拟采用 PPP 模式的存量基础设施项目，根据项目特点和具体情况，可通过转让—运营—移交（TOT）、改建—运营—移交（ROT）、转让—拥有—运营（TOO）、委托运营、股权合作等模式，结合国家最新 PPP 政策，鼓励盘活现有存量资产。在此大背景下，有必要首先把资产的所有权、股权、经营权、收费权进行区分，才能有利于采用新商业模式有效盘活存量资产。

1）基础设施项目所有权转让

《中华人民共和国民法典》（以下简称《民法典》）规定关于不动产物权的设立、变更、转让和消灭，必须依法进行登记，登记后发生效力；未经登记，则不发生效力（法律另有规定的除外）。这表明不动产的所有权转移以登记为关键节点。

不动产物权的设立、变更、转让和消灭，自记载于不动产登记簿时正式生效。不动产登记由不动产所在地的专门登记机构负责办理，确保了不动产物权变动的公开、透明与合法性。

所有权保留与取回：在买卖合同中，当事人可以约定在买受人未履行支付价款或其他义务时，标的物的所有权仍属于出卖人，即所有权保留条款。这种约定在买受人未依约支付价款时，保障出卖人的权益。

若买受人未按照约定支付价款或完成特定条件，甚至将标的物出卖、出质或作出其他不当处分，出卖人有权在合理期限内取回标的物，除非双方另有约定。

所有权纠纷解决：当物权（包括所有权）受到侵害时，权利人可以通过和解、调解、仲裁或诉讼等途径来维护自己的合法权益。这些途径为权利人提供了多元化的纠纷解决机制。

综上所述，《民法典》对所有权转移的规定体现了动产以交付为转移原则、不动产以登记为转移要点的法律逻辑，同时允许当事人在一定条件下约定所有权的保留与取回，以及提供了物权纠纷的解决途径。

2）基础设施项目股权转让

城市更新中的基础设施股权，往往牵涉的是国有股权的转让。通过基础设施项目股权转让，政府不仅可以进行存量资产再融资，同时引入投资者后为项目实施增量资本投资，使项目获得新的盈利增长点，放大国有资本功能，可提高国有资本配置和运行效率。

国有股权转让要在依法设立的产权交易机构公开进行。实施进场交易，具体规定如下：一是央企产权交易应在规定的产权交易所（北京产权交易所、上海联合产权交易所、广东联合产权交易中心、山东产权交易中心、重庆联合产权交易所）进行；二是地方国企产权交易需在依法设立的具有国有产权交易资质的机构进行；三是凡是国有和国有控股企业出让股权及增资扩股的，采用竞价交易；四是股权转让时高效益的国有资产可以溢价转让，低效益的资产也可以适当折价转让。

3）基础设施项目特许经营权转让

基础设施和公用事业特许经营（以下简称为"政府特许经营"）是指政府采用竞争方式依法授权中华人民共和国境内外的法人或者其他组织，通过协议明确权利义务和风险分担，约定其在一定期限和范围内投资建设运营基础设施和公用事业并获得收益，提供公共产品或者公共服务。其中，特许经营竞争方式包括招标、申请竞争、竞争性谈判、评估竞争、竞争性许可证等。政府特许经营常用的竞争方式为招标、竞争性谈判。

基础设施特许经营权转让应具备的条件：一是所出让的基础设施经营权的权属清晰；二是对经营权拥有完全的处置权且实施时不存在任何限制条件；三是经营权出让行为已履行了相应程序，并获得了相应批准。

4）基础设施项目收费权转让

基础设施项目收费权转让就是将基础资产的未来收益权转让出去，资产所有方通过转让未来收益权实现融资，受让方通过投资获得基础资产的未来收益。基础设施项目收费权转让是盘活存量资产的有效方式，将其真实转让给特殊目的公司（SPV），使基础设施项目收费权与原始权益实现隔离，从而降低投资者风险。

3.1.2　"投资人 +EPC"模式

1."投资人 +EPC"概念

"投资人 +EPC"并不是国家明确认可的模式，因此没有明确的概念，同时，每个项目都有自己的"投资人 +EPC"的模式。根据市场实践，最常见的"投资人 +EPC"模式是指地方国有企业通过招标方式选择投资人及工程承包商，投资牵头人与施工单位、设计单位组成联合体参与投标，中标后组建项目公司，经政府授权负责合作区域内城市更新项目的策划、投融资、建设及运营，并由联合体成员承担项目的设计、施工任务，投资的收益来源包括了项目的经营性收入、合作区域内新增的土地出让收入、税费收入等。

2."投资人 +EPC"模式特点

从交易结构分析，"投资人 +EPC"模式本质上是发挥社会资本的资源整合能力，打造片区经济，实现区域振兴的目的，具体有如下特点：

第一，"投资人 +EPC"商业模式复杂，将"公益性项目 + 收益性项目"打包来整体平衡城市更新项目的短期、中期、长期现金流。其中，公益性项目的立项权从政府转移至 SPV 公司，要切实做好分期实施计划，保障产业和城市的平衡发展，避免社会资本过度追求短期利益，以及政府过度追求公益性项目的重投入倾向，保证利益的平衡。

第二，"投资人 +EPC"融资存在一定障碍，类似项目的资本金一般主要由社会资本出资，而项目融资很难取得银行贷款支持，往往需要母公司提供增信或担保。且前期征地拆迁，公共服务设施与市政基础设施建设等前期投入大，对社会资本方的融资能力是极大考验。

第三，"投资人 +EPC"模式牵涉利益相关方多，社会影响面大，项目进度可控性差。如征地拆迁、土地一级整理等公益性项目，结算费用流程较长，经政府审核后确认为投资成本；其次，公共服务设施与市政基础设施建设，主要是合作区域范围内的市政道路、园林绿化、水系治理等工程，通常由项目公司作为建设单位或者经政府方授权作为实施主体，项目竣工验收合格后移交政府或其指定单位，政府对工程建设成本予以审核确认，路径较为复杂，且周期较长。

综上，通过对项目资金来源、融资路径、投资内容等的分析，上述商业模式对社会资本方的综合实力以及对项目价值的判断能力提出了新的要求，也对地方政府的诚信体系、工作机制等提出了新的考验。

从目前中标的"投资人+EPC"项目分析，此模式还存在如下缺陷。第一，投资金额巨大。比如，四川达州"双城一线"项目，匡算总投资达到556亿元，是典型的产城融合类项目，但达州作为一个地级市，投资规模如此巨大，对投标方的产业导入能力、投融资把控能力、城市运营能力等均是巨大考验。第二，以土地出让为回报来源。类似项目的核心在于将片区内的土地由荒地变成可以出让的经营性用地，通过土地出让金的留存收益，获取投资回报，存在明显的增加地方政府隐性债务的合规风险；同时，土地受制于片区经济活力，以及每年的土地供应计划，也存在无法实现土地出让金收入回流的经济风险。第三，项目边界模糊。类似项目，往往是划定片区范围进行招标，对投标人的综合实力是重大考验（包括但不限于策划、规划、设计、施工、招商、运营的全链条管控能力）。若综合实力欠缺的公司中标产城融合项目，会造成资源的长期无效利用，项目很难形成盈利能力，同时造成社会资源的浪费。

3. "投资人+EPC"风险

1）地方政府债务管理方面

2014年修订后的《中华人民共和国预算法》（以下简称《预算法》）第35条规定："经国务院批准的省、自治区、直辖市的预算中必需的建设投资的部分资金，可以在国务院确定的限额内，通过发行地方政府债券举借债务的方式筹措。……除前款规定外，地方政府及其所属部门不得以任何方式举借债务。"

根据上述规定，地方政府举债只能通过发行地方政府债券进行，除此之外，均属违法。"投资人+EPC"模式是否违反该规定，关键在于此种情形下是否形成政府债务。本文前述分析已经表明，很多"投资人+EPC"模式的大部分内容是指"资金拆借+垫资建设"。所谓资金拆借，即地方国有企业向社会资本借款，必然会形成政府债务；所谓垫资建设，即地方国有企业向社会资本借款实施工程，也会形成政府债务。虽然这两个行为表面上看是地方国有企业的举借行为，但是还款来自于以土地出让金为主的财政资金，由此可见，"投资人+EPC"模式明显违反《预算法》关于地方政府违法举借债务的禁止性规定。

有的观点认为，进行"投资人+EPC"模式下的交易结构设计时，可以弱化政府的刚性支付义务，而将其设计为一种附条件的支付义务，以此规避违法举债风险。例如，可将社会资本的投入及回报严格限定在合作区域范围内，以区域内开发形成的具备出让条件的土地作为社会资本回报来源，由政府负责组织土地出让并取得土地出让收入，如土地出让收入不足以支付社会资本当期投资成本及收益，则滚动至下期支付，直至土地出让收入可以覆盖社会资本的投资成本及收益。如此，政府支付义务并未固化，而且并未增加固有财政负担，似可规避违法举债之风险。此种方式确实弱化了政府支付义务的"债务"属性，但其实质仍未改变。毕竟政府的支付义务并未消失，而只是尚未达到支付条件。

2）土地储备开发管理方面

在城市更新类项目中，"投资人+EPC"模式的要义在于，通过引入社会资本投资建设，使区域内的经营性用地具备出让条件，通过土地出让取得收入。因此，尽管该类项目的具体内容可能各有不同，但必然包含土地前期开发工作，并应遵守国家关于土地储备开发管理的相关规定。

2016年，财政部、国土资源部[①]、中国人民银行、银监会联合印发了《关于规范土地储备和资金管理相关问题的通知》（财综〔2016〕4号，以下简称"4号文"），其中第五条规定："土地储备机构新增土地储备项目所需资金，应当严格按照规定纳入政府性基金预算，从国有土地收益基金、土地出让收入和其他财政资金中统筹安排，不足部分在国家核定的债务限额内通过省级政府代发地方政府债券筹集资金解决。"第七条规定："地方国土资源主管部门应当积极探索政府购买土地征收、收购、收回涉及的拆迁安置补偿服务。土地储备机构应当积极探索通过政府采购实施储备土地的前期开发，包括与储备宗地相关的道路、供水、供电、供气、排水、通信、照明、绿化、土地平整等基础设施建设。……项目承接主体或供应商应当严格履行合同义务，按合同约定数额获取报酬，不得与土地使用权出让收入挂钩，也不得以项目所涉及的土地名义融资或者变相融资。"

上述第五条表明，土地储备开发所需资金一般通过财政资金统筹安排，不足部分可通过发行地方政府债券筹集，这与前述关于地方政府债务管理的相关分析一致。上述第七条表明，征地拆迁安置补偿服务，应通过政府购买服务选

---

① 2018年，组建中华人民共和国自然资源部，不再保留国土资源部。

择服务商具体实施，由政府安排财政资金补偿被拆迁人，并向服务商支付服务费；储备土地的前期开发，应通过政府采购工程选择承包商，由政府安排财政资金向承包商支付工程款。无论是政府购买服务还是政府采购工程，均应先有预算才能安排支出，而不能以将来可能取得的收入作为支付资金来源。"投资人 +EPC"模式之下，政府的支付资金来源是合作区域内将来可能取得的土地出让收入，在项目启动之时不可能纳入预算安排，其本质是政府以其未来收入为担保的融资行为，并不符合 4 号文相关规定。

3.1.3　城投 ABO 模式

ABO 是授权（Authorize）—建设（Build）—运营（Operate）的首字母缩写，源自北京市交通委员会将地铁的建设运营权授予北京京投公司实施，由其履行业主职能，北京市交通委员会按照合同约定给予建设运营补贴。此模式由地方融资平台作为项目业主并由其负责运营，因项目公益性而承担的亏损由政府进行补贴，以保证项目财务上的可行性。ABO 模式交易结构如图 3-6 所示。

1）ABO 模式特点

属地专营特性：ABO 本质上属于对 PPP/ 特许经营的补充，即属地化大型国企对特定领域的专属经营，从而避免了通过竞争性程序引进外来社会资本。

图 3-6　ABO 模式交易结构

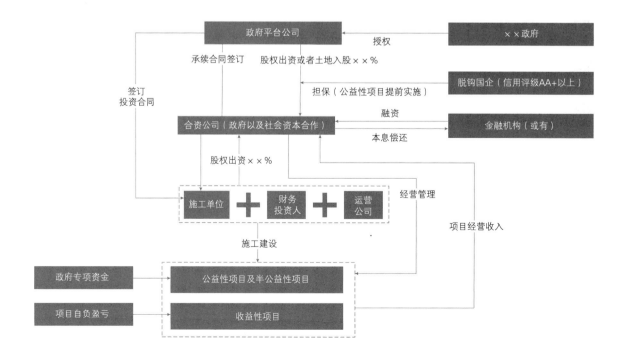

区域统筹特性：ABO 模式更适合片区开发统筹，以及项目相对复杂的场景，政府整体授权经营有利于物有所值，即地方国企可对特定区域的片区项目统一策划、规划、建设、运营，并系统做好资产和资源开发，实现项目整体价值最大化。

弱市场化特性：ABO 模式更多适用于项目公益性强、商业模式复杂、对社会资本吸引力较弱、区域统筹的必要性强，或者政府垄断经营特性明显的领域。

国资管理特性：ABO 是 PPP 模式的延伸，但又不属于 PPP 和特许经营，也不属于政府采购，更多属于契约化的授权经营模式。它更像是国有资产授权经营体制的衍生产物。通过地方大型国企的专属经营，实现所有权和经营权的分离，被授权国企不但需要统筹提供区域内所需的特定公共服务，还可能会承担国有资产管理等其他职能。

2）ABO 模式运作流程

（1）属地政府授权建设公司以 ABO 模式实施项目。

（2）政府授权代表与建设公司签署 ABO 授权合同。

（3）建设公司向市政府报送项目 ABO 模式实施方案。

（4）市政府对项目实施方案进行批复。

（5）建设公司根据批复的实施方案编制招标文件，通过公开招标方式一次性选择投资方和工程总承包方。

（6）建设公司与中标的合作方签署项目合作合同，并明确双方合作模式、交易架构、风险分担、权利义务等核心边界条件。

（7）建设公司与中标的合作方成立项目公司，由项目公司进行相关立项。

（8）项目公司根据市政府法定规划及其他相关要求确定具体实施范围。

（9）项目公司依据"分部立项、滚动开发、成熟一块、开发一块、结算一块"的原则，按照与政府协定的征收计划、土地供应计划、投资建设计划，经市政府审批后针对具体实施项目进行立项。

（10）项目公司提供征地、拆迁、安置补偿服务所需资金，同时在相关国土资源和规划、住建、土地储备机构等部门的配合下实施征地、拆迁、安置补偿服务，以满足土地供应条件。

（11）市政府委托土储部门对征地、拆迁、安置补偿服务进行评审，确定成本。

（12）土储部门对项目区域用地出让依法制定土地出让方案，根据土地成本统筹兼顾项目投资年化收益率确定土地出让起始价后，进行土地供应。

（13）非经营性用地根据投资建设计划要求，在土地划拨供应给政府相关部门后由项目公司进行建设。

（14）项目公司在完成合作内容后，由绩效考核主体和建设公司按绩效考核核算，确定 ABO 服务费。

3）ABO 模式风险

（1）合规问题

ABO 模式的最大问题在于没有完整的政策体系支撑其合规性，北京地铁采用 ABO 模式基于出台的《关于推进供给侧结构性改革进一步做好民间投资工作的措施》（京政发〔2016〕29 号）中有明确鼓励的方向，而其他地方尚不具备相应政策基础。

（2）隐债问题

ABO 的补贴付费是否会造成隐性债务较难确定，由于基金预算是政府专项债偿主要来源，《关于推进政府和社会资本合作规范发展的实施意见》财金〔2019〕10 号文限制 PPP 从基金预算中安排支出责任以避免"一女两嫁"，同样，城市更新 ABO 从基金预算中安排补贴付费同样也会面临这个问题，造成的财政债务风险不言而喻。

（3）融资问题

除了合规性会影响融资问题外，付费补贴数额的不确定性也会影响项目融资。稳定可预测的现金流是金融机构提供融资的基础，片区综合开发的 ABO 往往以新增区域财政收入作为付费补贴来源，补贴时点和数额均不可测，无法进行项目融资。若要融资，也只能依赖于高资信的主体进行流动性融资，然后进行滚动展期。

（4）付费保障问题

《中共中央 国务院关于防范化解地方政府隐性债务风险的意见》中发〔2018〕27 号文明确严禁在没有预算及合法协议的情况下向企业拨付资金，ABO 的付费补贴能否纳入预算，ABO 协议是否合法有效都是各方参与主体要关心的问题。

3.1.4　城综一二三四级联动开发模式

对于城市更新的一二三四级联动，一般指的是"基建＋地产＋产业＋城市运营"，即社会资本方发挥自身全产业链优势，代行政府的部分职能，提供从投融资、建设、产业导入、城市开发到城市运营的整体解决方案。社会资本方做好一二三四级联动，需要具备如下四种能力：战略规划能力、投资建设能力、招商引资能力、城市运营能力。其中战略规划能力主要是指社会资本方整合全国乃至全球的产业资源，针对每个区域的具体情况，紧贴政策导向，运用产业价值链分析、资源匹配性分析、产业集群分析、产业类型综合评估等研究方法，为区域量身定做战略规划方案；而投资建设能力则指通过与政府签订城市更新的整体排他性协议，为政府提供片区的开发、建设、招商、运营管理的开发一体化服务；招商引资能力结合战略及产业规划，精心打造专业招商团队和横跨多个行业的企业客户数据库，结合城市更新开发建设实践，制定精准的产业发展策略，并依托强大的招商引资和产业培育能力推动落实；城市运营能力需要结合智慧平台及新基建理念，打造产城融合、以人为核心的城市更新典范。

1. "城综一二三四级联动"常规模式分析

城综一二三四级联动，主要以产业规划、产业导入为城市更新注入活力为出发点，地产开发随行，并对城市基础设施进行提升，建设完毕后要对城市进行运营。该模式除了能以相对低的成本获取土地外，还可以依靠其对政府的影响力不断在城市更新周边片区获取相应资源，包括但不限于土地资源，并参与到城市综合体、酒店和旧改等多种业态物业开发经营中，保证前期通过土地溢价、产业导入等实现现金回流，包括土地一级开发合理利润和土地二级招拍挂分成及开发利润。中期通过招商引资分成模式，实现和政府的互利共赢；长期通过培育核心产业及提升城市运营商能力，实现资产增值放大的同时，获得城市运营收益。

2. "城综一二三四级联动"常规模式盈利能力分析

该模式的主要盈利路径有，通过垫付城市更新前期开发、基础设施建设费，获得政府 8%~12% 的利息及合理利润收入（承担了城市投资平台的职能）；城市更新招商引资返还收入（按照新增固定资产投资额或新增财政收入的一定比例提成，但本部分收益返还路径不清晰，很多产业开发商均记为应收账款，较难兑现）；城市更新土地溢价收益分成，并对城市更新二级开发收入分成（城市更新一般有 30% 住宅用地）；城市运营收益，收取入驻企业的管理费用及运营费用等。

城市更新的成功正反馈在于产业的导入、城市的运营能力培育，从而形成政府及社会资本的双赢，社会资本方通过超强的综合能力实现土地的溢价，政府获得长期的产业、就业和税收增长，最终形成城市更新的良性互动。

参考目前市场主流产城运营商，如华夏幸福基业、中交投资、张江高科、中新集团、亿达集团、联东集团等产城融合类公司，总结城市更新一二三四级联动模式主要盈利来源如图3-7所示。

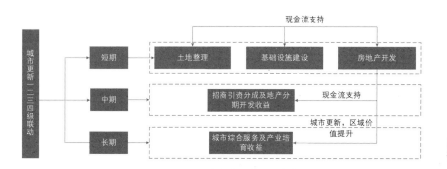

图3-7　城市更新一二三四级联动模式主要盈利来源

土地整理收入：参与城市更新地块的一级整理，分享土地一级开发收益，平均占到总营收的20%。

规划设计、咨询服务收入：对城市更新、片区提供整体规划、运营方案，平均占到总营收的1%。

基础设施建设收入：参与城市更新及其他周边市政基础设施建设，分享建设投资利润，平均占到总营收的3%。

房地产开发收入：通过较低成本获得土地储备，通过商品房销售补偿城市更新开发投资，目前占据主流，平均占到总营收的50%。

招商引资收入：对于新落地投资，根据投资额大小获得政府相应的招商引资奖励，平均占到总营收的25%。

城市更新综合服务收入：为城市更新招商企业提供金融服务、行业服务、业务流程服务、选址服务、基础配套服务等全方面服务，获得运营管理收入。同时，参与部分企业的创投、PE级股权投资，分享股权投资收益，平均占到总营收的1%。

3. "城综一二三四级联动"收入来源的风险控制要点

"城综一二三四级联动"盈利模式具备收入弹性大、轻资产地产开发、产业与地产业务互补、满足政府对产业、就业、税收的诉求等特点，而实现该盈利模式的关键因素有以下几点：

收入保障度：社会资本方在参与项目开发初期即通过锁定一定数量的土地资源、矿产资源、新能源指标资源等方式对自己的未来收益进行了保障，即政府在初始基建阶段失去支付能力或支付意愿的前提下，社会资本方仍可通过已锁定的资源开发实现现金回流和利润获取（因此城综开发的项目选择很关键）。

政府支付意愿：地方政府支付意愿不仅与当期收入是否丰厚有关，也与未来收入的预期有关；从综开的运作和盈利模式看，政府让出短期土地出让收入的大部分来换取当期的地方 GDP 和未来长期稳定的财政收入；从政府的账本上看，不仅在经济上是受益的，在政绩上也是受益的，因此地方政府对社会资本拥有长期招商引资经验和城市运营能力、具有强大融资能力的公司有较高欢迎度，政府自身支付的意愿也比较强烈。

政府支付能力：由社会资本的城市更新经营能力决定，在整个综合开发模式和收入安排中，政府对项目结算的支付能力归根结底来自于公司对产城的经营带来的收益。即公司结算的资金来源并不由地方政府在城市更新片区外的财政收入决定，而由公司所经营的园区内土地出让和财政收入决定。只要社会资本在城市更新的经营可以产生收入，也就存在政府支付的资金池，剩余需要考虑的仅是政府支付意愿问题。

4. "城综一二三四级联动"投资的回款资金来源

从目前的城市综合运营商与政府之间的协议分析，形成的回款路径主要包括以下三个方面：

1）城市更新建设投入资金由地方政府所留存的各项收入返还作为资金来源。

由地方政府将委托区域范围内所取得的各项收入地方留成部分优先用于区域开发建设各项工作的投入，进行分期偿还。委托区域内各项收入指区域内企业与单位经营活动新产生的各类收入，主要包括：税收、土地使用权出让收入、非税收入、专项收入、专项基金。不足部分由地方政府通过其他方式继续筹集。

2）企业利润在框架协议中按比例锁定。

公共设施建设和基础设施建设投资利润按投资额的 8%~15% 计取；土地整理利润按整理成本的 12%~15% 计取；规划设计、咨询等服务费由双方按照成本费用的 110% 计取；产业发展服务费（招商引资服务收益）按照委托区域内入区项目当年新增落地投资额 25%~45% 计取。

3）获取廉价土地实现公司业绩高增长。

由于落地城市更新类的招商服务费按照落地投资额的一定比例进行返还，但支付路径并不清晰，政府通常通过税收收入补偿和住宅土地增值补偿的方式返还，从而使得社会资本方以较低成本获得土地储备，并分享园区收益。由于综合开发是互利共赢的前提，因此土地有溢价的路径才是政府补偿的前提。

5.“城综一二三四级联动”商业模式总结

城综一二三四级联动商业模式的核心之一是与政府签约，垄断片区一级开发，进行土地整理与配套设施建设，短期政府通过收税和卖地赚取收益并支付公司一级开发的成本；其二是代政府招商引资发展产业，并为产城融合提供服务；其三是利用一级开发优势低价获取大片房地产开发用地；其四是通过住宅销售回笼资金并为政府提供 GDP 和税收；其五是政府后续通过培育产业，实现长期价值的兑现。上述城综一二三四级联动的核心是产业的导入、土地溢价、资源整合能力，以及城市运营能力。

但是，城综一二三四级联动模式前期锁定土地出让以及存在明显的财政资金（土地出让金与税收等）返还的行为，因此，可能触及合规性问题：一是可能引起地方政府隐性债务的风险；二是可能与土地招拍挂制度相违背；三是可能引起土地出让金与税收违规返还的风险。因此，在当前的政策背景下，地方政府与相关投资人、运营商应谨慎、稳妥地设计好模式，以确保模式的合规性。

3.1.5　EOD 开发模式

EOD 理念最早源于国外的城市开发规划。1971 年，英国学者麦克哈格

（Ian Lennox McHarg）在《设计结合自然》一书中将"生态环境理念"第一次完整地引入城市规划之中。随后，1999 年，美国学者霍纳蔡夫斯基（Honachefsky）首次提出城市建设"生态优先"的思想，将原先单纯强调保护的模式转变为"利用生态引导区域开发"，成为 EOD 城市发展模式的雏形。

21 世纪后，为满足现代城镇发展多种需求，"XOD 模式"随之兴起。包括 TOD（交通导向）、EOD（生态导向）、SOD 模式（体育运动设施导向）、COD（文化设施导向）、HOD（综合医疗设施导向）等多种模式。但此阶段，TOD 为"XOD 模式"的主导类型，其他模式未被大范围推广。

此时，国内生态领域聚焦在生态基础设施（Ecological Infrastructure）建设方面。以北京大学景观规划教授俞孔坚、李迪华等学者为代表，主张以"生态基础设施优先"的城市发展模式，维护生态环境的连续性和完整性。

生态环境部对 EOD 有其官方定义。生态环境导向的开发模式（Eco-environment Oriented Development，简称 EOD 模式），是以习近平生态文明思想为引领，通过产业链延伸、组合开发、联合经营等方式，推动公益性较强的生态环境治理与收益较好的关联产业有效融合、增值反哺、统筹推进、市场化运作、一体化实施、可持续运营，以生态环境治理提升关联产业经营收益，以产业增值收益反哺生态环境治理投入，实现生态环境治理外部经济性内部化的创新性项目组织实施方式，是践行绿水青山就是金山银山理念的项目实践，有利于积极稳妥推进生态产品经营开发，推动生态产品价值有效实现。也就是说，EOD 模式以可持续发展为目标，在经济发展与生态环境之间构建了合作的桥梁，从而实现区域整体溢价增值，生态建设与经济发展相互促进。通过 EOD 模式在城市更新中的合理利用，以生态保护和环境治理为基础，以特色产业运营为主体，以生态城市更新为综合载体，可以有效促进城市生态，提升区域价值。目前，国内已有部分城市更新项目与 EOD 模式充分融合落地，但 EOD 以生态导向开发模式作为主体，与城市更新的总体关联度还需要充分论证及提升。EOD 的核心要义实际就是"融合、一体化、反哺"。

融合：将公益性较强、收益较差的生态环境治理项目与收益较好的关联产业项目有效融合，进行肥瘦搭配，解决生态环境与经济发展对立的局面；同时强调产业项目必须与生态环境治理项目具有关联性，禁止无关项目捆绑。

一体化：生态环境治理与关联产业项目必须由一个主体统筹实施，一体化推进，建设运营维护一体化实施，以便各子项目之间的收益能够做到统筹互补，实现项目整体的收支自平衡。EOD 模式实施的关键在于"一体化"，指将生态环境治理项目和产业开发项目作为一个整体的项目，具体体现在三个方面：一是整个项目由一个市场主体统筹实施，这个市场主体不仅可以是一个主体，也可以是政府和社会资本等共同成立的项目公司；二是两类项目要融为一体，作为一个整体项目统筹实施，综合测算整体项目的成本和收益；三是加强 EOD 项目的统一规划，采用建设—运营一体化的方式实施。只有通过一体化的方式实施才可以避免两类项目割裂，确保产业开发项目对生态环境治理项目的有效反哺。

反哺：将生态环境治理带来的经济价值内部化，解决环保前期投入的资金问题，项目整体收益与成本平衡，自给自足，确保实现政府资金"零投入"。同时为社会资本和金融机构参与生态环境治理创造条件，实现多元参与生态环境治理。EOD 模式运行机制如图 3-8 所示。

图 3-8　EOD 模式运行机制

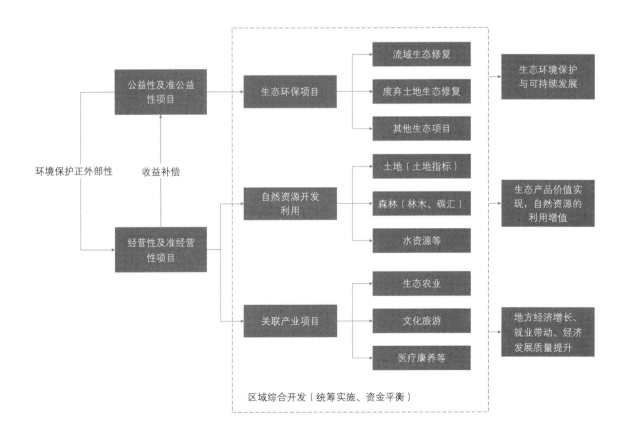

1. EOD 的发展历程

自 2020 年生态环境部、国家发展改革委、国家开发银行联合推动开展生态环境导向的开发（Eco-environment-Oriented Development，以下简称 EOD）模式试点工作以来，截至 2024 年，生态环境部已经向金融机构推送了共 166 个 EOD 项目，包括前期的 94 个试点项目和后来各地申报上来的 72 个项目。

2020 年 9 月，生态环境部、国家发展改革委、国家开发银行联合印发《关于推荐生态环境导向的开发模式试点项目的通知》，开启了 EOD 模式试点工作。

2021 年 4 月，三部门印发《关于同意开展生态环境导向的开发（EOD）模式试点的通知》，同意 36 个项目开展 EOD 模式试点工作。

2022 年 4 月，三部门又联合印发《关于同意开展第二批生态环境导向的开发（EOD）模式试点的通知》，同意 58 个项目开展试点。

2023 年 12 月，生态环境部办公厅、国家发展和改革委员会办公厅、中国人民银行办公厅、国家金融监督管理总局办公厅联合印发了《关于印发〈生态环境导向的开发（EOD）项目实施导则（试行）〉的通知》（环办科财〔2023〕22 号），出台了《生态环境导向的开发（EOD）项目实施导则（试行）》以及《生态环境导向的开发（EOD）项目实施方案编制指南》，对 2020 年以来的 EOD 政策进行了调整和完善。

"国家级 EOD 项目库"的说法，始于 2022 年 4 月印发的《生态环保金融支持项目储备库入库指南（试行）》，同时生态环保金融支持项目管理系统正式上线运行。

生态环保金融支持项目管理系统的功能在于，开展项目信息报送、对接、反馈、完善等工作，将符合 EOD 模式相关要求的项目推送给有关金融机构。

有关金融机构遵循独立审贷（或审批）、自主决策、自担风险原则，将符合本机构放贷或投资支持条件的项目纳入其各自的储备库，并及时与有关项目单位沟通对接，推进放贷（或投资）审批等。

　　这标志着 EOD 项目从一年一发文、集中评选一次的工作方式转变为"成熟一个，上报一个"的方式。生态环境部印发的《生态环保金融支持项目储备库入库指南（试行）》进一步明确了 EOD 项目要"解决突出生态环境问题"。因此，实施的项目应围绕目前阶段各级政府急需解决的环境问题，具体包括八大生态环境治理领域：大气污染防治、水生态环境保护、重点海域综合治理、土壤污染防治、农业农村污染治理、固废处置及资源综合利用、生态保护修复、其他环境治理。

　　在产业的选择上，生态环境部科技与财务司、生态环境部环境规划院于 2021 年 12 月发布的"一图读懂 EOD 模式与试点实践"中明确，"发展契合当地社会经济发展实际、生态环境关联度高、项目收益能力强的产业"。

　　同时，也将相关产业类项目分为五类，一是生态环境依赖型产业；二是生态环境敏感型产业；三是人才聚集型产业；四是复合型产业；五是其他与生态环境治理关联性强、市场前景好的产业。

　　通过生态环境保护治理，区域生态产品在供给服务、调节服务、文化服务等方面的价值得到提升，从而可以找到相对应的生态产品开发路径。生态供给服务包括农林牧渔、中草药等，相关产业有生态种植、生态养殖、重要制造等。生态调节服务包括固碳释氧、水源涵养、物种保育等，相关产业有生态碳汇、水权林权、生态能源等。生态文化服务包括休闲旅游、艺术灵感、自然景观等，对应产业有健康养老、文化旅游、商业开发等。

　　通常我们说的 EOD 入库，应该是项目纳入有关金融机构的储备库，其目的是加强金融资金的对接与支持。

　　在政策层面，依据试点项目实施经验，国家专门针对 EOD 项目报送提出了具体要求，主要包括项目投资总额、子项目数量、收益来源、合规性以及年度申报总数等。

　　核心要求可以简单概括为"3555"，即区县级项目投资总额不高于 30 亿元、地市级及以上项目投资总额不高于 50 亿元、项目子项目数量不高于 5 个、各省每年入库 EOD 项目原则上不超过 5 个。

整个入库流程分四个阶段：

第一阶段是地方报送阶段，由实施主体将拟入库 EOD 项目实施方案及相关手续材料报至县级及以上生态环境部门，由其通过系统线上申报至省级生态环境部门。

第二阶段由省级生态环境部门组织专家论证评估，并出具项目论证评估意见后，由线上提交生态环境部。

第三阶段由生态环境部组织专家进行技术指导，对不符合的项目提出专家意见并返回地方修改完善，将符合 EOD 实施要求的项目推送给相关的金融机构。

第四阶段是金融机构按照独立审核的原则，对项目的融资可行性进行把关，并纳入其各自的储备库。

这四个阶段，同时也涉及四个主体：地方政府、省级生态环境部门、生态环境部、金融机构，各方各司其职，各自把关，目的是强化 EOD 模式的符合性，对接金融资金支持，推进项目实施。

进入项目库并不代表项目能够落地，也不代表一定能融资，更不代表一定能做成 EOD 项目。要正确看待入库，入库不等同于能拿到相应的政策性银行贷款，还是要依赖于项目本身质量，因此按照 EOD 要求规范实施极为重要，实施中要将打造 EOD 典型案例作为目标，确保不变形、不走样。

2. EOD 的分类

EOD 模式的核心要义之一为融合，即推进公益性生态环境治理与关联产业开发项目的有效融合。故 EOD 可分别从生态分类及产业分类来划分。

关于生态环境治理的内容，《生态环境导向的开发（EOD）项目实施导则（试行）》中列举了如下方面：生态环境治理内容包括流域水生态环境综合治理、湖库水生态环境保护修复、水源涵养区保护、饮用水源地保护、入河排污口整治及规范化建设、农村环境综合整治、农业面源污染治理、近岸海域环境整治、无主体或责任主体灭失的历史遗留土壤污染修复及矿山污染防治、固废处理处置、新污染物治理、生物多样性保护和生态系统修复、噪声和振动污染治理、减污降碳协同治理等。关于关联产业的类型，《生态环境导向的开发（EOD）项目实施导则（试行）》列举了五大类型：

1）生态农业、林下经济、经济作物种植、生态旅游、医疗康养、休闲娱乐、文化创意等生态环境依赖型产业；

2）数字经济、洁净医药、精密仪器等生态环境敏感型产业；

3）高新技术、创新创业等人才聚集型产业；

4）在沙漠、戈壁、荒漠等区域发展光伏、种植养殖与加工等复合型产业；

5）其他与生态环境治理关联性强、市场前景好的产业。

3. EOD 项目优势

EOD 模式作为一种创新的项目组织实施模式，与其他模式相比具有显著的特点及优势。

1）项目总体打包：EOD 模式支持项目总体进行打包开发，不论是已建、在建还是未建项目；不论是公益、准公益性还是经营性项目，又或者一、二、三产项目，都可以进行总体打包，拼盘开发。

2）多元资金拼盘：资金可以来自于多种类型的资金，但是不得含有政府资金投入，包括中央财政资金、地方财政资金等，确保项目为企业投资项目等，均可用于 EOD 项目开发，其不足部分还可通过政策性银行贷款来解决。自严管政府隐性债之后，银行在片区开发融资始终保持谨慎态度，但对 EOD 项目，银行配合度较高，截至 2021 年底，国家开发银行对首批试点项目累计授信额度约 520 亿元，农发行也开始介入 EOD 模式融资服务。

3）项目融资优势：相较于其他的项目贷款，EOD 模式融资优势非常显著。一是贷款利率低，可享受政策性银行贷款和行业贴息；二是贷款周期可长达 30 年；三是融资金额大，可高达几十亿元。

4）落地高效快速：EOD 模式试点项目前期申报时间短，落地快，从项目包装到入库审批，再到融资落地，平均周期约 6 个月。2021 年，生态环境部批复了第一批 36 个试点项目，2022 年又批复了 58 个试点项目。接下来，EOD 模式试点项目将进入常态化申报阶段。安徽、山东等省还设立了省级试点项目库，以加快推进 EOD 项目建设，扩大项目范围。

5）助力片区开发：由传统的"平台融资 + 土地财政"模式转向"EOD+片区开发"模式，筹划得当可形成内循环，规避政府信用背书和还款承诺。

4. EOD 模式的实施路径

EOD 模式的实施路径可以概括为五个方面：

1）明确生态治理的目标

EOD 模式为了解决当前生态环境问题，需要开展科学全面的项目前期谋划。结合具体的区域特征和治理需求，对实施紧迫性强、生态环境效益高、对关联产业有较强价值溢出的项目进行有针对性的项目谋划和顶层设计，确定合理的项目实施边界和目标要求，明确项目的建设内容、技术路线、投资估算等。其中，生态环境治理项目主要涉及区域流域综合整治、废弃矿山修复等生态修复与保护等公益性较强、收益性较差的治理项目。

2）识别关联产业

在充分考虑生态环境治理项目的外部经济性和环境质量改善后提升价值的外溢流向的基础上，明确与生态治理项目相关联的产业开发项目。产业开发项目应充分结合当地的实际情况，通过利用土地发展生态农业、文化旅游、康养、乡村振兴、特色地产、"光伏 +"和生物质能利用等关联产业项目，结合项目的收益水平等综合测算，确定产业开发项目的边界范围和建设内容。

3）分析一体化实施的可行性

在确定了生态环境治理项目和产业开发项目后，要对两者一体化实施的可行性进行分析。从项目的区域特征、实施主体、技术路线、投资估算、相关政策、实施期限等方面，综合分析其可行性，整体测算项目的成本和收益，在保障社会资本投资收益的前提下，确保实现项目的成本收益平衡。在两个项目均可行的前提下，进行 EOD 项目的统筹设计。

4）建立项目内部反哺机制

将生态环境治理项目和关联产业开发项目一体化实施后，在收益上既要考虑产业开发项目自身的盈利能力，也要考虑到生态环境治理成效带来的外部经济效益；在成本上既要考虑产业开发所需的成本，也要考虑生态环境治理的成本。在保证合理利润的基础上，实现成本收益平衡。

5）推进项目实施

生态环境治理和关联产业类型多样，不同的融合发展路径与操作方式存在较大的差异。应因地制宜，选择最适合当地区域实际的 EOD 项目。将选择好的 EOD 项目依据实际需求选择分别立项整体实施或整体立项。最后，要加强对项目的监管，确保整个 EOD 项目的规范实施。

5. EOD 模式的红线

EOD 模式自实施以来，取得了可喜的成绩，但也暴露出了一些问题：忽视地方经济发展水平和项目承载能力，盲目追求大而全，项目落地性差；以土地出让收入或新增税收返还作为还款来源，加大地方政府隐性债务风险等。因此，新政给 EOD 划了一系列红线，具体如下：

EOD 项目实施不得以任何形式增加地方政府隐性债务。

生态环境治理要满足公益性要求：企业责任范围内的矿山治理、土壤与地下水污染风险管控与修复、"三同时"环保设施等非公益性生态环境治理内容不纳入。

生态环境治理要满足精准性要求：仅以调水、水资源利用为目的的水系连通，或仅为河道清淤、防洪堤坝、边坡维护、滑坡治理、景观绿化等，而无实质性生态环境治理内容的不纳入。

生态环境治理要满足可行性要求：不符合宜林则林、宜灌则灌、宜草则草、宜湿则湿、宜荒则荒、宜沙则沙原则，违反自然规律、大量使用非乡土植物或引入外来入侵物种、错位修复、过度修复的不纳入。

生态环境治理要满足确定性要求：片区综合开发、污染场地修复＋原位开发项目等实施规模大、周期长、不确定因素多、政策风险大的暂不纳入。

城镇生活污水、垃圾处理设施等不纳入；生态环境监测监管等能力建设、楼堂馆所，以及调查评估等工作任务不纳入。

关联产业及其建设内容不包括以下情形：不符合国家和地方市场准入要求及应对气候变化等相关政策要求的产业；"两高一低"项目；环境影响和风险较大的项目及产业园区建设。

项目各部分内容类型不宜过杂、布局不宜分散，避免无关或关联性不强的内容被纳入项目范围。

仅涉及项目建设，不包含生态环境治理运营维护和关联产业生产经营的项目不适宜采用 EOD 模式。

确保项目不依靠政府资金投入即可实现项目资金自平衡。

推送金融机构的实施方案作为项目实施依据，原则上不得调整。

项目入库后内容原则上不得调整，重大变更需按照新项目重新入库。

对不符合金融资金支持条件的项目予以淘汰。

项目实施主体不得仅为工程建设单位、财务投资人等。

合同中不得以任何形式约定政府支出责任和融资担保等涉及政府隐性债务的事项。

3.1.6　城市更新 TOT+BOT 模式

从严格意义上说，城市更新 TOT+BOT 模式属于 PPP 模式中的类型，但因其在城市更新存量资产项目中所起到的独特作用，将其单独作为一种模式进行阐述。

TOT+BOT 模式是存量资产和增量资产充分搭配、有效盘活存量资产的商业模式，TOT 模式指政府部门将存量资产所有权有偿转让给社会资本或项目公司，并由其负责运营、维护和提供用户服务，合同期满后资产及所有权等移交给政府的项目运作方式。发改投资〔2017〕1266 号指出：对拟采用政企合作模式的存量基础设施项目，将项目的资产所有权、经营权、处分权等合理安排，可通过 TOT、ROT、TOO、委托运营、股权合作等模式实现存量资产的价值放大。基础设施的"三权分离"对城市更新盘活存量资产提供了有益路径。

1. TOT+BOT 模式有以下特点：

1）有效盘活存量资产：TOT+BOT 由于把存量资产的三权分离，能有效规避国有资产产权转让的繁琐，并保证了国有资产的保值增值，通过使用权价值放大，能最大限度盘活相关城市更新资产、最大限度发挥其社会和经济效益。

2）增加社会投资总量：以基础设施行业发展带动相关产业的联动发展，引导社会资金投向。

3）提升资源配置效率：通过商业模式的创新，引入市场竞争机制，改善项目管理、提高资源使用效率。

4）促进政府职能转变：引入社会其他经营主体，政府真正履行"裁判员"职责。

TOT 模式的交易结构如图 3-9 所示。

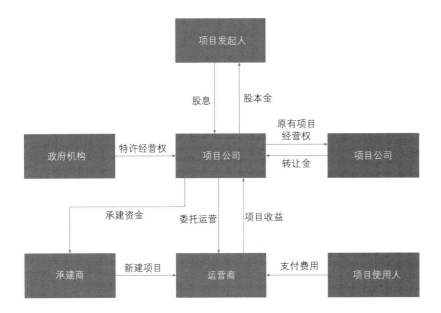

图 3-9 TOT 模式的交易结构

2. TOT+BOT 模式运作流程实施要点

TOT+BOT 模式的核心点在于围绕存量资产盘活展开相应工作，牵涉特许经营权，工作推进建议分为前期准备、方案批复、采购签约和项目执行四个阶段进行：

1）前期准备。政府书面明确项目采取特许经营模式实施，并授权相应机构作为实施机构，由项目实施机构负责组织编制实施方案、特许经营投资人采购、特许经营协议签约及履约监管。为加强专业性，由项目实施机构委托咨询机构负责特许经营实施方案、特许经营协议等工作的咨询服务。

2）方案批复。咨询机构根据项目情况编制特许经营实施方案，由实施机构会同发改、财政、规划、生态环境、国土等部门及专家对实施方案进行审查。经审查认为实施方案可行的，各部门应当根据职责分别出具书面审查意见。实施机构综合各部门及专家的书面审查意见完善实施方案，报政府审定特许经营项目实施方案。

3）采购签约。项目实施机构委托采购代理机构根据批复的特许经营实施方案开展特许经营投资人的采购，按政府采购程序完成招标投标工作，实施机构与中标人签订特许经营协议。

4）项目执行。中标人获得特许经营权后，按程序开展报批报建和开工与运营事宜，实施机构根据特许经营协议约定对中标人服务进行评价与考核，期满中标人将项目资产移交政府方或政府方指定的单位。

TOT+BOT 模式实施要点见表 3-2。

TOT+BOT 模式实施要点　　　　　　　　　　　　　　　表 3-2

序号	阶段	工作事项	具体步骤
1	前期准备	授权请示	实施机构向市政府请示书面明确： 1. 同意采取特许经营模式实施项目； 2. 授权 ×× 作为实施机构（暂定为 ×× 局开展），明确项目实施机构及签约事宜
2		授权批复	市政府批复请示事项，书面授权正式下达
3		确定采购代理	确定采购代理，负责第三方咨询机构、特许经营权竞争性谈判
4		咨询采购机构	按程序确定咨询机构，签订咨询合同
5		确定项目需求	实施机构确定项目实际需求报给咨询机构
6	方案批复	实施方案编制	咨询机构编制特许经营实施方案，出具初稿
7		实施方案讨论	就特许经营方案与相关部门、意向合作方讨论
8		实施方案评审	邀请专家对方案进行评审，评审通过，相关部门出具审查意见
9		实施方案报批	实施机构向市政府报批实施方案，市政府下达批复
10	采购签约	采购事宜备案	实施机构就采购事项向财政部门备案
11		谈判文件编制	代理机构编制谈判文件（其中特许经营协议由咨询机构编制）
12		组建谈判小组，确定邀请单位	由代理机构配合 ×× 局组建谈判小组，根据谈判文件要求邀请不少于三家供应商进行谈判
13		发布竞争性谈判招标公告	代理机构发布竞争性谈判招标公告
14		竞争性谈判	在竞争性谈判招标公告指定地点谈判
15		竞争性谈判结果公示	按程序发布竞争性谈判结果公示，发出中标通知书
16		签订协议	×× 局与中标人签订特许经营协议
17	项目执行	报批报建	中标人作为项目法人完成报批报建
18		融资交割	特许经营者与金融机构达成一致，获得融资授信
19		开工建设	中标人作为项目法人依法选择勘察、设计、施工、监理等单位完成相关工作，完成项目整体建设工作
20		投入运营	项目具备运营条件后投入运营，进入银行还款期
21		期满移交	合作期满，中标人将项目移交给 ×× 局或市政府指定的其他机构

3. TOT+BOT 落地注意事项

TOT+BOT 项目与城市更新有着良好的结合点，由于牵涉存量资产盘活，且不属于新建项目，因此在审批流程和项目资本金的规定上有一定的灵活性，但在对社会资本的选择、资产所有权转让、资产评估合理性、国有资产的经营权转让等方面需要认真对待，确保项目合法合规落地。

1）社会资本的选择

建议对社会资本方要恰当遴选，要求社会资本方具备一定的"资金实力 + 运营实力"，尽可能地确保有一定行业经验的投资人参与其中，以增强其风险意识和承担风险的能力，督促社会资本方在项目初期认真审查项目，在后期项目运营中积极负责地进行管理和运营维护。

2）资产所有权转让

产权交易流程。在 TOT 项目采购的过程中，需同步在产权机构进行交易，且需同时满足两者在时间上的要求，两个公开信息应互相提示另一方采购的报名。产权交易在转让行为获批后 10 个工作日内，产权市场需进行公开披露，时间不少于 20 个工作日。

土地使用权。依据《民法典》，建筑物、构筑物及其附属设施转让、互换、出资或者赠与的，该建筑物、构筑物及其附属设施占用范围内的建设用地使用权一并处分。因此存量资产所有权转让与其土地使用权转让具有一致性。

资产所有权转让会带来额外的应税行为，且不动产登记手续会增加交易成本，这都需要考虑到项目成本之中。

3）资产评估的合理性

对于存量项目而言，项目投资的规模主要由存量资产评估的价格来确定。资产评估价格的高低在一定程度上会影响项目的实施落地，若评估不合理导致转让价格过高，会造成投资回报无法保证而降低社会资本的积极性；若评估价格过低，则可能被认定为国有资产流失而导致项目无法成功落地。

资产评估的对象：依据中国资产评估协会发布的《PPP 项目资产评估及相关咨询业务操作指引》（中评协〔2016〕38 号），"涉及资产或权利转移的

PPP 存量项目评估对象分为项目设施经营权资产组、项目设施所有权资产组和项目公司的股权"。可见，TOT 涉及的资产转让分为三种方式，即项目设施经营权转让、项目设施所有权转让及项目公司的股权转让。三种方式对应的国有资产交易方式存在差异，因此要结合资产评估对象及其对应的边界范围慎重对待并选择。

评估方法选择：依照《资产评估基本准则》等相关法规的规定，评估方法一般有市场法、成本法、收益法等。市场法是利用市场上类似资产的近期交易价格，经过直接比较或类比分析来评估资产价值的评估方法。市场法需要充分利用类似资产成交价格信息作为基础，判断和估测被评估资产的价值，是最直接的评估方式。使用市场法需要有一个充分活跃的资产市场，且有指标相近的可类比参照材料。成本法是首先估测被评估资产的重置成本，然后估测被评估资产业已存在的各种贬损因素，并将其从重置成本中予以扣除的方法。评估思路为重建或重置，若评估的价值大于重建的成本，那此项目存量资产盘活就无太大价值。收益法则是通过估测被评估资产未来预期收益的现值来判断资产价值的方法。收益决定了资产的价值，收益越好，资产价值越高，采用资本化和折现的途径及方法来评估。此方法涉及三个基本要素：被评估资产的预期收益、折现率、被评估资产取得预期收益的持续时间，把握好三个基本要素是运用收益法的前提。使用收益法时，资产的未来预期收益、风险均可以用货币衡量，且项目年限作为基本的项目边界条件。

对于 TOT 项目来说，无论具体为何种类型的项目，均属于使用者付费，未来预期收入均可用货币对等，可以进行评估。在项目经营权转让的时候，多选择收益法评估。

4）国有资产的经营权转让

经营权转让不经过交易机构（以下简称"进场交易"）也存在一定的合规性风险，《企业国有资产交易监督管理办法》（国务院国资委、财政部令第32 号）规定的国有资产不进场交易的例外情形较少。按照《国有资产产权界定和产权纠纷处理暂行办法》（国资法规发〔1993〕68 号）规定，"产权系指财产所有权以及与财产所有权有关的经营权、使用权等财产权，不包括债权"。因此，产权包括经营权等财产性权利，经营权转让应遵从 32 号令的相关审批程序。

但在实际操作中，考虑到资产所有权转让程序复杂，在项目条件允许的情况下，大多数项目采用经营权转让方式，且不进场交易。同时，因为社会资本方是公开采购的，且仅转让经营权，在项目合作期结束后，依旧将项目资产及经营权全部交还政府方，运作模式类似于委托运营或特许经营，目前并没有进场交易。

3.1.7　几种常规模式的对比分析

《关于规范实施政府和社会资本合作新机制的指导意见》（国办函〔2023〕115号）正式发布，标志着狭义 PPP 模式的管制趋紧，但是政府和社会资本合作的模式不会终结。PPP 新机制下，主要聚焦使用者付费和特许经营类项目，显然，PPP 新机制并非基础设施投资项目的唯一政企合作模式，与之对应的包括但不限于 ABO 模式、EOD 模式等。各种模式的应用要结合各地资源要素及实际情况，具体分析。

1. PPP 模式与 ABO 模式对比分析

模式程序不同：ABO 模式下，在确定社会资本方时，可能是通过公开招标等政府采购程序，也可能是由本级政府直接以授权方式确定社会资本方而不进行任何采购程序，可见采用 ABO 模式确定合作方的已知案例中并非都经由竞争性采购程序。PPP 模式下，由项目实施机构通过公开招标等法定采购程序确定社会资本方，采购程序系法定要求，也是该模式的必备要素。同时，PPP 模式需要经过必要的识别论证程序，通过"两评一案"，方可确定以 PPP 模式实施并依规启动采购程序。因此，相较于 PPP 模式而言，ABO 模式缺乏前期必要的识别论证程序和必要的采购程序。

合作期限的基本要求不同：基于 PPP 模式长期合作、风险分担原则，PPP 项目最短合作年限不得低于 10 年（含建设期），如合作期限低于该限制性要求，则存在项目合规性风险。而 ABO 模式并无明确的合作年限限制，根据政府方的具体授权内容和授权期限等因素确定合作期限。

项目回报机制不同：ABO 模式下，由政府方根据项目的投资及运营维护成本，在运营维护期每年按时支付一定的服务费用，并无明确的按效付费要求，以及政府列支费用纳入预算和中期财政规划的强制性要求。而 PPP 模式需要根据项目类型、是否有稳定使用者付费基础等因素，确定采用使用者付费的回报机制，同时，政府方付费责任须与项目绩效考核直接挂钩，并且政府支出责任必须依法纳入预算管理。

2. ABO 模式与委托代建模式对比分析

项目合作内容不同：相较于 ABO 模式，委托代建是项目法人通过招标等方式选择满足相应要求的项目管理单位为代建单位，由代建单位承担项目建设管理及相关工作（如根据代建合同约定，组织编制招标文件，完成勘察设计、施工、监理、材料设备供应等招标工作，协助完成征地拆迁工作，拟定项目进度计划、资金使用计划、工程质量和安全保障措施等），与 ABO 项目的合作内容具有明显差异。

项目资金来源不同：ABO 模式下，由政府方授权确定的社会资本方直接或另行选定合作方负责筹集项目建设所需资金，或者由政府方直接拨付部分资金用于项目建设。委托代建模式下，选定的代建单位并不负责筹措项目建设所需资金，而是由项目法人自行筹集项目建设资金，由其按照约定支付工程建设的各项费用。

项目业主不同：ABO 模式下，由政府方通过采购程序或直接签署协议等方式授权确定项目业主单位（即社会资本方），履行授权范围内的项目业主职责。委托代建模式下，由项目法人（或项目业主）通过招标等方式选定委托代建单位，该代建单位是专业化的项目管理单位，并不发生项目业主的变更。

3. PPP 与 EOD 模式对比分析

新机制下的 PPP 模式与 EOD 模式有较大共同点，如 PPP 新机制聚焦特许经营和使用者付费，EOD 模式聚焦企业投资和市场化经营，都是由政府负责项目识别、实施方案编制以及可行性论证，与合规的片区开发如一二三四级联动等模式由企业主导策划和论证存在较大区别。

但两个模式也存在很多不同点，主要如下：

二者的资金来源存在较大区别，PPP 新机制可由政府通过资本金注入或运营补贴等方式给予一定的补助，而 EOD 模式只能通过社会资本自行投资解决，无论是建设期还是运营期都不允许财政资金的运用。

PPP 新机制应是项目本身具备一定的经营属性，比如污水处理厂本身可以产生收费收入等，而 EOD 往往是生态治理项目本身没有收入或收入极少，主要收入来源为关联产业的增值收益，即生态环境治理要么是能够自平衡的特许经营项目，要么是无法自平衡需要通过关联产业打包实施的项目组合包。

站在资产权属角度，PPP 新机制中，土地一般为划拨方式获取的公益性土地，会有少量招拍挂用地，比如高速公路的服务区、加油站等，后者的生态治理部分土地符合公益属性，关联产业部分土地获取可能包括招拍挂、流转、租赁等多种形式，即 EOD 模式土地获取方式突破了 PPP 服务于公共服务和基础设施领域的本质，更贴近于产业投资开发项目。

新机制下的 PPP 征求意见稿中，明确了投资范围：交通运输、市政工程、生态保护、环境治理、水利、能源、体育、旅游等基础设施和公用事业领域，但 EOD 新规中提出的关联产业大部分属于产业投资，不在特许经营范畴，因此 EOD 模式不适用特许经营。在特许经营相关政策中，明确市场化程度高的商业项目和产业项目，以及没有经营收入的公益项目，不得采用特许经营模式；不得将以上类型项目相互"打捆"，或者与适合采用特许经营模式的项目"打捆"开展政府和社会资本合作，即 EOD 的肥瘦搭配和以丰补歉的逻辑在特许经营领域是被禁止的。但是也有例外情况，如厂网一体化的污水管网、供热管网、供水管网等项目，综合交通运输多式联运的公水联运、公铁联运等项目，以及通过产业链延伸等方式将公益性较强的行业与收益较好的关联产业有效融合、一体化实施的项目，可以综合平衡项目收益，开展政府和社会资本合作，即产业链延伸或者功能无法分割的"打捆"项目是可以通过特许经营模式实施的。

3.2 政府主导的城市更新模式

政府对城市更新的"投、融、拆、建、管、营"全流程参与，包括前期顶层设计、拆迁安置补偿、土地出让、开发及城市运营等关键节点宏观把控，委托给所属城投公司具体实施的模式，且城市更新中往往包含大量的公益性及半公益性设施。投融资主要依赖于地方财政及城市更新专项债。

政府主导的城市更新融资模式如图 3-10 所示。

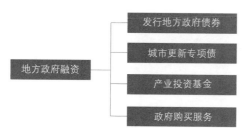

以政府部门为实施主体，以财政资金、城市更新专项债、产业投资基金以及政府购买服务为融资模式的城市更新模式，优势是政府可以统筹把控，自主性强，劣势是资金总量有限，更新强度一般，且没有发挥资本、产业端的优势，难以实现风险的合理分配。

图 3-10　政府主导的城市更新融资模式

此外，城市更新的中央预算内资金也是城市更新的重要资金来源，2024年中央预算内投资主要支持粮食安全、能源安全、产业链供应链安全、城市基础设施及保障性安居工程基础设施、生态环境保护、交通物流、重大基础设施、社会事业及其他重点领域八个方面。根据《政府投资条例》，中央预算内投资资金的安排方式包括直接投资、资本金注入、投资补助、贷款贴息等。对支持地方项目的中央预算内投资资金，国家发展改革委应当根据投资专项的具体情况，对地方可以采取的资金安排方式提出要求。同一投资专项采取两种及以上资金安排方式的，应当明确每一种资金安排方式的适用范围和安排条件。

1. 项目申报

项目单位根据申报通知要求，准备符合申报条件的项目，同时从线上（国家重大建设项目库）和线下（项目单行材料）两条线进行申报，由发改部门会同行业主管部门对照专项管理办法和申报通知要求逐级审核、逐级上报。

线上：将拟申报中央预算内投资项目基本信息由项目申报单位经互联网端口录入国家重大建设项目库，并推送至属地发改部门，由属地发改部门会同行业主管部门进行筛选审核，并将最终通过审核的项目纳入国家三年滚动计划库，逐级推送。

线下：项目业主单位准备项目申报材料，包括资金申请报告、项目审批（核准、备案）文件、真实性说明、资金承诺函等单行材料，同步报送至属地发改部门。

中央预算内资金等扶持资金申报流程如图 3-11 所示。

2. 资金申请

资金申请应包括以下主要内容：项目单位的基本情况；项目的基本情况，

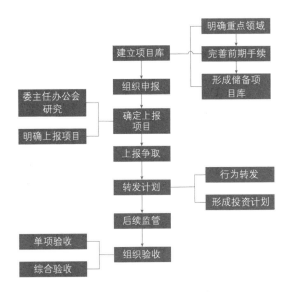

图 3-11   中央预算内资金等扶持资金申报流程
注：流程图来源于国家发展改革委网站

包括在线平台生成的项目代码、建设内容、总投资及资金来源、建设条件落实情况等；项目列入三年滚动投资计划，并通过在线平台完成审批（核准、备案）情况；申请投资补助或者贴息资金的主要理由和政策依据；工作方案或管理办法要求提供的其他内容。项目单位应对所提交的资金申请报告内容的真实性负责。

3. 资金拨付

中央预算内投资计划下达后，由财政部逐级下发资金额度，根据项目申报的主体层级不同，由相应层级的财政部门以实拨资金或国库集中支付方式拨付至项目实施主体或施工单位。中央预算内直接投资项目，主要以国库集中支付方式，由相应层级国库根据拨付指令将资金直接拨付至施工单位；中央预算内投资补助和贷款贴息项目，主要以实拨资金方式，由相应层级国库拨付至项目实施主体；中央预算内投资资本金注入项目，资金拨付主要为实拨资金，由相应层级国库拨付至项目实施主体账户中。

4. 资金管理

资金管理方面，2021 年 8 月 1 日起，正式施行《中央预算内投资资本金注入项目管理办法》（以下简称《办法》）。至此，直接投资、资本金注入、投资补助、贷款贴息这四种法定中央预算内投资资本金安排方式均有了相应的项目管理办法。国家发展改革委相关负责人指出，《办法》弥补了中央预算内投资资本金注入项目管理的制度空白，与此前出台的《中央预算内直接投资项目管理办法》《中央预算内投资补助和贴息项目管理办法》一起，构建了以

《政府投资条例》为龙头、以部门规章为配套、以相关规范性文件为支撑的政府投资管理制度体系。

3.3　市场主导的城市更新模式

对于商业价值较高、规划清晰、开发运营属性强的项目，政府制定相应引导性政策，包括总的纲领性政策以及配套政策、市场平等合理获取利益机制等，将部分权力和收益让渡给市场，实现项目的自平衡，从而推动项目建设。市场主导的城市更新融资模式如图 3-12 所示。

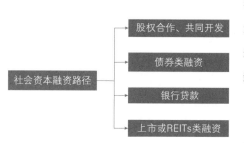

图 3-12　市场主导的城市更新融资模式

股权合作主要体现在和外部社会资本合作共同开发，和产业端、运营端资源联动，实现城市更新的风险共担，利益共享；债券类融资主要分为企业债、公司债、非金融企业债务融资工具、短期融资券等；银行贷款分为商业银行贷款或政策性银行贷款，主要包括自营贷款、委托贷款、跨境贷款等；在项目运营后，通过上市，或对经营性资产采用 REITs 模式实现融资等。

3.4　自主更新模式

自主更新，是由老旧小区居民自主筹集资金，政府、策划机构、设计方、建设方、供应商共同参与改造的老旧小区改造模式。浙江省住房和城乡建设厅、省发展改革委、省自然资源厅等部门发布《关于稳步推进城镇化老旧小区自主更新试点工作的指导意见（试行）》（以下简称《指导意见》），这也是全国首个出台的推进老旧小区自主更新的指导意见，各省市也纷纷跟进，并有实践案例陆续落地，为城市更新的顺利推进提供了新路径。

3.4.1　《指导意见》摘录

为深入贯彻落实党的二十大关于实施城市更新行动决策部署，按照《浙江省人民政府办公厅关于全面推进城镇老旧小区改造工作的实施意见》（浙政办发〔2020〕62 号）等文件规定，积极探索以业主自主更新方式推进拆改结合型的城镇老旧小区改造，经省政府同意，现就开展城镇老旧小区改造自主更新试点工作提出如下指导意见。

1. 工作原则

坚持"政府引导、业主主体，因地制宜、分类指导，保障安全、优化流程，自愿申报、试点先行"原则，既要依照《中华人民共和国民法典》有关规定充分发挥业主主体作用，又要充分发挥政府协调服务职能。通过推进城镇老旧小区改造自主更新试点工作，引导群众从"要我改"到"我要改"，营造业主主动参与、社会各界广泛支持的浓厚氛围，探索建立科学、简便、有效的管理流程与服务机制。

2. 组织实施

城镇老旧小区改造自主更新试点的对象为《浙江省人民政府办公厅关于全面推进城镇老旧小区改造工作的实施意见》（浙政办发〔2020〕62号）中明确的拆改结合型住宅小区，且未列入房屋征收计划。在综合考虑各地群众意愿、工作基础等因素的基础上，确定一批城镇老旧小区改造自主更新试点项目，由县（市、区）政府申报，经设区市政府审核把关，省建设厅组织复核后，经省政府同意并公布试点名单。试点所在地县（市、区）政府应制定城镇老旧小区改造自主更新试点相关政策和条件，也可由设区市政府统筹制定相关政策和条件，鼓励各地结合地方实际开展多种形式和不同规模的自主更新项目。

城镇老旧小区改造自主更新的组织实施可按以下程序和要求推进：

（1）提出项目申请。业主自主更新意愿集中的住宅小区，可以根据《中华人民共和国民法典》有关规定，成立业主自主更新委员会或授权业主委员会作为住宅小区自主更新工作的组织实施主体（以下简称自主更新实施主体）。自主更新实施主体应就自主更新内容及方式广泛征求业主意见，持有关书面材料向所在街道（乡镇）提交申请。经县（市、区）政府审核通过后，纳入当地城镇老旧小区改造自主更新计划。

（2）制定更新方案。纳入城镇老旧小区改造自主更新计划后，自主更新实施主体委托具有相应资质的单位编制更新方案，更新方案应当包含组织方案（明确项目建设代理方案和代理人）、资金筹措、产权处置、项目设计等内容，并符合政府规定的自主更新试点相关政策和条件。更新方案应当充分征求业主意见后，按照《中华人民共和国民法典》有关规定，由业主共同作出决定。

（3）组织审查审批。自主更新实施主体应持更新方案、业主决议等相关材料向县（市、区）政府提交审查申请。县（市、区）政府按照因地制宜、"一事一议"的原则，明确试点项目审查审批流程。县（市、区）政府可授权建设主管部门牵头组织发展改革、财政、自然资源、园林绿化、公安交警等有关部门和属地街道（乡镇）进行联合审查，并出具联合审查意见。各相关部门需要办理许可审批的，可根据联合审查意见使用浙江省投资在线审批监管平台 3.0 受理、办理相关许可审批手续。各地应积极探索，结合自主更新要求优化流程，简化审批路径。

（4）开展施工建设。项目建设代理人持联合审查意见和图审合格的施工图纸（通过共享施工图联审系统图纸）等材料向县（市、区）建设主管部门提出施工许可申请。由县（市、区）建设主管部门核发建筑工程施工许可证，并纳入工程质量安全监督程序。

（5）组织联合验收。施工建设完成后，项目建设代理人按相关规定组织勘察、设计、施工、监理、建设单位等五方主体验收。县（市、区）政府可授权建设部门组织发展改革、财政、自然资源、园林绿化、人防、公安交警等相关部门和属地街道（乡镇）开展联合验收。自主更新实施主体应加强施工过程监督并参与联合验收。联合验收通过并完成竣工验收备案后，业主可向不动产登记部门办理不动产登记。

3. 政策保障

（1）明确政策。城镇老旧小区改造自主更新项目因改善居住条件需要，根据所在地政府规定的自主更新政策与条件，可适当增加居住建筑面积、增配公共服务设施，涉及相应详细规划调整的应依法调整。居民住宅建设资金原则上由产权人按照原建筑面积比例承担。按各地自主更新政策增加的住宅面积（不包括原有住宅按套扩面面积）、服务设施面积，可通过移交政府作为保障性住房、公共服务设施等方式用于冲抵建设成本。因开展住宅小区自主更新，业主及其配偶可以申请使用其名下的住房公积金。城镇老旧小区改造自主更新项目可免收（征）城市基础设施配套费、不动产登记费等行政事业性收费和政府性基金，涉及的经营服务性收费一律减半收费，涉及的水电、燃气等管线铺设、表箱拆装移位等工程按成本价一次性收费。

（2）完善标准。在保障公共安全的前提下，尊重历史、因地制宜，在更新改造中对建筑间距、建筑退距、建筑面宽、建筑密度、日照标准、绿地率、机动车停车位等无法达到现行标准和规范的情形，可通过技术措施以不低于现状条件为底线进行更新，并鼓励对现行规划技术规范进行适应性优化完善。

（3）优化服务。发改、财政、自然资源、生态环境、建设、园林绿化、综合执法、人防、公安交警等相关部门应根据职能分工，加强城镇老旧小区改造自主更新工作指导和服务。街道（乡镇）和社区组织切实做好居民的政策宣传和协调工作，积极推动规划师、建筑师进社区，辅导居民有效参与自主更新。

（4）健全管理。改造项目涉及文物保护单位、历史建筑等历史文化遗产的，应严格落实相关保护修缮要求。结合完整社区、未来社区建设要求，提升社区公共服务能力和治理水平。自主更新项目完成后应实行专业化物业管理，建立健全城镇老旧小区住宅专项维修资金归集、使用、续筹机制，促进小区改造后维护更新进入良性轨道。

（5）保障安全。加快消除住房和小区安全隐患，全面提升老旧小区居住环境、设施条件和服务功能。同时建立健全老旧小区自主更新项目应急处置机制，确保老旧小区改造工作稳定有序安全推进。

3.4.2 自主更新注意事项

自主更新试点要求：

《浙江省人民政府办公厅关于全面推进城镇老旧小区改造工作的实施意见》中明确的拆改结合型住宅小区，且未列入房屋征收计划。城镇老旧小区是指城市、县城和建制镇建成年代较早、失养失修失管、市政配套设施不完善、社区服务设施不健全的住宅小区（含单栋住宅楼），不包括以自建住房为主的区域和城中村。

其中的拆改结合型住宅小区，主要包括以下几种：房屋质量总体较差，且部分依法被鉴定为C级、D级危险房屋的；以无独立厨房、卫生间等的非成套住宅（含筒子楼）为主的；存在地质灾害等其他安全隐患的。

3.4.3　城市自主更新案例

广州市首例多业主自主筹资更新、政府给予激励的拆危建新试点项目，集群街 2 号楼的拆除重建，从群众一起共商会议，到筹集资金进入共管账户，拆除重建工程正式开工，在全国城市自主更新领域实现了有益探索。

1. 广州集群街建筑物及片区现状

广州集群街 2 号楼建于 20 世纪 70 年代，为五层混合结构，楼龄较高，房屋本体损坏严重，此前已鉴定为 D 级危房。集群街 2 号楼占地面积 342.4 平方米，建筑面积 1726.64 平方米，建筑首层有 16 间商铺同属 1 户业主，二至五层有 24 户住宅，9 户属私人产权，15 户是区属国有企业资产。

现存集群街 2 号楼楼龄已达 50 年，按照我国现行有关规范规定，住宅类建筑的使用寿命多为 50 年，已到建筑物使用寿命上限。该建筑物楼道狭窄，部分墙面剥落且泛黄，地面因老旧破损而变得坑坑洼洼，部分墙面出现裂缝，房屋防水性能老化。

2. 广州市城市更新政策

2019 年至今，广州市出台以高质量更新为导向的政策约 25 个，重点解决城乡结构优化、配套短板补齐、人居环境提升等问题，保障高质量发展。广州市城中村体量大，环境、交通、公共服务、消防安全等方面的矛盾和问题较为突出，立法具有必要性和紧迫性。其中《广州市城中村改造条例》（以下简称《条例》）于 2024 年 5 月 1 日起施行。《条例》是全国首部城市更新专项地方性法规，立法的过程是一个寻求各方利益平衡的"最大公约数"的过程。城市更新作为一项重要工程，其推进关乎民生福祉。《条例》共三十九条，针对城中村改造中的一些热点问题进行了明确规定，例如集体土地怎么收、征收补偿标准怎么定、征地补偿安置方案、保障性住房建设、村民的社会保障等。

《条例》针对"集体土地怎么收""集体土地上房子怎么拆"作出具体规定。其中，《条例》要求完善集体土地征收程序，规定征地补偿安置方案应当包括征收范围、土地现状、征收目的等内容，明确利害关系人相关合法权益。同时，依法拟定的方案应当依照有关规定进行公告，听取利害关系人相关意见。《条例》要求明确征收补偿标准制定程序，相关补偿标准由区人民政府拟定并按规定报请批准后公布实施。《条例》要求明确收回集体土地使用权适用条件和处理程序，规定城中村改造项目需要收回集体土地使用权，符合法定情形的，农村集体经济组织可以依法收回集体土地使用权。

《条例》针对如何制定和实施合理、可行的征收补偿标准问题作了规范。其中明确，征收集体土地的土地补偿费和安置补助费补偿标准，以及征收土地涉及的村民住宅、其他地上附着物、青苗的补偿标准由区人民政府拟定并按规定报请批准后公布实施。征收补偿一律按照经依法依规批准公布的标准公开执行，任何单位和个人不得以任何方式提高、降低或者另行补偿。城中村改造村民住宅补偿安置采取复建安置、产权调换、货币补偿等方式。征收集体土地涉及非村民房屋的，应当充分听取意见并对其合法权益予以合理补偿；针对不同意见，应当认真研究论证并以适当方式及时反馈处理意见。具体补偿方式和标准由区人民政府拟定并报市人民政府批准同意。

其他相应城市更新配套政策的完善，本着"谁受益、谁出资"的原则，产权人自己的房子自己建，按照"原拆原建、增加公服"的规划思路为集群街2号楼拆除改造提供了政策支持。

3. 广州集群街建筑物更新路径

1）资金筹集

广州花都区以财政"小资金"撬动社会"大民生"。一方面，对于前期已确定由区属国企作为改造工程实施主体的项目，经花都区政府同意，补贴前期设计等相关费用；另一方面，为了激发居民改造的动力，解决筹资难的问题，花都区对低保家庭、低收入困难家庭、特困人员、特困职工家庭、军人抚恤优待对象予以补助。同时为了快速推动业主达成共识，花都区先后组织居民大会9次，入户走访48次，从讲解政策，到纾困解难，帮助解决了个别业主对"自掏腰包、自拆自建"的后顾之忧，包括期间的租房安置和其他问题。最终全体业主共同委托了广州市花都西城经济开发有限公司作为项目改造主体，拆建投资估算785万元。

2）设计规划

集群街2号楼的设计规划中，将以不增加原有居民户数为前提，完善公共服务设施，优化内部结构，确保每户独立成套、户型方正、日照充足，提升隐私保护和实用性，厨房、卫生间面积分别达到4平方米和3平方米。

　　考虑到很多居民都上了年纪，新楼还增设了电梯，满足无障碍和适老化改造需求。此外，新楼还重新设计供水设施，解决水压不足的难题；铺设燃气管道，实施"瓶改管"；针对残障住户，开展无障碍户型细微设计。

　　除了硬件"升级"，广州花都区还在全市首创以财政激励的方式动员居民自主引入专业物业或准物业管理，解决老旧小区无物业管理以及后续长效管养难的问题。

第 4 章

城市更新基金

金融机构在城市更新中的作用越来越重要，相较于其他融资工具，城市更新基金有其显著的优势。城市更新基金一般是私募基金，投资者门槛相对较低，同时是权益性融资工具，不会增加融资主体的资产负债率。很多城市更新项目的实施主体为房地产开发企业或者是当地的平台公司，此类公司对资产负债率的管控较为严格，尤其是房地产开发企业受到三道红线的政策管控，在不大量举债的情况下又要实现项目的有序开展，通过城市更新基金可以较好地寻找到更专业化的合作伙伴，而且能有效整合各类资源，并能解决部分城市更新资本金问题；再者，城市有机更新项目启动前期，由于不确定性较大，融资较为困难，受国家政策和监管规定的影响，银行、保险、信托等金融机构对于房地产企业或地产项目进行融资存在诸多限制（例如"432"的限制），而城市更新基金监管限制小，资金可用于征拆、拿地等，与城市更新的匹配度高；城市更新基金还具有便于管理的特性，投资者通过协议约定责、权、利边界条件，从而约定利益分配；在满足对投资人的风险控制要求的前提下，退出机制相对灵活。因此，城市更新基金可贯穿于项目的全过程管理，在可研／立项阶段，作为前融资金可解决征拆或拿地资金问题；在建设前期，作为项目建设资本金，撬动银行贷款；进入实施阶段后，还可作为融资工具补足项目资金缺口。

4.1　城市更新基金概述

城市更新基金是围绕城市更新中的综合整治类、功能改变类、拆除改造类业务以权益性工具形式开展的投资，是城市发展类基金的一类，属于产业投资基金的范畴，也是私募性质的股权基金，通过非公开方式向特定投资者募集资金，主要服务于城市更新建设项目，是一种利益共享、风险共担的基础设施建设投融资工具。

2016 年 2 月《国务院关于深入推进新型城镇化建设的若干意见》（国发〔2016〕8 号）提出："鼓励地方利用财政资金和社会资金设立城镇化发展基金，鼓励地方整合政府投资平台设立城镇化投资平台。支持城市政府推行基础设施和租赁房资产证券化，提高城市基础设施项目直接融资比重。"因此，城市更新基金作为一种创新模式，可以有效解决政府和企业在城市更新中资金短缺的问题。

图 4-1 为城市更新基金投资流程图。

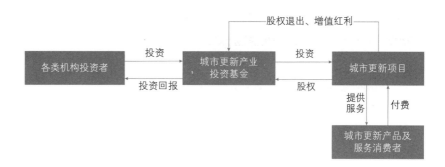

图 4-1　城市更新基金投资流程图

4.1.1　产业基金与城市更新基金的差异

产业投资基金通过向多数投资者发行基金份额设立基金公司，由基金公司自任基金管理人或另行委托基金管理人管理基金资产，委托基金托管人托管基金资产，从事创业投资、企业重组投资和基础设施投资等实业投资。其以促进产业发展为目标，通过产业与资本的有效结合，通过投资助力实体经济发展而获益。同时，产业投资基金具有资金来源广泛、投资规模大、投资期限长、规范运作不会增加债务等优点，成为一种新型直接投资工具。依据上述特点，可以概括出产业投资基金的特征如下：一是集合投资制度，二是投资于未上市公司股权，三是基金机构与管理机构分开。产业基金的基本要点见表 4-1。

产业基金的基本要点

表 4-1

发起机构	主要为地方政府、上市公司、PE 机构
参与机构	地方政府、金融机构（银行、保险等）、企业
组织形式	有限合伙型、公司型、契约型
管理方式	专业的私募基金管理人管理
募集方式	以私募形式发行、对合格投资者进行募集
结构安排	平层式、分级式
投资方式	股权投资为主，债权投资为辅（股＋债）；明股实债被严格限制
投资领域	基建、科技、环保、医药、文化旅游等行业
退出方式	并购重组、IPO、到期清算等

从以上特征可以看出，城市更新基金与产业投资基金的特征一致，可以理解为城市更新基金为产业投资基金的一种，二者有很多共性，但也有一些差异。主要差异在于：一是政府明确不得为城市更新公司融资承担偿债或担保义务，仅对城市更新项目支付义务和预算内财政补贴承担有限责任；二是城市更

图 4-2　产业投资基金的构成

新基金投资更加聚焦于城市建设，基金退出的路径主要依赖于未来城市运营和财政支付等模式；三是城市更新基金募资来源广泛，往往还有政府参与，因此主管部门多且交叉，使得城市更新基金的监管可能更加严格。图 4-2 为产业投资基金的构成。

4.1.2　城市更新基金的监管

城市更新基金属于私募股权投资基金，所以要受到中国证券监督管理委员会（以下简称"证监会"）和中国证券投资基金业协会（以下简称"中基协"）的监管，要到中基协办理登记备案等手续。若追溯城市更新基金来源，还要受到国家发展改革委和财政部的监管。2013 年，中央机构编制委员会办公室发布了《关于私募股权基金管理职责分工的通知》，明确将包括创业投资基金在内的私募股权基金的管理职责赋予证监会。作为股权投资基金和创业投资基金的监管部门，2014 年 6 月，证监会颁布了《私募股权投资基金监督管理暂行办法》，中基协也颁布了一系列自律规则。2015 年 11 月，财政部颁布了《政府投资基金暂行管理办法》（财预〔2015〕210 号），其中描述了由各级政府通过预算安排，以单独出资或与社会资本共同出资设立，采用股权投资等市场化方式，引导社会各类资本投资经济社会发展的重点领域和薄弱环节，支持相关产业和领域发展的资金。《中共中央 国务院关于深化投融资体制改革的意见》（中发〔2016〕18 号）指出："根据发展需要，依法发起设立基础设施建设基金、公共服务发展基金、住房保障发展基金、政府出资产业投资基金等各类基金，充分发挥政府资金的引导作用和放大效应。"表 4-2 为部委对城市更新基金的监管及主要差异。

通过对比可以发现，证监会"私募基金"的概念最为宽泛，将所有非公开发行的基金都囊括在内，而发展改革委和财政部的规则，则仅针对政府出资 / 投资类的股权投资基金。综上，城市更新基金的监管规则适用性需要具体分析，首先其应当被认定为私募股权投资基金，应符合证监会监管规定和中基协的自律规则；若有政府出资的，还应当接受国家发展改革委、财政部的监管。

部委对城市更新基金的监管及主要差异　　　　　　表 4-2

	创投 / 私募股权投资基金	政府出资产业投资基金	政府投资基金
部门	证监会 / 中基协	发展改革委	财政部
发布时间	2014-8-21	2016-12-30	2015-11-12
定义	私募股权投资基金是指在中华人民共和国境内，以非公开方式向投资者募集资金设立的投资基金	政府出资产业投资基金是指由政府出资，主要投资于非公开交易企业股权的股权投资基金和创业投资基金	由各级政府通过预算安排，以单独出资或与社会资本共同出资设立，采用股权投资等市场化方式，引导社会各类资本投资经济社会发展的重点领域和薄弱环节
主要差异	登记备案；债权投资、明股实债受到严格限制；不强制要求托管	备案制；投资单个企业不得超过基金总资产的 20%；要求托管；不得做明股实债等增加地方政府债务的行为	没有登记备案的要求；禁止向第三方提供贷款和资金拆借

来源：愿景新产业圈

4.2　国内城市更新基金的发展状况

城市更新基金的发起人通常有政府部门、专业投资者、财务投资者三大类。政府部门侧重借助财政资金隐含的政府信用放大融资杠杆，引导更多社会资本积极参与城市更新项目，从而加大对城市更新类项目的支持力度及支持范围；专业投资者则是为了提升融资便利性，降低平均融资成本，放大投资杠杆，带动自身主营业务的拓展以及提升投资收益率；财务投资者侧重通过投贷联动、股债结合，提高对城市更新项目及相关主体的控制力，提高资金的综合回报水平。

4.2.1　政府主导的城市更新基金

政府主导的城市更新基金一般由财政部门负责实施，当地国资公司负责具体代为履行出资人职责。政府主导城市更新基金的设立方式主要有直接设立单一投资基金模式和设立母子基金模式。

政府主导的城市更新基金，应符合下列文件规定：发展改革委《政府出资产业投资基金管理暂行办法》《政府出资产业投资基金信用信息登记指引（试行）》；财政部《政府投资基金暂行管理办法》（财预〔2015〕210号），《关于财政资金注资政府投资基金支持产业发展的指导意见》（财建〔2015〕1062号）政府主导的城市更新基金尤其应注意以保本保收益、"明股实债"等方式违规并形成政府隐性债务的风险。其中2017年4月，六部委颁发《关于进一步规范地方政府举债融资行为的通知》（财预〔2017〕50号）要求："不得以任何方式承诺回购社会资本方的投资本金，不得以任何方式承担社会资本方的投资本金损失，不得以任何方式向社会资本方承诺最低收益，不得对有限合伙制基金等任何股权投资方式额外附加条款变相举债。"

非营利性：非营利性是政府引导基金的基本特性，主要目的是扶持当地产业。

引导性：引导和带动体现了政府扶持产业的宏观意向，充分发挥政府引导基金的放大效应和导向作用。

市场化运作：政府引导基金是有偿的投资经营，通过市场化运营发挥财政资金的引导作用和放大效应。

对于中大型城市，可以成立产城融合类产业引导基金，以股、债、提供前期费用补贴或提供融资担保等方式对产城融合类项目进行融资支持。同时，为了放大财政杠杆，产城融合基金采取母子两级基金的结构，通过引入社会资本的方式来运作。政府引导基金融资如图 4-3 所示。

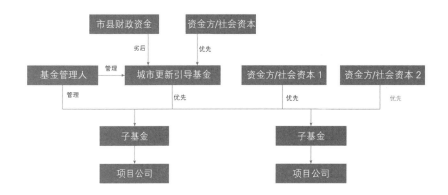

图 4-3　政府引导基金融资

截至 2024 年 6 月 30 日，中国母基金全名单共包括 318 支政府引导母基金，总管理规模达 4.52 万亿元，较 2023 年底增长了 7.8%。

2021 年 6 月 2 日，为广泛吸引社会力量参与上海旧改，加快旧改资金平衡，共同推进城市可持续更新和发展，上海城市更新基金正式成立，由上海地产集团与保利发展、万科集团、招商蛇口、中交集团、国寿投资、中国太保、中保投资签署战略合作协议。基金总规模约 800 亿元，为目前全国落地规模最大的城市更新基金，将定向用于投资旧区改造和城市更新项目，促进上海城市功能优化、民生保障、品质提升和风貌保护。

上海城市更新基金为母子架构，共分为三个基金，分别是城市更新母基金、一级开发子基金和针对自持商业运营的子基金。由上海地产集团作为基金管理人，负责组建基金管理公司和基金日常经营管理，收益为管理费和利润分成；其他参与企业为有限合伙人，以其所投资的金额为限承担有限责任，但不参与基金的日常经营管理，其收益为利润分成。

此模式采取"引导 + 平行"基金的架构。引导基金总规模约为 100 亿元，引导基金小比例投资约定范围内的各类子基金以及被投资企业，子基金或被投资企业至少包括一名基石投资人或其全资子公司；上海地产集团作为 GP、LP（或有）跟投各项目基金；基石投资人以自愿、合作、比选等方式主投项目基金。

基金的投资周期为 5+3+1+1 年，其中投资期 5 年，回收期 3 年，普通合伙人可单独决定延长 2 次，每次 1 年。原则上基金存续期 10 年左右，来平衡市场周期风险。在投资期内，合伙企业已投资项目实现全部或部分退出而收回的投资成本和 / 或投资收益，基金管理人有权自行决定不予分配，继续进行循环投资。部分城市的城市更新基金见表 4-3。

部分城市的城市更新基金汇总　　　　　　　　　　表 4-3

序号	发布时间	城市	基金名称	基金规模（亿元）
1	2021.9	成都	成都城市更新基金	10
2	2021.4	西安	西安城市更新基金	80
3	2021.8	天津	天津城市更新基金	600
4	2021.11	石家庄	石家庄城市更新基金	100
5	2021.6	上海	上海城市更新基金	800
6	2021.12	上海	上海城市更新引导基金	100
7	2021.7	无锡	无锡城市更新基金	300
8	2017.12	深圳	福田区城市更新基金	100

资料来源：公开渠道信息统计

4.2.2　专业投资者主导的城市更新基金

随着城市更新项目不断深入实施，各地老旧小区改造、老城区旧改、片区建设更新、基础设施完善等城市更新项目会释放出巨大投资空间。面对巨大投资潜力，城市更新建设应该完善多元化融资渠道，加速形成各级财政资金、社会资本、金融机构等合作机制，注重调动企业参与投资建设积极性，尤其发挥大型集团投资公司作用，实现投资、设计、建设、运营的一体化，提高城市运营效率。以产业基金形式作为投资通道，吸引更多社会投资参与，放大其投资效应，是具有现实意义的投融资模式。

目前投资城市更新的社会资本方可以归结为以下几类：拥有雄厚资金实力，在投融资、建设、运营全过程管理领域有显著资源优势的企业，以及愿意参与城市更新项目的建筑企业和房地产开发企业等。由于城市更新具有巨大的施工业务和投资空间，可完善多元化投融资机制，调动企业参与投资建设的积极性，发挥其投资与建设、设计、施工及运营一体化的综合优势。同时，基金模式也有利于这些企业在城市更新市场中获得业务优势。

例如，上海建工集团投资有限公司自 2015 年起，在城市更新领域积极布局，与知名投资机构、金融机构开展合作，通过设立城市更新基金，运用权益类基金投资模式对现有业务中的困境资产和低效资产进行投资和改造。具体做法：一是通过设立基金，以司法拍卖的形式收购资产，主导项目更新改造；二是通过设立母基金投资 SPV 公司、增资扩股、债转股方式参与项目更新改造；三是通过设立基金，以承债式收购资产，赋予项目新的功能。

4.2.3　财务投资者主导的城市更新基金

财务投资者主导的城市更新基金，主要是指金融机构联合央企、地方国企成立有限合伙基金，一般由金融机构做 LP 的优先级，地方国企或平台公司做 LP 的劣后级，金融机构指定的股权投资管理人做 GP。目前，国开行、农发行都有参与。

4.3　城市更新基金的组织形式与特点

2013 年 6 月 1 日，修订后的《中华人民共和国证券投资基金法》正式实施，成为契约制私募投资基金存在的法律基础。

2014 年 8 月，中国证监会发布《私募投资基金监督管理暂行办法》（证监会令第 105 号），明确了私募投资基金的三种设立方式：公司制、有限合伙制以及契约制，现阶段以有限合伙制为主流。不同的法律组织形式对私募股权投资基金的设立及运作影响不同，主要体现在内部治理机制、运营效率、组织稳定性、运营成本和法律监管等方面。

4.3.1　有限合伙制

有限合伙制最早产生于美国硅谷，目前是私募股权投资基金最主要的运作方式。随着 2006 年《中华人民共和国合伙企业法》（以下简称《合伙企业法》）的颁布，有限合伙企业的组织形式在法律层面有了独立的地位，有限合伙制的私募股权投资基金也在国内相继成立。

根据我国《合伙企业法》第二条规定，"有限合伙企业由普通合伙人和有限合伙人组成，普通合伙人对合伙企业债务承担无限连带责任，有限合伙人以其认缴的出资额为限对合伙企业债务承担责任"，以及第六十一条规定，"有限合伙企业至少应当有一个普通合伙人"。

因此，有限合伙城市更新基金，是按照《合伙企业法》由有限合伙人（LP）和普通合伙人（GP）共同出资设立，有限合伙人以出资额为限对基金债务承担有限责任，普通合伙人对基金债务则承担无限连带责任。普通合伙人担任基金管理人，一般为有限责任公司。管理人管理基金收取一定管理费，一般为基金规模的 1%~2%；也可获得投资收益，一般为基金净收益的 15%~25%。有限合伙制城市更新基金组织架构如图 4-4 所示。

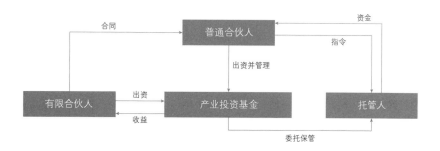

图 4-4　有限合伙制城市更新基金
组织架构图

4.3.2　公司制

公司制模式下的城市更新基金是按照《中华人民共和国公司法》（以下简称《公司法》）设立的有限责任公司和股份有限公司。公司制私募股权投资

基金通常具有较为完整的公司结构，运作方式规范、正式。投资于公司制私
募股权投资基金的投资者一般享有作为股东的一切权利，并且和其他公司股
东一样，以其出资额为限承担有限责任。公司制基金要满足《公司法》的相
关要求，股份有限公司股东人数不超过 200 人，有限责任公司股东人数不超
过 50 人。公司制城市更新基金组织架构如图 4-5 所示。

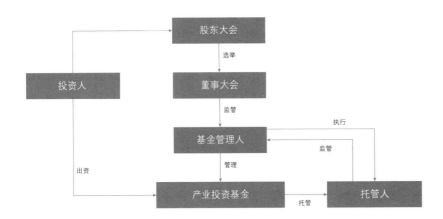

图 4-5　公司制城市更新基金组织
架构图

4.3.3　契约制

契约制私募股权投资基金起源于英国，主要是信托企业形式的基金，基金
的投资人、管理人、托管人作为契约的当事人，通过签订合同方式设立契约基
金。契约制基金有如下特点：一是无须工商注册。二是契约制不是法人，由
受益人缴纳所得税即可，并自行申报，免于双重征税。三是依据基金合同的约
定申购、赎回，无须履行股东会或合伙人会议及工商变更登记程序。四是不具
备独立法人资格，不能直接做股权登记，由基金管理人代替基金持有人持有
股份，对目标公司进行股权、债转股等形式的投资。

私募基金管理人通过契约形式募集设立私募股权投资基金的，应当参考中
基协于 2016 年 4 月 18 日发布的《私募投资基金合同指引 1 号（契约型私募
投资基金合同内容与格式指引）》制定私募投资基金合同。契约制私募股权投
资基金没有法律实体，主要依据基金合同来约束各方。

4.3.4　三种组织形式的不同特征

三种组织形式的不同特征比较如表 4-4：

三种基金组织形式的不同特征比较　　　　　　　　　　　　　表 4-4

对比项	有限合伙制	公司制	契约制
法律制度完善性	不够完善	比较完善	不够完善
工商登记	需要	需要	不需要
独立法人地位	没有	有	没有
规模	50 人	50 人（有限公司） 200 人（股份公司）	200 人
控制权	基金管理人	股东 （即投资者）	基金管理人
对管理人的制约	一般	最强	较弱
收益分配	灵活	一般按出资比例，可作灵活安排	灵活
损失分担	一般按出资比例，普通合伙人对合伙企业债务承担无限连带责任	一般按出资比例	按出资比例
投资本金注入与返还	较方便	不方便	方便
所得税	基金无需缴纳企业所得税，投资者缴纳所得税	基金缴纳企业所得税，个人投资者缴纳个人所得税	基金无需缴纳企业所得税，投资者缴纳所得税

　　综合以上可知，有限合伙制的私募股权投资基金的综合优势较强。它实现了所有权和管理权的相对分离，使得有专业性和管理能力的 GP 和有资金优势但专业性欠缺的 LP 实现了有效结合；同时有限合伙制基金可设置较合理的激励机制和约束机制，能够确保基金有效运作，实现利益最大化。此外，有限合伙企业不具有法人资格，不属于纳税主体，对于基金取得收益权仅在合伙人层面纳税，因此该组织形式可避免双重纳税的问题。

　　但相较于公司制的组织形式，有限合伙制所提供给投资者的权利相比于公司制基金弱化了许多，经营管理权给到 GP 后，LP 无法对合伙企业的投资事务进行决策，仅能行使《合伙企业法》规定的相关监督权和其他合伙人权利。

　　有限合伙制和契约制比较，均不是法律实体，都可避免双重征税，但契约制无法作为未上市 / 未挂牌公司股东以及合伙企业合伙人进行工商登记，不被上市公司监管部门所承认，故而参与一级市场股权投资较少。

4.4　城市更新基金的优势

4.4.1　满足不同诉求，募集资金便利

　　资管新规之后，基金模式回归沉寂，主要是叫停了"层层嵌套、期限

错配、滚动发行"的方式，并且要求基金为股权型基金，使得银行理财资金难以合规募集和进入，大量基金失去了资金来源。而认购城市更新基金的多数是参与城市更新的施工企业和房地产开发企业，这些企业都具有出资能力，施工企业也习惯于工程垫资。通过认购基金份额，施工企业可以借机锁定工程项目获得建安收益，房地产企业可以因势利导获取房地产二级开发收益。所以，城市更新基金不需要完全依赖银行的理财资金，募资较为方便，也不需要太复杂的结构，可以满足资管新规的要求。通过设立城市更新基金，可以达到城市更新参与各方出资和利益捆绑在一起的目的。根据政策规定，符合条件的单位和个人均可投资私募基金，大到资产规模上千亿的央企、国企，小到包工头或者实施主体的员工均可以认购基金份额。在基金的管理方面，各投资人可以通过相关协议约定利益分配的方式、比例以及退出方式等，还可以设置一定比例的优先级/劣后级，满足不同风险偏好投资人的要求。合伙制基金还可以设置有限合伙人与普通合伙人，以发挥各自的优势。

4.4.2　解决项目资本金

《国务院关于加强固定资产投资项目资本金管理的通知》（国发〔2019〕26号）明确提出："对基础设施领域和国家鼓励发展的行业，鼓励项目法人和项目投资方通过发行权益型、股权类金融工具，多渠道规范筹措投资项目资本金，但不得超过资本金总额的50%。"城市更新基金为私募基金，均要求以股权投资为目的。若城市更新基金以股权投资方式投资于城市更新项目，则可以作为城市更新项目的资本金。

4.4.3　解决拆迁安置和前期基建资金

对于难以通过市场化融资解决的征地拆迁和前期基建资金，部分地区已经探索通过引入城市更新基金筹集资金加以解决。东莞市《关于深化改革全力推进城市更新提升城市品质的意见》指出："由市属国有企业牵头组建城市更新母基金，吸收政府、企业、村组集体各方面资金，深度参与城市更新投融资。城市更新基金对政府土地整备开发项目有优先投资权。"银行贷款等金融机构的融资，面临监管，资金用途受限较多。而城市更新基金作为股权资金，主要由投资人自主使用，资金用途限制较少。

但是从全国范围来看，市场化资金用于征地拆迁款仍然属于敏感问题，若项目包装不当则可能被认定为形成地方政府隐性债务，因此，实践中仍应谨慎对待。

4.4.4 不增加资产负债率，且可以作为出表工具

很多城市更新项目的实施主体为房地产开发企业或者是当地的平台公司，这些公司对资产负债率的管控较为严格。如，房地产开发企业受到三道红线的政策管控，平台公司也有降低负债率的要求。而城市更新基金权益类资金，在会计核算方面不会增加公司负债，反而会增加公司资产（当然明股实债类的基金是另一番判断标准）。另外，引入私募基金可以根据并表与出表需求进行灵活处理，如果各方均想出表，则可以对股权比例进行分散化处理，且公司章程也不设置任何一方的实质控制权。如果某方想并表，也可以通过公司章程设置赋予其实质控制权以达到并表目的。

4.5 城市更新基金在政企合作模式下的运作机制

《关于进一步激发民间有效投资活力促进经济持续健康发展的指导意见》（国办发〔2017〕79号）指出：鼓励民间资本采取混合所有制、设立基金、组建联合体等多种方式，参与规模较大的政企合作模式项目。政策为政企合作模式项目提供了一条资本化金融融资渠道，产业投资基金作为市场化运作程度较高的投融资工具，可对资源实现市场化配置。

政企合作模式基金，是指以产业投资基金的形式投资于政企合作模式项目的一种基金，一般通过股权投资或股债联动投资纳入国家或地方项目库政企合作模式项目公司，由项目公司负责项目设计、融资、建设、运营，政府授予其特许经营权，并通过社会股东回购、基金份额转让、资产证券化变现、清算等实现退出。

由于城市更新基金属于私募基金范畴，以非公开方式向合格投资者募集资金并设立基金，根据《中华人民共和国证券投资基金法》（以下简称《证券投资基金法》），合格投资者是指达到规定资产规模或收入水平，并且具备相应的风险识别能力和风险承担能力、其基金份额认购金额不低于规定限额的单位和个人。根据《证券投资基金法》及《私募投资基金管理人登记和基金备案办法（试行）》，城市更新基金的管理人应当向中基协履行基金管理人登记手续并申请成为协会会员。城市更新基金募集完毕后20个工作日内，基金管理人应

当向中基协备案，内容应包括基金的主要投资方向、资本规模、投资者、基金合同等信息。

4.5.1　城市更新基金的现实障碍

尽管城市更新基金有很多优势，但在现实应用中也遇到了一系列问题。由于每个城市都有自身特点和具体要求，项目的品质是保障城市更新基金"募、投、管、退"链条闭环的关键，因此要对城市更新项目系统甄别，分类实施，尤其是解决城市更新的投资收益及回报率问题。由于国家金融监管政策趋严，城市更新基金在政企合作模式中也遇到了很多实际问题。

目前，央企成立基金业务受限较多。2023年2月3日，《中央企业基金业务管理暂行办法》要求：中央企业应当严格规范发起设立项目基金，原则上不得发起设立财务性基金；资产负债率超过国资委规定的行业管控线，集团管控能力弱，基金业务发生重大风险或较大损失，截至上年度未经审计的基金业务整体累计亏损金额超过基金实缴金额的20%，基金管理队伍能力不足，已设立基金投资效率低，募集资金大量结余等情形的中央企业原则上不得发起设立产业基金。中央企业应当审慎出资参与基金，规范出资参与政府投资基金，严格控制为承揽业务出资参与基金。因此，央企施工单位或材料供应商等通过基金模式参与项目承揽受到诸多限制。

信托等金融机构虽然愿意开拓新业务，但按照信托投资监管要求，一般都不得投资涉房类项目、不得投资纯公益性项目、不得投资以财政资金为主要还款来源的项目等。此外，城市更新把险资作为重要合作伙伴，因为保险资金成本低、资金量大、可投资期限长。但保险资金风控严格，城市更新项目要满足保险机构内部评级的投资要求也并不容易。

4.5.2　城市更新基金的法律障碍

1. 有限合伙制基金能否成为社会资本方

依据《中华人民共和国政府采购法实施条例》第十七条，对采购商进行资格认证，需提供"法人或者其他组织的营业执照等证明文件，自然人的身份证明等"。其中，对其他组织的解释如下：即不具备法人条件的组织，包括合伙组织、个体工商户、农村承包经营户等。

2. 契约型基金管理人持股是否构成第三方代持股份

契约型基金也称为信托型基金，无法做股权登记，由基金管理人持有投资人股份。契约型基金中基金管理人和投资者的契约关系，不构成《关于规范政府和社会资本合作（PPP）综合信息平台项目库管理的通知》（财办金〔2017〕92 号）中的第三方代持股份情形。

3. 中标政企合作模式项目可否再更换基金对项目公司进行投资

为了避免资金闲置，产业投资基金参与政企合作模式项目招标，一般都是由基金管理人参与投标，中标后再设立基金进行投资。在实践中，大部分产业投资基金通过基金管理公司参与政企合作模式项目政府采购，中标后再募集资金设立基金，得到了监管部门和地方政府的认可。

4.6　城市更新基金案例简析

城市更新基金的投资人以政府、房地产和建筑施工企业为主，更多聚焦城市更新类型中的老旧小区更新、城中村更新，对于旧工业区更新、历史文化承载区更新项目投资倾斜较少。城市更新基金更多倾向于政府重点推进、收益回报和退出机制明确的项目。如上海城市更新引导基金，投资领域将聚焦于上海市城区的旧城改造、历史风貌保护、租赁住房等城市更新项目。

对于"退二优二"的城市更新，"工改工"项目是存量更新阶段产业高质量发展的重要途径，因此，探索适应"工改工"的城市更新基金投融资机制，对我国下一阶段的城市更新和区域产业发展具有重要意义。

4.6.1　北京中关村科技城一号城市更新基金

1. 设立背景

设立中关村科学城城市更新与发展基金，是北京市海淀区进一步优化提升城市功能、增强产业引导和资源管控能力的重要举措。基金分一号、二号两只基金，首期认缴总额均为 60 亿元，旨在发挥财政资金杠杆撬动作用，引入社会资本共同推进城市建设，解决区属国企建设产业项目资本金不足的问题。

2021 年 9 月，北京中关村科技城一号、二号城市更新与发展投资中心（有限合伙）完成工商登记注册。其中，2022 年 7 月，北京中关村科学城

一号城市更新与发展投资中心（有限合伙）投资东升科技园二期 1813-L25
地块。

2. 基金架构

北京中关村科技城城市更新基金架构如图 4-6 所示。

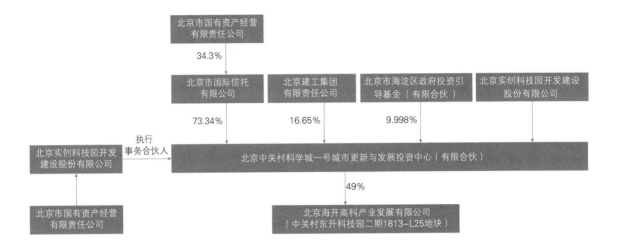

图 4-6　北京中关村科技城城市
更新基金架构

3. 模式亮点

由北京市引导基金出资引导，联合了国有控股金融机构、建筑施工企业的
模式，能有效弥补各方的短板，通过政企合作，提高各自核心竞争力，从而为
北京市城市更新提供多元化融资路径。

4.6.2　上海城创城市更新基金

1. 设立背景

上海积极探索市场化方式为城市更新提供金融支持，尤其是在引入城市更
新基金方面走在国内前列。自 2016 年起，上海在提速城市更新上推出创新园
区行动计划，通过促进传统工业园区转型与科创中心建设来更新城市功能。同
年 4 月，上海城创投资管理股份有限公司设立"上海城创城市更新股权投资基
金"，该基金是上海第一只城市更新股权投资基金，总规模约 30 亿元，由多家
大型国资背景及有意愿参与城市更新领域的企业作为主要出资人。目前，上海
城市更新基金已成功改造并运营了"邯郸路城市产业综合体项目"。

2. 基金架构

上海城市更新引导基金架构如图 4-7 所示。

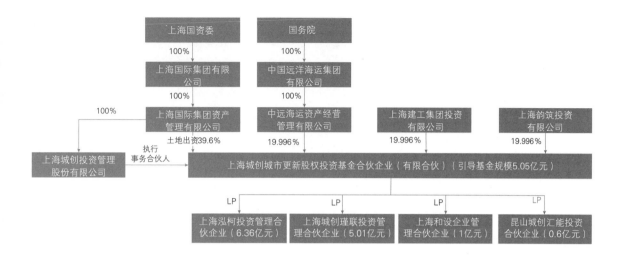

图 4-7　上海城市更新引导基金
架构

3. 模式亮点

联合多家行业标杆企业和大型金融机构，按照"政府指导、国企发起、市场运作"的原则，共同发起城市更新基金，采用"引导基金＋子基金"模式。通过母基金引导，实现一只母基金带动四只子基金的放大效应，投资于这些领域范围内的子基金以及被投资企业。重点建设和运营一批环旧城中心产业带的城市产业综合体，以更好支持产业结构转型升级与城市功能完善提升。

4.7　城市更新基金的落地路径

4.7.1　城市更新基金政策体系先行

全方位探索完善城市更新金融支持政策体系，为城市更新基金的落地提供政策保障。政府可以出台相关政策，鼓励金融机构参与城市更新项目，提供税收优惠、财政补贴等措施，降低投资风险，提高投资回报率。以成都市为例，构建"1+N"城市更新政策框架，以《成都市城市有机更新实施办法》为纲领，出台了《成都市城市有机更新资金管理办法》等金融支持政策措施，形成对城市更新的政策支撑体系。

4.7.2　城市更新基金公私合作

城市更新基金需要有效联动各方，实现投资与后期落地的统一。政府、企业和金融机构可以建立合作伙伴关系，共同推动城市更新项目的实施。通过合作，可以充分发挥各方的优势，提高项目的可行性和实施效果。

西安市城市更新基金：2022 年 7 月，西安市设立了总规模 100 亿元的城市更新基金，重点支持全市城市更新项目建设。该基金由西安财金公司发起设立并运营管理，采用"政府引导、企业发起、社会参与、片区联合"的架构，通过构建"政府引导基金 + 区域子基金 + 项目子基金"的三层放大体系，引导社会资本及金融资源解决城市更新项目前期资本金筹集和后续融资难题。其"区域子基金 + 城市更新 + 产业导入"相结合的创新机制，被业界称之为城市更新基金"西安模式"。

该基金以产业园区建设、区域老旧资产提升改造、片区综合开发为三大主线，充分发挥政府引导基金作用，创新可持续实施模式，建立多元化资金筹措机制，积极引导社会资本参与城市更新项目，全力支持西安市城市能级提升和产业转型升级。

4.7.3　城市更新强化资金筹措

实现多维度资金筹措，实现对城市更新的全过程服务。政府可以设立城市更新基金，引导社会资本参与城市更新项目，同时鼓励金融机构提供多样化的融资产品和服务，满足城市更新项目的不同需求。

4.7.4　城市更新优化项目选择与评估

理清投资回报机制，实现合理退出，并能有效平衡各方投资收益。在项目选择和评估过程中，要明确投资回报机制，确保项目的经济可持续性。同时，要合理规划退出机制，平衡各方的投资收益，以吸引长期稳定的投资。

第 5 章

城市更新的资产证券化

　　伴随着中国经济的高速发展，中国全面进入存量资产的时代。2024 年底，城镇人均住房面积达 39 平方米，公路通车里程达到了 550 万公里，其中高速公路里程约 19.2 万公里，大部分区域实现了县县通高速。全国铁路营业里程达 16 万公里，其中高铁 4.6 万公里。城市更新模式也经过多轮迭代，成为中国经济发展的助推器。但目前城市更新面临着需要产业的不断迭代升级，以及完善城市功能才能留得住人，实现产城的深度交融，并能采用较好的投融资模式，推动城市更新的高质量发展。

　　如何使城市更新模式有更好的生命力，并能成为中国城市化进程的新动能，需要从制度、科技、投融资模式三方面创新。制度及激励体系的迭代创新为科技创新提供了长期耕耘的舞台，科技创新则是经济及社会发展的第一生产力，而投融资模式为科技产业的兴旺提供了不竭的源泉。

　　从经济学角度来讲，提高供给端的创新及创造能力是关键，也是颠覆城市更新模式的核心要素。对于产业的迭代升级，在留白的同时，各国给出了相应的产业振兴计划，主要分布在计算机及信息科技、智慧城市体系、能源科技革命、生命科学、材料科技等领域。而在消费端，老龄化、碳中和、城镇化、信息化、内循环等提档升级，为未来产业生态圈的升级指引了短期发展的方向。

　　在新阶段，城市更新的城投时代的套利空间会越来越小，如何通过合理的制度设计及激励体系发挥，激发创业者、企业家、科学家以及金融领域的内生动力，实现城市更新的迭代升级，从而保持城市更新的永续生命力，需要多方共同努力。在制度上建议实现灵活的金融模式及体系创新。社会资本方及政府方愿意牺牲部分短期利益，通过金融模式的创新让渡给创业者、企业家和科学家，如对于创业者、企业家和科学家通过城投模式的利润进行反哺，提供免费办公场所，对于设备投入等通过有限合伙，提升城市更新的运行效率等。而创业者、企业家和科学家通过长期创新实现的红利再通过合理方式让渡至社会资本方及政府方，从而保证各方创新的动力及无后顾之忧，实现各方多赢的合理格局。

　　高效的金融是城市塑造的重要动力，资产证券化在一定程度上重塑了城市的面貌，为城市发展提供了融资源泉，目前已成为全球资本市场上与债权融资、股权融资并行的第三种主流融资工具。

5.1　资产证券化定义

证券化就是"一种特殊的结构化载体，对企业或金融机构的某些非流动性资产进行打包、信用增级、流动性增强和结构化组织，使之转化为以这些资产为保证的有价证券组合"。通常来讲，所谓资产证券化，就是将原始权益人（卖方）不流通的存量资产或可预见的未来收入构造和转变成为在资本市场可销售和流通的金融产品的过程。依据《证券公司及基金管理公司子公司资产证券化业务管理规定》对资产证券化的规定："资产证券化业务是指以基础资产所产生的现金流为偿付支持，通过结构化等方式进行信用增级，在此基础上发行资产支持证券的业务活动"，其中，基础资产是指"符合法律法规定、权属明确，可以产生独立、可预测的现金流且可特定化的财产权利或者财产。基础资产可以是单项财产权利或者财产，也可以是多项财产权利或者财产构成的资产组合"。证券化有两种形式：抵押资产证券化（Mortgage-Backed Securities，MBS）和资产支持证券化（Asset-Backed Securities，ABS）。2021 年，我国资产证券化市场规模延续增长态势，全年发行各类产品 3.1 万亿元，年末存量规模接近 6 万亿元。

不动产证券化，是不动产作为底层资产与证券的结合。在不动产证券化过程中，首先需要将多个性质相同或相近的不动产物权或债权结合为一个集合（即资产池），然后再就集合的价值发行有价证券。我国不动产的资产证券化主要包括：偏债性的 CMBS/CMBN、股债结合性质的类 REITs；偏股性的海外 REITs、基础设施公募 REITs。由于资产证券化是把缺乏流动性但能够依据已有信用记录可预期能产生稳定现金流的基础资产，通过对资产进行重组并进行风险隔离等措施，进而进行结构化安排转化成流动性较强的资产支持证券的融资活动。它有三个基本原理，分别是资产重组原理、信用增级原理和风险隔离原理。

1）资产重组原理

资产证券化需要对证券化的资产现金流进行预判，对资产主体信用较差的不适宜资产进行剔除，对符合证券化的资产进行重组。在这个过程中，通过重组对资产风险收益重新组合与分割，促使资产证券化过程达到均衡。

资产证券化融资是从原始权益人的全部资产中"剥离"出来的部分特定资产。通过动态调整，优化配置，重组现金流，实现符合收益的整体目标。

2）信用增级原理

信用增级是通过评级机构，对交易发行的证券进行分析和评级，为投资者提供证券选择和定价的依据。信用增级会增加资产组合的市场价值，使证券在信用质量、偿付的时间性与确定性等方面更好地满足投资者的需要，同时满足发行人在会计、监管和融资目标方面的需求，为资产证券化交易结构的闭环提供了重要的制度保障。

3）风险隔离原理

风险隔离原理是资产证券化运作中特有的一项机制，该原理的核心在于参与主体及特定目的载体 SPV。在设立资产证券化项目过程中会设置一个SPV，原始权益人将基础资产"真实出售"给 SPV。在这种情况下，即使原始权益人发生了经营风险，甚至面临破产清算，已出售的进行证券化的资产也不会被列入资产清算范围，最大化地保障了投资者及其他参与主体的利益，为相关利益方构建了一道"防火墙"。

5.2 资产证券化分类及特征

资产证券化的分类标准不同时，类型也略有差异。广义的资产证券化是指某一资产或资产组合采取证券资产这一价值形态的资产运营方式，包括以下四类：实体资产证券化、信贷资产证券化、证券资产证券化、现金资产证券化；而狭义的资产证券化是指信贷资产证券化。

根据资产证券化的基础资产不同，可以把资产证券化分为不动产证券化、应收账款证券化、信贷资产证券化、未来收益证券化（如高速公路收费）、债券组合证券化等类别。根据资产证券化的发起人、发行人和投资所属地域不同，可把资产证券化分为境内资产证券化、离岸资产证券化。根据证券化产品的金融属性不同，可以分为股权型证券化、债券型证券化、混合型证券化等。资产证券化是金融市场上的一种新型融资方式，它既不同于传统的以银行为主的间接融资方式，也不同于单纯的依赖发行公司股票或债券的直接融资方式。它是有效融合了间接融资方式和直接融资方式的创新金融工具。典型的资产证券化与传统的融资方式比较，具有如下的特征。

1）基础资产支持融资

传统的融资方式是依赖于资金需求者本身的资信能力的。投资者在决定是否投资或提供贷款时，主要依据的是资金需求方的资产、负债、利润和现金流等情况，而对公司的特定资产的质量关注较少。而资产证券化融资方式主要依赖于支持证券化的资产质量和现金流状况，外部投资者可以完全撇开发行公司的经营业绩，只依赖于特定资产的情况进行投资。

2）资产真实售出

资产证券化发起人把计划证券化的资产交易给 SPV 公司（特定目的载体），并真实出售，未来其售出的资产与其母公司不存在任何联系，所有的与售出资产相关的权利和义务都转移至中介机构，从而保障 SPV 与资产证券化发起人的风险隔离。

3）结构性融资

资产证券化的一个关键环节是将原始权益人的资产转移给特定目的载体（SPV），通过资产转让能够实现基础资产与权益人自身资产隔离，把资产池中的基础资产偿付能力与权益人信用水平分隔开来。当权益人破产时，它的债权人对基础资产没有追索权。

4）融资成本相对较低

通过信用增级，发行证券的信用级别独立于融资方的信用级别，在提高发起人融资能力的同时，可获得较低融资成本。同时，它不需要其他权益的支持，财务费用相对较低。

5）资产负债表外融资

将证券化的资产真实出售，使资产的原始权益人从资产负债表中剔除，换回的是流动性好的现金收益，列在资产负债表中的"流动资产"项目中。

5.3　中国资产证券化发展路径

和多数制度改革一样，中国资产证券化的发展过程总体上表现为试点先行、制度建设在后的实践导向型改革模式。通过个案实践的试点探索，总结经验教训，结合我国实际情况予以完善后，再上升到法律制度层面并进行推广。从改革开放至今，我国资产证券化的发展大致可以分为三个阶段：

5.3.1　1992 年—2004 年的实践探索阶段

1. 三亚市探索发行房地产投资券

1992 年，海南省三亚市发行的房地产投资券可以被认为是早期进行的一个相对成功的资产证券化案例。20 世纪 90 年代初期，三亚的行政级别从一个镇升格为地级市，成为海南省开发量最大的地区。三亚市政府为了筹集开发资金，并让三亚人民共同分享地产开发带来的经济利益，便在行政管辖区内发行地产投资券。其所发行的三亚地产投资券以海南省三亚市丹州小区 800 亩土地为发行目标物，所筹集资金用于该片土地的"规划设计、征收拆迁、土地平整、道路建设、供水供电等基础设施建设"。土地每亩折价 25 万元人民币，其中 17 万元为征地成本，5 万元为开发费用，3 万元为预期利润，投资券发行总金额为 2 亿元。三亚市政府下属的三亚市开发建设总公司是投资券的发行人，负责提供土地进行开发建设，按时保质完成施工。投资管理人由海南汇通国际信托投资公司担任，主要负责监督项目开发，并根据项目开发进度节奏向发行人支付发行收入。在开发完成后，由管理人组织对房地产进行销售，保证房地产售价的公开、公正以及遵循市场规律。销售方案分为两种：若三年之内的年投资净收益率不低于 15%，则管理人代表投资人行使销售权；否则，则在三年之后由拍卖机构按照市场价格拍卖。

三亚市通过发行房地产投资券，顺利融得地产开发建设所需资金，不仅按规划完成了地产开发建设，而且按照约定向投资者还本付息，使得三亚人民共同享受到城市建设所带来的投资利益，总体上与资产证券化的思路和模式相吻合。当然，此种"摸着石头过河"的初期探索不可避免地存在一些问题，例如以政府为主导的资产证券化缺乏必要的法律制度保障等。

2. 资产证券化向其他领域尝试拓展

1996 年，珠海市以高速公路收费权以及其他交通管理费为基础资产，在境外离岸发行共 2 亿美元的资产支持证券，该只高速公路收费权 ABS 由标准普尔和穆迪作为信用评级机构，由摩根作为境外承销机构；1997 年，中国远洋运输（集团）公司以其货运应收款为基础资产，在境外离岸发行 3 亿美元的资产支持证券，该只货运应收款 ABS 的托管人为纽约银行，代理商为美洲银行；1999 年，中国远洋运输（集团）公司又以类似的方式离岸发行 2.5 亿美元的资产支持证券。上述中国远洋的两次 ABS 融资均是以美元的应收款作为基础资产，实际上完全属于利用境外资产在境外融资的情况。

上述资产证券化的一系列实践探索，既有成功的经验，也有失败的教训。总体上，资产证券化通过实践逐步向规范化、多样化的方向转型，并且根据本土的具体情况作出了相应调整，为后期资产证券化的法律制度建构积累了经验、奠定了基础。

5.3.2　2004 年—2008 年的制度建构阶段

1. 启动信贷资产证券化试点

通过十多年的实践积累，我国于 2004 年正式启动资产证券化的法律制度建构与试点工作。2004 年 1 月，国务院发布《关于推进资本市场改革开放和稳定发展的若干意见》（国发〔2004〕3 号），明确要求要"积极探索并开发资产证券化品种"。2004 年 4 月，中国人民银行、中国银监会向国务院报送《关于在我国银行业开展信贷资产证券化业务试点的请示》，建议指定国家开发银行和中国建设银行作为首批开展信贷资产证券化业务的试点单位，利用银行间市场平台开展信贷资产证券化业务试点。2005 年 2 月 25 日，国务院最终批准正式开展信贷资产证券化业务试点，由中国人民银行负责相关试点工作。2005 年 3 月，在中国人民银行主持下，由国家发展改革委、财政部、建设部、国家税务总局、国务院法制办、银监会、证监会等部门机构共同组成的"信贷资产证券化试点工作协调小组"正式成立，启动资产证券化试点工作并逐步完善配套政策法规。

2. 建立信贷资产证券化规范体系

2005 年 4 月，中国人民银行、中国银监会联合下发《信贷资产证券化试点管理办法》，该办法在对信贷资产证券化作出基本定位的基础上，从信贷资产证券化的发起机构、SPV、贷款服务机构、资金保管机构、证券发行与交易、信息披露、持有人权利等层面对信贷资产支持证券的运行进行规范，建构了资产证券化的基本制度框架。同年，人民银行还颁布了《资产支持证券信息披露规则》（中国人民银行公告〔2005〕第 14 号），银监会出台了《金融机构信贷资产证券化试点监督管理办法》（中国银行业监督管理委员会令〔2005〕第 3 号），建设部下发了《关于个人住房抵押贷款证券化涉及的抵押权变更登记有关问题的试行通知》（建住房〔2005〕77 号），财政部颁布了《信贷资产证券化试点会计处理规定》（财会〔2005〕12 号）等一系列管理和指导规范。

3. 正式发行资产证券化产品

在相关制度规范的指导下，国家开发银行于 2005 年发起了首只 ABS "开元信贷资产支持证券"，发行人为中诚信托投资有限责任公司，资金托管机构为中国银行，证券托管机构为中央国债登记结算有限公司，信用评级机构为中诚信国际信用评级有限责任公司，其他服务机构还包括会计师事务所、律师事务所、证券发行顾问、承销商等。同年，中国建设银行发起了首只 RMBS（Residential Mortgage-Backed Security）"建元 2005-1 个人住房抵押贷款支持证券"，发行人为中信信托投资有限公司，资金托管为中国工商银行，证券登记支付机构为中央国债登记结算公司，交易管理机构为香港上海汇丰银行，信用评级机构为北京穆迪投资者服务有限公司，财务顾问为渣打银行，此外还包括律师事务所、会计师事务所、承销商等服务机构。

从上述两只资产支持证券的发行来看，在发行形式上，资产证券化试点已经基本符合证券化相关标准，在法律层面基本上实现了破产隔离和有限追索。2005 年至 2008 年期间，银行间市场一共发行了 17 只资产支持证券，累计发行金额达到 900 亿元人民币。然而，2008 年美国次贷危机的爆发，导致资产证券化实践一度陷入停滞状态。在金融危机期间，我国没有继续发行新的资产证券化产品，但并没有放弃资产证券化试点，而是利用此空窗期对三年来资产证券化的试点进行反思和研究，针对法律制度建设和市场机制培育进行了重点探讨。我国出台的资产证券化相关政策文件见表 5-1。

资产证券化相关政策文件　　　　　　　　表 5-1

序号	发布时间	发文部门	政策文件
1	2004.1.31	国务院	《国务院关于推进资本市场改革开放和稳定发展的若干意见》（国发〔2004〕3 号）
2	2004.10.21	证监会	《关于证券公司开展资产证券化业务试点有关问题的通知》（证监机构字〔2006〕号）
3	2005.04.20	中国人民银行、银保监会	《信贷资产证券化试点管理办法》（中国人民银行、中国银行业监督管理委员会公告〔2005〕第 7 号）
4	2005.4.27	中国人民银行	《全国银行间债券市场金融债券发行管理办法》（中国人民银行令〔2005〕第 1 号）
5	2005.05.16	建设部	《关于个人住房抵押贷款证券化涉及的抵押权变更登记有关问题的试行通知》（建住房〔2005〕77 号）
6	2005.06.13	中国人民银行	《资产支持证券信息披露规则》（中国人民银行公告〔2005〕第 14 号）
7	2005.06.15	中国人民银行	《资产支持证券在银行间债券市场的登记、托管、交易和结算等有关事项》（中国人民银行公告〔2005〕第 15 号）

续表

序号	发布时间	发文部门	政策文件
8	2005.08.01	中国人民银行	《中国人民银行关于全国银行间同业拆借中心发布〈资产支持证券交易操作规则〉的批复》(银复〔2005〕53号)
9	2005.8.15	中债登	《资产支持证券发行登记与托管结算业务操作规则》(中债函字〔2005〕37号)
10	2006.05.14	证监会	《关于证券投资基金投资资产支持证券有关事项的通知》(证监基金〔2006〕93号)
11	2007.08.21	中国人民银行	《关于信贷资产证券化基础资产池信息披露有关事项公告》(中国人民银行公告〔2007〕第16号)
12	2007.09.30	中国人民银行	《关于资产支持证券在全国银行间债券市场进行质押式回购交易的有关事项》(中国人民银行公告〔2007〕第21号)
13	2008.02.04	银保监会	《中国银监会办公厅关于进一步加强信贷资产证券化业务管理工作的通知》(银监办发〔2008〕23号)
14	2008.04.09	中国人民银行	《银行间债券市场非金融企业债务融资工具管理办法》(中国人民银行令〔2008〕第1号)
15	2009.05.21	证监会	《关于通报证券公司企业资产证券化业务试点情况的函》(机构部部函〔2009〕224号)
16	2009.12.23	银监会	中国银保监会关于印发《商业银行资产证券化风险暴露监管资本计量指引》的通知(银监发〔2009〕116号)
17	2010.12.13	银监会	《中国银监会关于进一步规范银行业金融机构信贷资产转让业务的通知》(银监发〔2010〕102号)

注:[常道金融]搜集整理制作

5.3.3　2012年的整装再出发阶段

2012年5月,中国人民银行、银监会、财政部联合下发《关于进一步扩大信贷资产证券化试点有关事项的通知》(银发〔2012〕127号),标志着信贷资产证券化试点工作在经历了金融危机冲击的四年之后重新启动。重新启动的资产证券化试点更加强调监管与创新的协同,着力防范金融风险再度发生。2012年9月,国家开发银行推出"第一期开元信贷资产支持证券",发行规模为101.66亿元人民币。此后,资产证券化发展速度明显加快。2014年,我国资产支持证券的发行量达到3264亿元人民币;2015年,资产证券化产品发行量达到6032.4亿元人民币;2019年,我国资产证券化产品发行总额达到23439.41亿元人民币,同比增长17%。表5-2为资产证券化相关政策文件。

资产证券化相关政策文件　　　　　　　　　　　　　　　　　表5-2

序号	发布时间	发文部门	政策文件
1	2012.05.17	中国人民银行	《关于进一步扩大信贷资产证券化试点有关事项的通知》(银发〔2012〕127号)

序号	发布时间	发文部门	政策文件
2	2012.06.07	银监会	《商业银行资本管理办法（试行）》附件9（资产证券化风险加权资产计量规则）
3	2012.07.02	上海清算所	《关于信贷资产支持证券登记托管、清算结算业务的公告》（清算所公告〔2012〕7号）
4	2012.08.03	中国银行间市场交易商协会	《银行间债券市场非金融企业资产支持票据指引》（中国银行间市场交易商协会公告〔2012〕14号）
5	2012.08.22	证监会	关于就修改《证券公司客户资产管理业务试行办法》及配套实施细则征求意见的通知
6	2013.03.15	证监会	《证券公司资产证券化业务管理规定》（证监会公告〔2013〕16号）
7	2013.03.26	上海证券交易所	《关于为资产证券提供转让服务的通知》[1]（上证债字〔2013〕162号）
8	2013.04.22	深圳证券交易所	《深圳证券交易所资产证券化业务指引》（深证会〔2013〕38号）
9	2013.07.01	国务院	《关于金融支持经济结构调整和转型升级的指导意见》（国办发〔2013〕67号）
10	2013.12.31	中国人民银行、银监会	《关于规范信贷资产证券化发起机构风险自留比例的文件》（中国人民银行、中国银行业监督管理委员会公告〔2013〕第21号）
11	2014.09.30	中国人民银行、银监会	《关于进一步做好住房金融服务工作的通知》（银发〔2014〕287号）

注：[常道金融]搜集整理制作

5.4　资产证券化的交易步骤

一次完整的资产证券化融资的基本流程包括：发起人将证券化资产出售/信托给SPV，或者由SPV主动购买可证券化的资产，然后将这些资产汇集成资产池（Assets Pool），再以该资产池所产生的现金流为支撑设计出证券，经过信用增级和发行评级后，委托证券商在金融市场上发行，SPV用所得的资金支付发起人，用基础资产池的现金流偿还投资者的本息。具体分为以下六个步骤。

1）确定资产证券化的资产并组建资产池

资产证券化的发起人（即资产的原始权益人）在分析自身融资需求的基础上，通过发起程序确定用来资产证券化的资产，并据以对所拥有的能够产生未来现金流的资产进行清理、估价，确定可证券化的资产额度，并将上述资产形

---

① 该文件已废止。

成资产池。在此过程中，通常需要承销机构提前介入协助发起人进行评估、审核。必要时，承销机构还会联合律师事务所、评级机构、专业评估机构以及现金流预测机构等第三方中介机构共同协助发起人分析评估发起人或其持有的基础资产的适格性及以此开展后续资产证券化的可行性。

2）交易结构的设计

在初步确定基础资产或资产池的范围以及以此开展资产证券化的可行性后，发起人需要设计和确定整个交易结构，并依据发起人的融资需求、基础资产或资产池的特性、现金的回流归集情况等设计确定交易结构，如确定发行方式（单次发行还是储架发行）、信用增级措施（内部增信或外部增信）、现金归集流转过程、是否适用循环购买机制等。

交易结构的设计和确定最终需要通过交易文件体现和承载。在这一阶段，需要承销机构、律师事务所等共同合作，确定并落实交易结构的细节。

3）设立特殊目的载体（SPV）

特殊目的载体（SPV）是专门为资产证券化设立的一个特殊实体，它是资产证券化的关键。设立 SPV 的目的是实现发起人需要资产证券化的资产与其他资产之间的"风险隔离"。SPV 是一个特殊的法律实体，其基本法律形态包括信托公司模式、股份有限公司或有限责任公司模式、合伙企业模式。其主要功能是实现破产隔离和发行证券筹集资金。

特殊目的载体（SPV）既是从发起人处受让基础资产、实现发起人与基础资产之间风险隔离的法律载体，又是证券的发行主体。特殊目的载体是依据相应法律法规，通过一系列交易文件构建的拟制主体，主要以基础资产的持有人以及证券发行人的身份存在。

4）特殊目的载体（SPV）受让并持有基础资产

基础资产从原始权益人向 SPV 的转移，是证券化运作流程中的重要环节。资产的转移使得发起人的债权人不得追索该资产。在具体业务操作中，特殊目的载体作为通过一系列交易文件所构建的拟制主体，本身并没有足够的资产或现金流用以购买或受让资产。因此，在交易文件和交易安排上，特殊目的载体先发行证券，在发行成功取得投资人的认购资金后，再以认购资金从发起人处受让基础资产。

5）证券发行与认购

证券的发行与认购是基于发起人已对基础资产进行法律上的剥离并通过信用增级，包括内部增级和外部增级、信用评级等，SPV 公司将经过信用评级的证券交给承销商去承销，可采取公开发售或私募的方式进行。

如前所述，特殊目的载体在承销机构的协助和安排下，进行证券发行工作，并以证券发行所取得的认购资金作为受让基础资产的资金来源。发行成功后，由受托人代表认购证券的投资者，进行后续证券的管理服务工作。

6）后期服务与管理

在证券发行成功且特殊目的载体已受让并持有基础资产以后，整个资产证券化业务就进入存续期的持续管理阶段。在此阶段，一方面，需要由资产服务机构对特殊目的载体受让持有的基础资产（包括其在存续期产生的现金流）进行管理和归集；另一方面，需要对特殊目的载体取得的现金流和收入，在扣除相应成本费用后，向投资者进行证券收益的分配工作。

除此之外，特殊目的载体以及受托人还需根据交易文件的约定以及监管规则的要求，履行相关信息披露义务。按照证券发行时说明书的约定，在证券偿付日，SPV 将委托受托人按时、足额地向投资者偿付本息。资产证券化交易结构如图 5-1 所示。

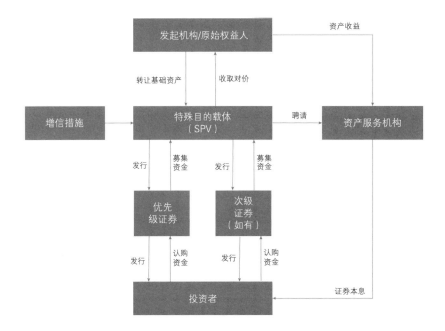

图 5-1　资产证券化交易结构

5.4.1　信贷资产证券化的操作流程

1）银行将对城市更新类项目公司的贷款信托给受托机构。

2）受托机构以该信贷资产为基础设立信托，发行以信托财产支持的资产支持证券，委托主承销商销售该证券。

3）主承销商组建承销团，向投资者发售资产支持证券，并将募集款项扣除发行承销费用后的余额划转给受托机构。

4）受托机构将该余额扣除必要费用（如证券登记托管费）后作为对价支付给发起银行。

5）在信托存续期间，银行作为贷款服务机构负责已设立信托的贷款本息收回工作，并将回收款转付至信托账户，用于偿还证券本息。

6）发起银行通过资产证券化交易可以实现资产出表，释放贷款额度，可以使用募集资金继续向项目公司发放贷款。信贷资产证券化交易结构如图 5-2 所示。

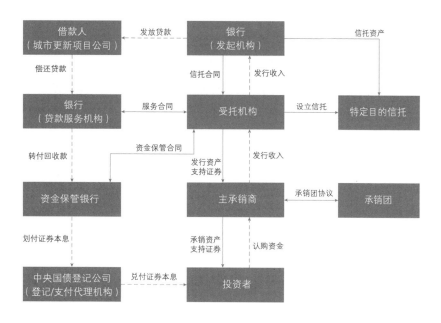

图 5-2　信贷资产证券化交易结构

5.4.2　资产支持专项计划的操作流程

1）设立专项计划：券商（或基金子公司）作为专项计划管理人设立资产支持专项计划，并作为销售机构向投资者发行资产支持证券募集资金，自己的资产支持证券通常由原始权益人自持。

2）购买基础资产：管理人以募集资金向原始权益人（城市更新项目公司）

购买基础资产，原始权益人通常作为资产服务机构负责基础资产的后续管理和运营。

3）现金流归集和计划分配：资产支持专项计划交易结构如图 5-3 所示。

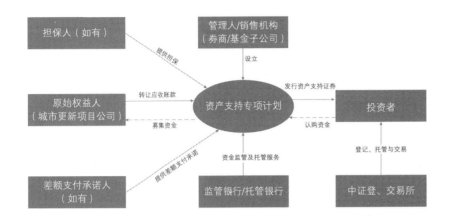

图 5-3 资产支持专项计划交易结构图

5.4.3 资产支持票据的操作流程

1）发行人（城市更新公司或其母公司）向投资者发行资产支持票据（ABN），并与主承销商签署《应收账款质押合同》等交易文件。

2）发行人以其合法享有的基础资产产生的回收款作为第一还款来源，并定期归集到资金监管账户。

3）发行人对基础资产产生的回收款与 ABN 应付本息差额部分负有补足义务。

4）在 ABN 本息兑付日前，监管银行将本期应付票据本息划转至上海清算所的账户。

5）上海清算所将前述资金及时分配给 ABN 持有人。

资产支持票据的操作流程如图 5-4 所示。

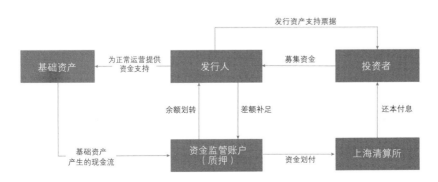

图 5-4 资产支持票据的操作流程

5.4.4　交易所资产支持证券的操作流程

1）原始权益人（城市更新项目公司）与受托人（证券公司或基金管理公司子公司）签订《资产转让合同》，将基础资产转让给受托人。

2）委托人（证券投资者）通过签署《认购协议》，委托受托人管理资金，用于购买基础资产。

3）受托人与托管人签署《托管合同》，由托管人保管资产支持计划资产并负责资产支持计划项下的资金拨付。

4）若当期基础资产现金流不足以偿付资产支持计划该期应付本息，则由增信机构履行补足义务。

5）托管人根据受托人指令，及时向受益凭证持有人分配资产支持计划本金和收益。

交易所资产支持证券的操作流程如图 5-5 所示。

5.5　城市更新资产证券化基本要求及特点

5.5.1　资产证券化的相关要求

资产证券化对原始权益人的基本要求如下。

1）原始权益人为有限责任公司、股份有限公司、全民所有制企业或事业单位。

2）原始权益人内部控制制度健全，具有持续经营能力，无重大经营风险、财务风险和法律风险。

图 5-5　交易所资产支持证券的操作流程

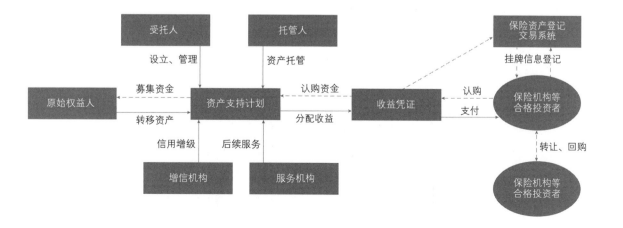

3）原始权益人最近 3 年未发生重大违约或虚假信息披露，人民银行企业信息信用报告中无不良信用记录。

4）原始权益人最近 3 年未发生过重大违法违规行为。

5.5.2　资产证券化对基础资产的基本要求

1）基础资产符合法律法规及国家政策规定，权属明确，可以产生独立、可预测的现金流且可以特定化。基础资产的交易基础应当真实，交易对价应当公允，现金流应当持续、稳定。

2）基础资产不得附带抵押、质押等担保负担或者其他权利限制，但通过专项计划相关安排，在原始权益人向专项计划转移基础资产时能够解除相关担保负担和其他权利限制的除外。

3）基础资产不属于《资产证券化业务基础资产负面清单指引》的附件《资产证券化基础资产负面清单》的范围。

5.5.3　城市更新资产证券化的特点

1）基础资产与特许经营权密切相关，运营管理权和收益权相分离

基础资产大部分情况下与政府特许经营权密切相关，但由于国内法规对特许经营权的受让主体有非常严格的准入条件，使得在项目资产证券化中运营管理权和收益权发生分离，运营管理权转移比较困难，但收益权可以分离出来作为基础资产或底层资产，实质上为项目资产的收益权证券化。

2）基础资产的合规性更强

一般资产证券化业务中财政补贴难以作为基础资产，而基金业协会在《资产证券化业务基础资产负面清单指引》中对"地方政府按照事先公开的收益约定规则，在政府与社会资本合作模式下应当支付或承担的财政补贴"进行了豁免，这有利于进一步拓宽城市更新类项目资产证券化的基础资产范围。

3）基础资产的期限更长

城市更新项目通常涉及大规模的土地和建筑物改造，需要较长时间来完成。此外，这类项目的投资回报可能需要数年甚至更长时间才能实现，但较长的资产期限可以帮助降低风险，并为投资者提供更稳定的现金流。一些投资者可能对长期投资有需求，以匹配他们的投资策略和资金安排。城市更新基础资

产的价值可能需要在较长时间内逐步体现，资产证券化需要满足项目的长期融资需求，确保资金的持续供应。总体而言，较长的资产期限对投资者和发行人都有一定的好处和挑战。投资者需要考虑长期的资金安排和风险承受能力，而发行人则需要确保项目的可持续性和现金流的稳定性。

4）地方政府或融资平台提供直接增信的难度比较大

城市更新类项目与一般的政府融资平台项目有很大不同，政府融资平台项目普遍含有政府信用和财政兜底，且资产抵质押要求高；而城市更新类项目属于项目融资范畴，对项目本身的偿债能力要求较高。因此相比一般类型的资产证券化，城市更新类项目资产证券化需要弱化"政府信用兜底"，更关注城市更新类项目本身的现金流产生能力和社会资本方的支持力度。

5）城市更新项目一般在进入稳定运营阶段开展资产证券化业务，特定项目也可以在建设期开展资产证券化业务。资产证券化在城市更新项目产业链中的作用如图 5-6 所示。

5.5.4　城市更新资产证券化注意事项

1. 确定现金流

当前发行的企业资产支持证券产品当中，普遍将企业对于拟证券化现金流的权益确立为债权形式。债权形式需要有明确的债务债权凭证，以供水项目为例，需要供水企业拥有与客户的供水协议，协议需要约定供用水的主体、价格依据、水费上缴的频度以及拖欠水费的处理办法等。集合所有用户的供水协议，进而可以计算每年的水费收入，从而推测现金流量。但是，不排除部分企业因为历史原因等未与用户签订相关协议，这时就需要确定企业是否拥有本地公用事业的垄断供给权利，如果拥有此权利就可以根据以前年度的水费推测未来的现金流量，否则应考虑存在竞争者的情况。

图 5-6　资产证券化在城市更新项目产业链中的作用
来源：林华.《PPP 与资产证券化》相关章节

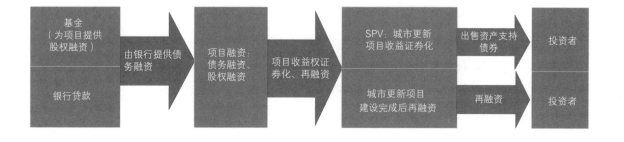

当然，对于部分公用事业，此时应该根据本地经济状况、人口情况、可比较个体以及历年经营状况等确定单位年度现金流量，进而估计证券化资产规模。

2. 确定企业权益

城市更新项目中，政府与社会资本参与者皆有项目的股份时，在企业进行资产证券化的过程中，有必要将所有的现金流量都进行证券化出售时，就出现了政府部门的权益如何处理的问题。在解决这一问题的过程中，政府与社会资本在城市更新项目公司设立的初期就需要设计好相关条款，对于双方的权益进行明确界定，对于未来可能发生的权益出售的处理办法进行明确规定。一般情况下，可在保证维持正常经营且征得对方同意的情况下，将未来现金流的估计总值按照权益所占比例进行出售，也可以将未来若干年现金流总体出售后，每年以单位年度现金流乘以政府权益比率的价值对政府进行支付。这种模式在一定程度上将政府作为资产支持证券的一名投资者。实践中，在政府与社会资本共同持股的情况下，经常会发生政府不了解资产证券化业务的内容，因有所顾虑而禁止将公用事业未来现金流进行出售的案例。因此，在政企合作模式开始的阶段就要考虑到进行相关业务的可能，双方对于进行此种业务达成一致和谅解，并形成相关协议，以促成城市更新政企合作模式的成功和资产证券化业务的顺利进行。

3. 对于资产支持证券的增级

不同的资产证券化项目可能需要采用不同的增级措施，具体的增级措施应该根据项目的具体情况进行选择。资产证券化的内外部增级措施如下。

1）内部增级措施

优先/次级分层：指在资产支持证券端构建一个优先/次级结构，使证券在实现本息兑付或损失分配安排上具有优先与劣后的顺位区分，实现风险的再分配，通过次级资产支持证券为享有优先权的优先级资产支持证券提供信用支持。

2）外部增级措施

保险公司出具保单：单线保险公司作为一个交易的本金和利息支付的100%担保人，直接对投资者提供偿付担保。回购条款：指一个资信等级较高的第三方在规定的期限内或按照具体契约在基础资产组合未清偿余额低于规定水平时，与发行人签订购买基础资产组合中尚未清偿部分的条款。备用信用证：备用信用证具有明确金额的信用支持，一般由银行出具，承诺在满足预先确定的条件下，提供无条件的偿付。收益权质押 / 基础资产抵押：收益权质押是原始权益人或其他相关权益人将基础资产的收益权质押给特殊目的载体作为信用支持的方式。

城市更新模式的资产支持证券，因底层资产有政府股份，预计会获得投资者的极大认同。将政府权益打包一起出售，可作为增级手段，虽然底层资产与原始权益人无关，但投资者视政府为利益相关方，可能获得了其"隐性担保"，且政府也是投资者，坚定了持有资产证券化产品的信心。然而，此举并不能完全保证信誉，评级公司会分清权益差别，故在实际操作中仍需采用传统内外部增级的手段。

4. 强调特许权

为保障社会资本在城市更新项目中现金流收入的稳定性，特许权是一个非常好的附注项。特许权包含了特许经营、渠道许可、经济性优惠等，尤其是特许经营与渠道许可，不仅确保了企业经营的垄断性，还在一定程度上稳定了未来现金流量。

在进行相关城市更新项目时，政府可借助特许权吸引社会资本加入。而社会资本在决定参与特定城市更新项目之时，就需明确是否能够取得政府的特许权。这是保证城市更新项目达成双赢，以及后续项目的运转和相关操作得以顺利开展的关键所在。

当确定项目拥有特许权后，资产证券化的现金流预测就有了较好的依据。而作为确保原始资产正常运行的条目，特许权本身就是一个极优的"增级"项目。此外，特许权还涵盖政策扶持、税收优惠、市场准入等内容，这些都为城市更新项目的顺利推进提供了有力支撑。

5.6 城市更新类资产证券化案例

以下具体介绍几个典型模式的城市更新资产证券化案例。

5.6.1 百联资控城市更新 CMBS

2021 年 9 月 28 日，国内首单城市更新 CMBS——百联资控城市更新

1号资产支持专项计划（以下简称"百联资控城市更新CMBS"），在上海证券交易所成功发行。百联资控通过对存量资产的改造、再开发、招商运营，充分挖掘及提升物业价值，为资产证券化的实施奠定坚实基础。此次百联资控城市更新CMBS第1期的入池基础资产共计5个，均为改造提升后的存量资产，位于上海市内环，地理位置优越，其中4个项目为历史保护建筑。

1. 交易结构

图5-7为百联资控城市更新CMBS交易结构，其交易流程如图所示。

2. 主要参与机构

该项目的主要参与机构见表5-3。

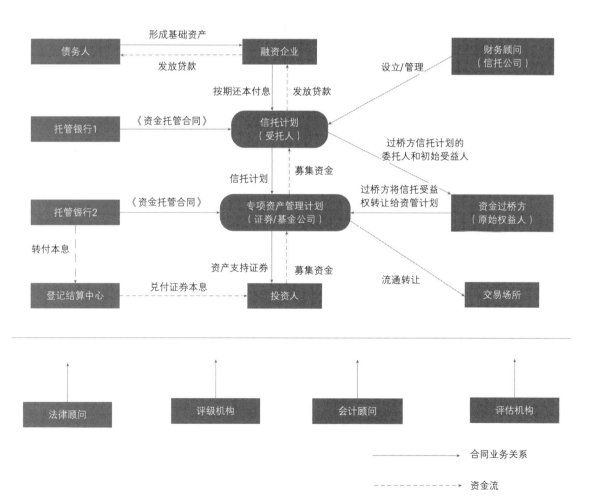

图5-7　百联资控城市更新CMBS交易结构示意图

主要参与机构　　　　　　　　　　　　　　　　　　　　　　　　　表 5-3

原始权益人	上海百联集团股份有限公司
计划管理人 / 推广机构	上海证券有限责任公司
托管机构	上海浦东发展银行股份有限公司
受托机构	陆家嘴国际信托有限公司
资金保管机构	上海浦东发展银行股份有限公司
评级机构	上海新世纪资信评估投资服务有限公司
律师事务所	北京市金杜律师事务所
评估机构	深圳市戴德梁行土地房地产评估有限公司
现金流预测机构	深圳市戴德梁行土地房地产评估有限公司

3. 基础资产情况

百联资控城市更新 CMBS 储架 50 亿元，首期发行规模 6.5 亿元。百联资控城市更新 CMBS 储架 50 亿元的底层资产为百联资控精心打造的百空间项目，如四川中路 133 号（原外滩卜内门洋行）、香港路 117 号（原凯恩宾馆）、淮安路 668 号（百空间）、光复路 127 号（四行仓库光三分库）等。

4. 产品结构

该城市更新专项计划优先级支持证券占比 98.46%，发行利率 4%，产品期限 18 年。次级占比 1.54%，产品期限 18 年。百联资控城市更新 CMBS 产品结构见表 5-4。

百联资控城市更新 CMBS 产品结构　　　　　　　　　　　　表 5-4

发行总额（亿元）	6.5	
产品起息日	2021-09-28	
专项计划到期日	2039-09-28	
证券分档	优先级	次级
规模（亿元）	6.4	0.1
规模占比（%）	98.46%	1.54%
信用评级	AAA	NR
期限（年）	18	18
预期收益率	4%	无预期收益率
付息频率	按半年支付预期收益	按半年支付预期收益
本金偿还方式	固定	过手

5.6.2　招商蛇口长租公寓第一期资产支持专项计划

2018年2月13日，深圳市招商置地投资有限公司作为原始权益人的"招商创融－招商蛇口长租公寓第一期资产支持专项计划"首期成功发行。作为储架式长租公寓CMBS，储架融资规模为60亿元，分多期发行，首期发行规模20亿元，期限为18年（3+3+3+3+3+3年），其中优先级产品规模19.90亿元，劣后级0.1亿元。该CMBS项目的成功发行，将会放大招商蛇口公寓板块起步早、产品线完整等优势，为租购并举时代的转型创新储备能量圈。这种银行与房企合作的长租公寓证券化模式，或成为未来住房租赁市场发展的主流。

1. 交易结构

图5-8为招商蛇口长租公寓CMBS交易结构，其交易流程如下：

1）计划设立认购人通过与管理人签订《认购协议及风险揭示书》，将认购资金以资产支持专项计划的方式委托管理人管理，管理人设立并管理专项

图5-8　招商蛇口长租公寓CMBS交易结构图

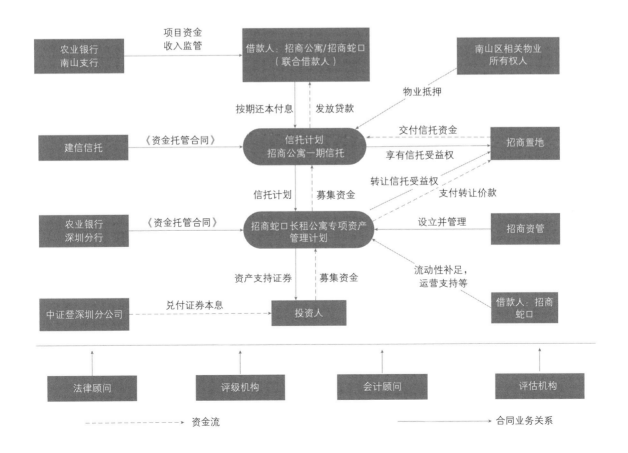

计划，认购人取得资产支持证券，成为资产支持证券持有人。

2）基础资产购买管理人根据与非特定原始权益人签订的《信托受益权转让合同》的约定，将专项计划资金用于向非特定原始权益人购买基础资产。交易完成后，专项计划承接非特定原始权益人与受托人的信托关系，成为信托受益人。

3）基础资产服务计划管理人与资产服务机构签订《运营管理协议》，资产服务机构负责与基础资产及其回收有关的管理服务及其他服务。

4）基础资产托管人、管理人、监管银行和借款人/差额补足义务人等签署关于质押租金收入监管与归集的《监管协议》，授权受托人根据《监管协议》的约定对监管账户进行监管。

5）计划收益/本金分配计划管理人应在计划管理人分配日将专项计划账户内可供分配的资金按照约定进行相应的分配或运用（若同一顺序的多笔款项不能足额分配时，按各项金额的比例支付，且不足部分在下一期支付），《标准条款》对专项计划费用支付另有约定的除外。

2. 主要参与机构

该项目的主要参与机构见表 5-5。

主要参与机构表　　　　　　　　　　　　　　　表 5-5

原始权益人	深圳市招商置地投资有限公司
计划管理人/推广机构	招商证券资产管理有限公司
托管机构	中国农业银行深圳市分行
受托机构	建信信托有限责任公司
资金保管机构	中国农业银行深圳南山支行
评级机构	上海新世纪资信评估投资服务有限公司
律师事务所	德恒律师事务所
评估机构	深圳市戴德梁行土地房地产评估有限公司
财务顾问	招商证券股份有限公司

3. 基础资产情况

该项目是全国首单长租公寓储架发行 CMBS（商业物业抵押贷款证券化）产品，获批发行规模达 60 亿元，刷新了长租公寓类资产证券化的最高额度。该产品的获批也是招商证券响应国家发展长租公寓产业、盘活长租公寓资产的重要实践，帮助住房租赁企业盘活了存量资产，提供了流动性，从长远来看，有利于企业更快更好地向市场提供更多长租公寓，为金融机构服务实体经济提

供了新思路、新方案。本次项目的成功获批是招商蛇口与招商证券发挥招商局
集团产业链优势、推动产融结合的又一成功典范。

4. 产品结构

本产品首期拟发行 20 亿元，期限为 18 年，其中优先级产品规模 19.90
亿元，次级 0.1 亿元，招商蛇口长租公寓 CMBS 产品结构见表 5-6。

招商蛇口长租公寓 CMBS 产品结构　　　　　　　　　　　　　　　表 5-6

发行总额（亿元）	20	
产品起息日	2018-03-06	
专项计划到期日	2036-03-06	
证券分档	优先级	次级
规模（亿元）	19.9	0.1
规模占比（%）	99.50%	0.5%
信用评级	AAA	NR
期限（年）	18	18
预期收益率	5.7%	无预期收益率
付息频率	按半年支付预期收益	按半年支付预期收益
本金偿还方式	固定	过手

5.6.3　城市更新资产证券化具体操作中的注意事项

城市更新资产证券化是一种复杂的金融操作，涉及面广，交易结构复杂，
具体操作中要注意以下事项。

1）基础资产的选择：基础资产的质量和稳定性是资产证券化成功的关键。
在选择基础资产时，需要深入评估其现金流的稳定性、可靠性和可预测性。考
虑因素包括资产能产生收入的能力、市场需求、竞争状况等。此外，还需关注
基础资产的法律权属和权利限制，以确保资产的独立性和可转让性。

2）法律合规性：严格遵循相关法律法规至关重要。相关法律法规包括但
不限于证券法律、税法、信托法等。应确保证券化结构和交易文件符合法律要
求，避免潜在的法律风险。与专业法律顾问合作，确保所有法律程序和文件的
完整性和准确性。

3）风险评估与管理：需要全面评估各种风险，如信用风险方面，要对基
础资产的债务人进行信用分析；市场风险方面，考虑利率波动、市场需求变化
等因素。同时制定有效的风险管理策略，包括风险对冲、信用担保等措施。

4）信用增级措施：为提高证券的信用等级，可采取多种信用增级手段，包括但不限于设置内部信用增级措施，如超额抵押、优先级／次级结构等。也可以考虑外部信用增级，如引入信用担保机构或保险公司。

5）市场环境分析：了解市场供需情况、利率走势等对确定发行时机和定价策略至关重要。市场研究包括对类似证券化产品的表现、投资者需求和市场流动性的分析。

6）交易结构设计：交易结构应平衡各方利益，同时满足法律和市场要求。考虑因素包括证券的种类和级别、偿付机制、现金流分配规则等。设计合理的交易结构有助于提高证券化产品的吸引力。

7）信息披露：及时、准确地向投资者披露相关信息，增加市场透明度。披露内容应包括基础资产的详细信息、风险因素、财务报表等。建立有效的信息披露机制，确保投资者能够充分了解证券化产品的风险和特点。

8）税务筹划：合理规划税务可以降低成本。税务考虑包括资产转让的税务处理、证券持有者的税务待遇等，与税务专家合作，制定最佳的税务策略。

9）专业服务机构的选择：选择经验丰富、专业的中介机构，如律师、会计师、评级机构等，他们的专业知识和经验对证券化项目的成功至关重要。

10）后续监管：证券化产品发行后，需要对其进行持续监管。这包括监测基础资产的表现、现金流的归集和分配等。及时解决可能出现的问题，确保证券化产品的正常运营。

总之，城市更新资产证券化是一个复杂而多方面的过程，需要仔细考虑和处理上述注意事项。通过合理选择基础资产、遵守法律法规、有效管理风险、设计合理的交易结构、充分披露信息以及选择专业的服务机构等措施，可以提高证券化项目的成功概率，并为投资者提供有吸引力的投资机会。同时，持续的后续监管也是确保证券化产品长期稳定运行的关键。

5.7　城市更新资产证券化的意义

多个监管文件或重要讲话提到了资产证券化产品，指出要通过资产证券化来支持实体经济，对降低企业杠杆、构建多层次资本市场意义显著。城市更新资产证券化作为一种创新金融手段，城市更新本身由于具有可运营存量资产多、融资模式多元化等特点，与资产证券化模式有较高匹配度。资产证券化业务对城市更新投资人的主要意义如下。

1）拓宽融资渠道：为企业建立股权、债券融资之外的第三条融资渠道，实现多形式、多渠道融资；资产证券化基础资产种类众多，融资灵活性高，且融资规模不受限，资金用途限制少。能吸引更多社会资本，包括机构与个人投资者，满足大规模项目的资金需求，加速城市建设进程。

2）降低融资成本：提升资产流动性后，降低了融资成本。债权类资产的资产证券化可以改善公司资产结构，调节财务或监管指标，释放业务空间；以特定基础资产现金流作为偿付支持，利用结构化设计，使证券评级突破企业自身信用等级，有效优化企业融资成本。

3）优化资源配置：引导资金流向优质项目，基于市场机制实现资源高效分配。资产证券化可提前变现城市更新公司资产的未来可预期收益，盘活存量资产，提高企业自身流动性，从而补充运营资金，改善企业资金链，提升新业务获取能力。

4）分散风险：将风险分散给众多投资者，降低个体风险。

5）提升运营效率：引入市场机制与竞争，促使项目运营专业化、市场化，提升质量与效率。

6）推动城市发展：有力推进城市基础设施改善，提升功能与品质。吸引人才和企业，促进经济与社会进步。

7）增强城市竞争力：提升城市吸引力与竞争力，在区域和全国更具优势，吸引投资与资源。

8）丰富投资品种：为投资者提供更多选择，实现资产多元化配置。

9）提高资产流动性：使原本低流动性的资产更具流动性，提升价值与变现能力。

10）推动金融创新：丰富金融市场产品，促进金融行业创新发展。

总而言之，城市更新资产证券化在多个层面具有重要意义。其在融资、成本、资源配置、风险分散、运营效率等方面发挥着关键作用，对城市发展、竞争力提升、投资品种丰富、金融创新、政府治理与产业升级都具有积极影响。未来，它将在城市可持续发展中扮演愈发重要的角色，为城市发展提供有力支持。

第 6 章

城市更新REITs融资及案例

随着中国经济发展阶段的转变，固定资产投资也面临着从增量时代向存量时代的转换。在这一背景下，如何盘活存量资产成为中国经济未来增长的关键。同时，房地产企业风险持续发酵，地方政府隐性债务风险不断攀升，这也使得发展城市更新 REITs 具有时代的必要性。中国在快速城镇化和工业化过程中，积累了大量的交通基础设施、市政基础设施、住房和商业不动产等存量资产。据中国国家统计局测算，仅 2010 年至 2021 年间，中国基础设施投资累计接近 130 万亿元。这些规模庞大、种类丰富的存量资产，为城市更新 REITs 的发展提供了可行性。

发展 REITs 对城市更新具有多方面的作用。首先，它能为城市更新项目提供资金支持，缓解资金压力；其次，提高了资金的流动性，方便投资者进入和退出项目；再者，吸引更多社会资本参与，扩大资金来源；引入专业运营管理团队，提升项目运营效率；促进资产优化配置，提高资源利用效率；增强市场信心，稳定市场发展；推动产业升级，助力城市产业结构调整；改善城市面貌，提高城市形象；促进区域协调发展，实现资源共享和协同发展；最后，增加就业机会，带动相关产业发展。

为了更好地发展城市更新 REITs，在实际操作中要注意以下问题：加强项目筛选和评估，确保选择具有良好投资回报和发展潜力的项目；建立专业的运营管理团队，提高项目的运营水平和效益；加强风险管理，降低市场风险和信用风险；优化税收政策，提高 REITs 的吸引力；加强信息披露，提高市场透明度，增强投资者信心；推动市场多元化，吸引更多类型的投资者参与。总之，城市更新 REITs 的发展对于推动城市发展具有重要意义。城市更新 REITs 业务全产业链流程如图 6-1 所示。

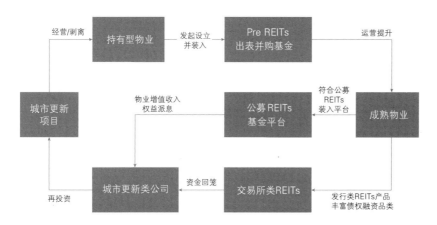

图 6-1　城市更新 REITs 业务全产业链流程图

6.1　城市更新 REITs 的内涵及特征

REITs 的英文全称为 Real Estate Investment Trusts，直译就是房地产信托投资基金，其内涵是由受托机构向投资者发行股票或收益凭证募集资金，设立房地产信托基金，然后将资金投资到房地产项目、房地产相关权利及房地产相关有价证券，并将投资获得的收益分配给投资者。REITs 的概念至少体现了以下三个要素：一是 REITs 具有共同基金（Mutual Fund）的特性，类似于证券投资基金，由专门的受托机构以信托契约或公司形式发行收益凭证或股票，只是基金投资的领域为房地产项目或与房地产相关的有价证券。二是 REITs 是房地产行业的一种重要融资工具，服务于房地产存量资产，包括但不限于公寓、写字楼、酒店、物业管理等项目，投资者的收益来源是租金或房地产项目升值收益。三是 REITs 可公开交易上市，国际上 REITs 是专属于基础设施领域的基金，绝大多数是公募，少数属于私募，即 REITs 可以封闭运作，也可以上市流通。REITs 的应用，为房地产行业提供了一种直接融资的渠道，尤其为存量的住房租赁市场提供了一种新模式。

6.1.1　多层次的 REITs 市场

2022 年 5 月 25 日，国务院办公厅发布《关于进一步盘活存量资产扩大有效投资的意见》（国办发〔2022〕19 号），从六方面提出 24 条意见，要求聚焦重点领域、重点区域、重点企业，通过推动基础设施领域 REITs 健康发展、规范有序推进 PPP、支持兼并重组等方式，有效盘活存量资产，形成存量资产和新增投资的良性循环。其中，探索建立多层次基础设施 REITs 市场的具体政策为：

进一步提高推荐、审核效率，鼓励更多符合条件的基础设施 REITs 项目发行上市。建立健全扩募机制，探索建立多层次基础设施 REITs 市场。国有企业发行基础设施 REITs 涉及国有产权非公开协议转让的，按规定报同级国有资产监督管理机构批准。研究推进 REITs 相关立法工作。

总体而言，国内的公募 REITs 市场门槛较高，规模有限。国务院办公厅《关于进一步盘活存量资产扩大有效投资的意见》（国办发〔2022〕19 号）提出，探索建立多层次基础设施 REITs 市场，包括私募 REITs、地方股交所 REITs、国内交易所—类 REITs、国内外交易所—股权 REITs。

6.1.2　REITs 的特点

1）资产投资的定向性。REITs 只能投资于具有稳定现金收入的收租型物业，不能投资于其他产业，也不能投资于房地产的开发。

2）强制分红。按照法律规定，REITs 必须至少将收益的 90% 在当年分配给投资人。

3）产品透明、信息披露充分。传统的股票投资、房地产投资对于投资者来说是复杂的、不透明的，需要特别多的基本面研究。REITs 作为可公开交易的投资基金，基础资产的运作管理相对单一，信息披露更加充分。

4）税收优惠。国外成熟的 REITs 市场，鼓励长期持有型的 REITs 投资方式，会给予 REITs "穿透性税收待遇"，从分红到 REITs 管理公司的经营都有相应的税收减免。中国 REITs 相关的税制优惠安排也在计划制定中。

5）价值增长。REITs 不是始终限制在初期上市的资产规模上。REITs 需要不断提升分红收益来满足投资者的盈利期望。一般来说，REITs 可以通过改善现有物业或者购进新物业两种方式来进行增长。前者被称为内生增长，后者被称为外生增长。提高租金、物业提升和重定位、资本循环属于内生增长，收购物业属于外生增长。

6.1.3　REITs 的组织形式

1）公司型 REITs。以《公司法》为依据，通过发行 REITs 股份所筹集起来的资金用于投资房地产资产，REITs 具有独立的法人资格，自主进行基金的运作，面向不特定的广大投资者筹集基金份额，REITs 股份的持有人最终成为公司的股东。

2）契约型 REITs。以信托契约成立为依据，通过发行受益凭证筹集资金而投资于房地产资产。契约型 REITs 本身并非独立法人，仅仅属于一种资产，由基金管理公司发起设立，其中基金管理人作为受托人接受委托对房地产进行投资。

契约型与公司型 REITs 异同点，如表 6-1 所示。

契约型与公司型 REITs 异同点　　　　　　表 6-1

区别	契约型 REITs	公司型 REITs
主要市场	中国香港、英国、新加坡	美国、日本
资金属性	信托财产	公司财产

区别	契约型 REITs	公司型 REITs
资金使用	按照契约约定	按照公司章程约定
与投资人关系	信托契约关系	股东与公司的关系
利益分配	分配信托收益	分配股利
优劣势	由于设立的法律依据与运营的方式不同，因此契约型 REITs 更具灵活性	公司型 REITs 通常可以更好地解决投资者和管理者之间的利益冲突问题

6.2 中国 REITs 的基本概念及发展概况

我国 REITs 起步较晚但发展较快。具体而言，我国 REITs 市场的发展大体可以分成三个阶段。

第一阶段是 2007 年之前，此阶段主要是探索研究境外 REITs 的实践经验。2001 年《中华人民共和国信托法》等法律法规的出台对 REITs 起到了一定的推动作用。2005 年 12 月，越秀集团携所辖的广州和上海 7 处优质物业成功赴香港发行 REITs，成为中国第一只真正意义上的房地产投资信托基金。尽管 REITs 的境外上市点燃了内地房地产金融行业的热情，但后续政策趋严，《信托投资公司房地产信托业务管理暂行办法》《关于加强信托投资公司部分风险业务提示的通知》等文件提高了房地产信贷和房地产信托业务的门槛，外汇局联合多部委发布的《关于规范房地产市场外资准入和管理的意见》也严格限制境外公司收购内地物业，REITs 进程放缓。

第二阶段是 2007 年至 2014 年，关于 REITs 的政策研究不断完善，相关产品不断丰富。2007 年 6 月，中国人民银行、银监会、证监会联合成立"房地产投资基金专题研究领导小组"，以加强对 REITs 的深入研究，但受美国次贷危机影响，REITs 的实践工作并没有实质推进。2008 年 12 月，国务院发布《关于促进房地产市场健康发展的若干意见》，REITs 首次在国务院层面作为一种拓展企业融资渠道的创新融资方式被提出。2009 年，中国人民银行和中国银监会联合拟定了《房地产集合投资信托业务试点管理办法》，明确了中国 REITs 的产品结构、投资范围和收益分配等内容，有效地推动了后续 REITs 在业务上的发展。2014 年 9 月，中国人民银行和中国银监会发布《关于进一步做好住房金融服务工作的通知》，提出要积极稳妥开展房地产投资信托基金（REITs）试点。2014 年 5 月，"中信启航专项资产管理计划"在深圳证券交易所综合协议平台挂牌转让。虽然其部分分层产品仍为债权性质，但底层资产为国内优质商业不动产资产的股权权益和经营性现金流，被看作是国内首单 REITs 产品。它的发行标志着中国通过私募方式实现了权益型类 REITs 产品，是中国 REITs 发展历程中的里程碑事件。

第三阶段是 2014 年至今，REITs 得到广泛关注并有了进一步发展。随着中信启航项目的发行，私募"类 REITs"的模式逐渐成为主流业务模式，并得以在交易所和银行两个市场间发展。2015 年 6 月，鹏华前海万科 REITs 封闭式混合投资基金发行，这是目前国内首个也是唯一一个面向普通公众的投资不动产对应权益的公募基金产品。其底层资产是万科以 BOT 方式在前海建设的企业中心，而非传统的商业地产。根据招募说明书，鹏华前海万科 REITs 属于混合类契约型基金，受制于投资分散化的有关规定，以不少于 50% 的资产投资于固定收益类、权益类资产，以不超过 50% 的资产投资于项目公司 50% 股权，获取自 2015 年 1 月 1 日起至 2023 年 7 月 24 日期间前海企业公馆项目 100% 的实际或应当取得的除物业管理费外的营业收入。2017 年 11 月，国内首单央企租赁住房 REITs——保利租赁住房 REITs 获批；同年 11 月，新派公寓权益型 REITs 作为首只标的为租赁物业的 REITs 发行。2018 年 1 月 12 日，中国证券投资基金业协会发布《私募投资基金备案须知》，资产证券化的审批体系改为了备案制。备案制后的首单 REITs 是苏宁云商以其 11 处门店物业资产发行的产品。2018 年 3 月，中联前海——保利 REITs 在上海证券交易所公开募资发行，具备继续扩募的能力，这也标志着房企将成为租赁住宅 REITs 的重要推动者。

由于项目资产前海企业公馆为 BOT 项目，鹏华前海万科 REITs 并不拥有控制权，而且鹏华作为公募基金，其对外投资受到一些限制，不能直接投资于非上市公司股权。2017 年 2 月，中国首只银行间公募类 REITs——兴业皖新阅嘉一期房地产投资信托基金发行；2017 年 10 月 23 日，随着房地产政策由"轻租重售"向"租售并举"转变，REITs 越发得到重视和支持，住房城乡建设部在其发布的《关于加快培育和发展住房租赁市场的指导意见》（建房〔2015〕4 号）和《关于在人口净流入的大中城市加快发展住房租赁市场的通知》（建房〔2017〕153 号）中均提出积极支持并推动 REITs 发展。2018 年，中国证监会系统年度工作会议提出，要研究出台公募 REITs 相关业务细则，支持符合条件的住房租赁、PPP 项目开展资产证券化。

　　2020 年 4 月 30 日，中国证监会、国家发展改革委联合发布《关于推进基础设施领域不动产投资信托基金（REITs）试点相关工作的通知》（证监发〔2020〕40 号），并出台配套指引。根据该通知，基础设施 REITs 此次聚焦于新基建、交通、能源、仓储物流、环境保护、信息网络、园区开发七大领域。通过 REITs、收益权 ABS 等产品盘活固定资产，为基础设施建设提供建设资金，不但可以拓宽基础设施项目建设资金来源，降低债务风险，也有利于完善储蓄转化投资机制、推动基础设施投融资市场化、规范化健康发展。同时作为现金、股票、债券之外的"第四类资产"，REITs 有望开辟一片资产配置的新蓝海。对比境外市场，REITs 可能成为未来疏通储蓄转化投资通道的重要路径之一，成为居民抗通胀资产的配置方向，这也标志着我国的 REITs 迈出了实质性的发展步伐。中国 REITs 的标志性事件见表 6-2。

中国 REITs 的标志性事件　　　　　　　　　　表 6-2

时间	主体	事件
2005 年	越秀投资	成功于香港发行越秀 REITs，系中国第一只离岸 REITs
2007 年	人民银行、证监会和银监会	成立专门 REITS 研究小组
2008 年	国务院	发布《关于当前金融促进经济发展的若干意见》（国办发〔2008〕126 号），明确提出"开展房地产信托投资基金试点，拓宽房地产企业融资渠道"
2009 年	央行联合银监会、证监会等 11 部委	成立"REITs 试点管理协调小组"，在北京、上海、天津开展试点工作
2014 年	中国人民银行、银监会	发布《关于进一步做好住房金融服务工作的通知》，首只类 REITs"中信启航"成功发行
2015 年 6 月	鹏华前海万科	REITs 登陆深交所，系中国内地首款公募 REITs 产品（其商业物业股权资产配置不超过 50%）
2016 年 10 月	国务院	《关于积极稳妥降低企业杠杆率的意见》（国发〔2016〕54 号）推动有序开展企业资产证券化
2016 年 12 月	国家发展改革委、中国证监会	发布《关于推进传统基础设施领域政府和社会资本合作（PPP）项目资产证券化相关工作的通知》（发改投资〔2016〕2698 号）
2019 年 9—12 月	中共中央、国务院	《关于支持河北雄安新区全面深化改革和扩大开放的指导意见》指出，支持发行房地产投资信托基金（REITs）
2020 年 4 月 30 日	中国证监会、国家发展改革委	《关于推进基础设施领域不动产投资信托基金（REITs）试点相关工作的通知》（证监发〔2020〕40 号）
2023 年 2 月 20 日	中国证券投资基金业协会	发布《不动产私募投资基金试点备案指引（试行）》（中基协发〔2023〕4 号）。整体来看，不动产私募投资基金试点涉及多种不动产业态，其或能促进和畅通从 Pre-REITs 培育孵化、运营提质到公募 REITs 上市的渠道机制，有助于建设和完善多层次的 C-REITs 市场体系

时间	主体	事件
2023 年 2 月 24 日	中国人民银行、中国银保监会	发布《关于金融支持住房租赁市场发展的意见（征求意见稿）》，其中提及"稳步发展房地产投资信托基金（REITs）"。当前存量保障房 REITs 仅有 4 只，且底层资产主要集中于北上深
2023 年 3 月 24 日	国家发展改革委	《关于规范高效做好基础设施领域不动产投资信托基金（REITs）项目申报推荐工作的通知》（发改投资〔2023〕236 号）

进入 2023 年，公募 REITs 相关政策频出，包括中国人民银行、中国银保监会、中国证券投资基金业协会等都积极倡导加大盘活存量资产力度，引导民间投资积极参与盘活国有存量资产，支持民间投资项目参与基础设施领域不动产投资信托基金（REITs）试点，规范推动一批交通、教育、储备林、生态保护修复等领域的项目。随后广西、福建、重庆等地纷纷出台相应政策指引，为进一步拓宽试点资产类型和 REITs 的实际落地提供了制度保障。2023 年 3 月 24 日，国家发展改革委发布《关于规范高效做好基础设施领域不动产投资信托基金（REITs）项目申报推荐工作的通知》（发改投资〔2023〕236 号），优先支持百货商场、购物中心、农贸市场等城乡商业网点项目，保障基本民生的社区商业项目发行基础设施 REITs。

目前已发行的公募 REITs 底层资产类型涵盖产业园区、高速收费公路、仓储物流、垃圾处理及生物质发电、污水处理、清洁能源发电、保障性租赁住房、消费基础设施等。截至 2024 年 3 月 15 日，中国公募 RFITs 已有 33 只上市标的，目前总计市值 998.07 亿元。目前首发和扩募募集资金共计在 1124.9 亿元左右。

6.3 类 REITs 的相关问题

类 REITs 是参照 REITs 业务方式，采取私募方式发行的资产证券化产品，类似过去在银登挂牌的私募 ABS。Pre-REITs 并没有正式的定义，市场的主流定义是指对于具有发行公募 REITs 的潜在资产，私募基金等提前介入资产投资，进行资产运营和培育，后续主要通过公募 REITs 实现退出的投资参与模式。简单理解就是资产达不到发行公募 REITs 的要求，通过构造、包装、培育（实际业务中真正培育很少）等满足发行公募 REITs 的要求，实现退出。也有很多直接退出，如股东回购、股权转让等退出方式。

类 REITs 结构和 ABS 结构相似，一般采用私募基金 / 信托计划 / 资管计划作为载体，投资 / 收购项目公司股权。类 REITs 交易结构如图 6-2 所示。

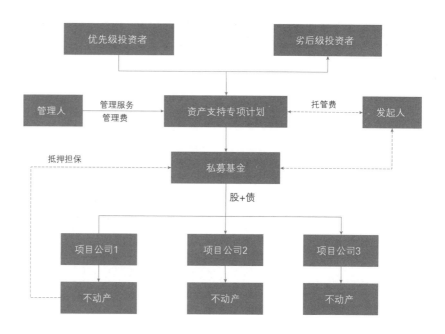

图 6-2　类 REITs 交易结构

从产品结构看，Pre-REITs 主要通过合伙制基金、信托计划、券商资管等载体投资基础设施项目公司的股权，进而持有基础设施资产权属。其交易结构本质上属于非标和私募股权投资。

6.4　REITs 与资产证券化的区别

REITs 与资产证券化作为两种创新金融工具，虽然经常并联使用，但两者还是有本质的区别。

6.4.1　概念上差异较大

REITs 是房地产信托投资基金，本质上就是公募基金，由专门投资机构进行管理，并将投资综合收益按比例分配给投资者。当基金去投资持有房地产资产的公司股权时，即权益型 REITs，若以基金所募资金为项目提供贷款或购买抵押贷款支持证券，就是抵押型 REITs。以美国为例，美国政府出台了一系列优惠的税收政策并对适用的范围限定了条件，但 REITs 本质上还是基金（公司制、合伙制、契约制三种形式）。境外权益性 REITs 结构如图 6-3 所示。

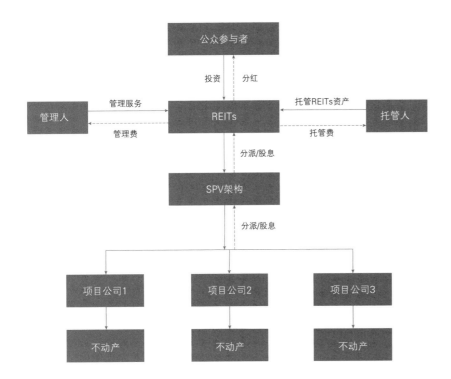

图 6-3　境外权益性 REITs 结构

　　而资产证券化是把拟证券化的"资产"转移给特殊目的载体（SPV），目的是把资产的风险与原始权益人隔离开，防止原始权益人的债权人追索债务，或防止原始权益人破产时，证券化的资产被列为破产财产，从而损害证券投资人的利益，实现企业表外融资。以美国为例，为了规避美国的破产法，防止把证券化的资产归入破产财产，企业把资产转移给 SPV，再由 SPV 用资产产生的现金流作为还款来源而发行证券产品。

　　总体而言，REITs 和资产证券化都是盘活存量资产的金融工具，REITs 通过募集资金实现投资，与共同基金类似，只是投资的底层资产为基础设施不动产。资产证券化以基础资产未来收益支持发行证券产品。

6.4.2　产品特征不同

　　REITs 是投资于公司的股权，没有资产转移的过程。基金设立后，REITs 通过募集资金，由机构投资者和个人投资者认缴基金全部份额，主要收益来源为公司分红和股息。而资产证券化最重要的特征就是它有一个资产转移的过程，实现发债资产与原始权益人的破产隔离，以此隔离原始权益人的债务或破产风险。

6.4.3　监管体系不同

RETls 是先募集资金再投到持有的不动产公司，或购买住房抵押贷款或其他证券，从监管上应该首先适用基金的监管规定，其中基金分为公募基金和私募基金，私募基金在我国并不能在公开市场交易；而资产证券化，要服从深交所、沪交所和银行间交易协会、证监会、机构间报价系统等机构的相关规定，虽不是公募产品，但能公开交易。REITs 与资产证券化具体差异见表 6-3。

REITs 与资产证券化具体差异　　　　　　　　　表 6-3

主要区别	REITs 不动产投资信托基金	资产证券化
底层资产	基础设施	比较广泛
交易结构	专项计划 + 私募，持有基金份额	持债
收入	租金、资产增值	相对固定
分配	分红、资产增值	相对固定
募资	私募、公募	交易所、场内 OTC
流动性	偏股、但波动像债	偏债

6.5　REITs 在城市更新中的发展路径及案例

以金隅产业园 REITs 招募书为例。该 REITs 拟募集 15.31 亿元，预计分派率超 6%。2024 年 3 月 1 日，华夏金隅智造工场产业园 REITs 正式申报至上交所，3 月 4 日，上交所正式受理了金隅产业园 REITs。

华夏金隅智造工场产业园 REITs 底层资产为金隅智造工场产权一期项目。项目建筑面积总计 9.09 万平方米，整体出租率 96.08%，估值约 15.30 亿元，平均估值单价约 16800 元 / 平方米。项目资本化率 6.98%。本次基金拟募集规模为 15.31 亿元，2024 年及 2025 年可供分配现金预测值分别为 9460.38万元和 9717.32 万元，年化现金流分派率预测值分别为 6.18% 和 6.35%。

6.5.1　交易结构

项目公司吸收合并 SPV 公司前基金整体架构图如图 6-4 所示。

项目原始权益人北京金隅集团股份有限公司成立于 2005 年 12 月 22 日，公司注册资本为 1067777.1134 万元。图 6-5 为金隅集团股权关系图。

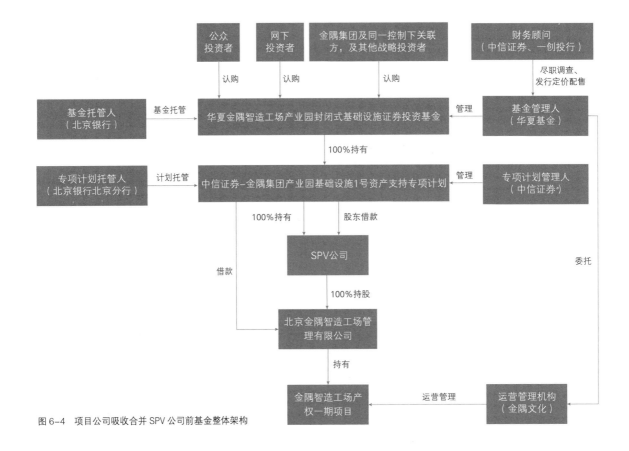

图 6-4　项目公司吸收合并 SPV 公司前基金整体架构

6.5.2　底层资产

底层资产为金隅智造工场产权一期项目。项目坐落于北京市海淀区建材城中路 27 号，资产范围北临菁盈南路，东邻金隅科技园，南临园区内道路，西临园区内道路，总建筑面积为 90907.03 平方米。

金隅智造工场产权一期项目为北京市上地区域东升板块内运营成熟稳定的产业园项目，定位为智能制造及工业研发，主要面向科技推广和应用服务业类租户。截至 2023 年 9 月 30 日，金隅智造工场产权一期项目可出租建筑面积共计 84770.20 平方米，已出租面积为 81447.94 平方米，出租率为 96.08%，运营超过三年，已进入运营稳定期。

项目入池资产包括 6 号楼、7 号楼、8 号楼、10 号楼、11 号楼、12 号楼和 13 号楼。基础设施项目的基本情况见表 6-4 所示。

北京市人民政府国有资产监督管理委员会

100% 持有

北京国有资本运营管理有限公司

44.93%

北京金隅集团股份有限公司

图 6-5　金隅集团股权关系

基础设施项目的基本情况 表 6-4

项目名称	金隅智造工场产权一期项目
所在地	北京市海淀区建材城中路 27 号
资产范围	北邻菁盈南路，东临金隅科技园，南临园区内道路，西临园区内道路
证载土地用途	工业用地
建设内容和规模	建设内容：X 京房权证海字第 080659 号、京房权证海国更字第 0103006 号《房屋所有权证》项下房屋所有权及其对应国有土地使用权；建设规模：90907.03m²
开竣工时间	初始建设阶段：开工日期 2000 年 8 月 21 日，竣工日期 2005 年 1 月 15 日； 升级改造阶段： 一标段（包含 6 号、7 号、8 号、10 号、11 号及 12 号厂房）：开工日期 2017 年 6 月 26 日，竣工备案日期 2019 年 12 月 16 日； 二标段（包含 13 号厂房）：开工日期 2017 年 12 月 26 日，竣工备案日期 2020 年 12 月 23 日
运营起始时间	2018 年 6 月
项目权属起止时间及剩余年限（剩余年限为权属到期年限与基准年限之差）	土地使用权权属起始于 1996 年 12 月 3 日，终止日期为 2046 年 12 月 2 日，剩余年限约 23 年

6.5.3 项目运营情况

1. 运营模式

项目运营模式属于产业运营模式。金隅智造工场打造"政产学研用金服"七位一体生态圈，构建起"物理空间租赁 + 产业投资（孵化）+ 创新产业服务"的园区运营服务模式，建设一站式服务中心、党群服务中心，引入海淀区综合政务服务金隅智造工场站，将客户服务、产业服务、政务服务、知识产权服务及非公党建等有机整合，实现"园区事、园区办"。项目的租赁收入主要来源于产业载体的租金收入，目标客户主要为入驻园区的智能制造和工业研发等高新技术企业，通过租金收入实现长期稳定的现金流入。项目盈利主要依托于西三旗区域内部的产业聚集，以产业招商为内核，以自有物业为载体，向租户提供智能制造和工业研发相关的租赁服务并获取租金收益及相应的配套收入。

2. 运营数据

截至 2023 年 9 月 30 日，金隅智造工场产权一期项目运营已超过三年，已进入运营稳定期。截至 2023 年 9 月 30 日，金隅智造工场产权一期项目可出租建筑面积共计 84770.20 平方米，已出租面积为 81447.94 平方米，出租率为 96.08%，加权平均剩余租期为 2.53 年。

项目现金流基于真实、合法的经营活动产生，收入全部来自市场化租户，无关联方租户，符合市场化原则，不依赖第三方补贴等非经常性收入。基础设施各项收入占比和项目经营情况见表 6-5、表 6-6。

基础设施各项收入占比（单位：万元，%）　　　　　表 6-5

项目	2023 年 1—9 月		2022 年		2021 年		2020 年	
	收入	占比	收入	占比	收入	占比	收入	占比
物业租金收入	9997.48	100.00	8220.16	100.00	11603.18	100.00	8595.08	100.00

基础设施项目经营情况（单位：万元）　　　　　表 6-6

项目	2023 年 1—9 月	2022 年	2021 年	2020 年
营业收入	9997.48	8220.16	11603.18	8595.08
营业成本	2242.59	2785.73	3037.08	2886.68
净利润	4635.51	2853.27	5040.37	3125.50
经营性净现金流	6606.03	5527.37	7710.38	5583.72

3. 出租情况

项目整体改造于 2019 年 9 月完全竣工。截至 2023 年 9 月 30 日，项目的出租率为 96.08%，基础设施项目历史出租率和收缴率见表 6-7、表 6-8。

基础设施项目历史出租率情况（单位：%）　　　　　表 6-7

类别	2023 年 9 月 30 日	2022 年 12 月 31 日	2021 年 12 月 31 日	2020 年 12 月 31 日
出租率	96.08	97.61	93.55	82.31

基础设施项目历史收缴情况（单位：%）　　　　　表 6-8

类别	2023 年 1—9 月	2022 年	2021 年	2020 年
当期收缴率	81.66	87.40	91.50	81.43
期后收缴率	100.00	100.00	100.00	100.00

截至 2023 年 9 月 30 日，基础设施租约期限分布见表 6-9。

基础设施租约期限分布（单位：平方米，%）　　　　　表 6-9

租约期限	租赁面积	占比
0—1 年（含）	—	—
1—2 年（含）	2213.33	2.72
2—3 年（含）	8925.33	10.96

续表

租约期限	租赁面积	占比
3—4 年（含）	742.73	0.91
4—5 年（含）	35 433.34	43.50
5 年以上	34 133.21	41.91
合计	81 447.94	100.00

基础设施项目的租约期限主要集中分布在 4—5 年（含）及 5 年以上，租约期限较为合理。

6.5.4　项目估值情况

截至 2023 年 9 月 30 日，项目资产估值合计 15.30 亿元，基础设施资产的评估情况如表 6-10。

基础设施资产的评估情况　　　　　　　表 6-10

项目名称	总建筑面积 （平方米）	收益法估值 （元）	市场价值单价 （元 / 平方米）
金隅智造工场产权一期项目	90 907.03	1 530 000 000	16 800

1. 租金增长率预测

根据评估机构的市场调研，受到宏观经济环境的影响，短期内全市范围内类似项目的租金和出租率承压。基础设施项目所在区域为产业核心聚集区，区域内产业氛围浓厚，入驻企业需求稳定且多为高科技智能化企业，结合基础设施项目及区域内其他可比较的智能制造及工业研发用房签约租金增长率水平，预测前 2 年租金不增长，之后年度按照 2.5% 的增长率考虑。

2. 资本化率（Cap Rate）

根据基础设施项目评估结果及 2024 年预测的经营性净现金流，计算金隅智造工场产权一期项目的资本化率为 6.98%。

资本化率 =2024 年完整年度的经营性净现金流 ÷ 基础设施项目评估基准日的市场价值。

3. 折现率的选取

本次估价测算采用 6.25% 的折现率。

6.5.5　分派率情况

可供分配金额测算表见表 6-11。

可供分配金额测算表　　　　　　　　　　表 6-11

项目	2024 年度 预测数（元）	2025 年度 预测数（元）
一、合并净利润	33 926 801.55	36 112 147.63
二、将合并净利润调整为税息折旧及摊销前利润		
折旧和摊销	631 956 52.20	63 195 652.20
利息支出		
所得税费用	5 495 836.13	429 451.23
三、其他调整		
基础设施基金发行份额募集的资金	1 531 000 000.00	
取得借款收到的本金		
偿还借款本金支付的现金		
购买基础设施项目的支出	−1 530 000 000.00	
其他资本性支出		
基础设施项目资产的公允价值变动损益		
基础设施项目资产减值准备的变动		
基础设施项目资产的处置利得或损失		
处置基础设施项目资产取得的现金		
重大资本性支出		
未来合理期间内的债务利息偿还		
未来合理期间内的运营费用		
使用上期预留资金支付本期费用		
起初现金余额	12 224 853.35	94 603 812.34
其他调整	0.00	94 603 812.34
四、可供分配金额	94 603 812.34	97 173 226.46
基金拟募集规模		1 531 000 000.00
现金分派率		
现金分派率	6.18%	6.35%

本次基金拟募集规模为 15.31 亿元，2024 年及 2025 年可供分配现金预测值分别为 9460.38 万元和 9717.32 万元，年化现金流分派率预测值分别为 6.18% 和 6.35%。

6.6 REITs 扩募

REITs 扩募主要经过 6 个阶段：基金管理人内部审议、国家发展改革委申报推荐、证监会准予注册、交易所审核、基金持有人大会通过、完成扩募发售。REITs 扩募流程如图 6-6 所示。

图 6-6 REITs 扩募流程
数据来源：Wind，沪深交易所，
YY 评级整理

组织架构上，首批 5 家 REITs 均通过认购第 2 期资产支持证券专项计划，实现对新购入项目所有权的持有。但新专项计划持有项目公司的方式略有不同：中金普洛斯、富国首创水务、华安张江 REITs 购入第 2 期资产支持专项计划并持有其全部份额，第 2 期专项计划直接购入新项目公司的 100% 股权。博时蛇口和红土盐田港在第 2 期资产支持专项计划和项目公司间设置 SPV，第 2 期专项计划购买 SPV100% 股权及债权并间接持有新项目公司的 100% 股权。

1. REITs 扩募时新专项计划持有项目公司的方式

REITs 扩募时新专项计划持有项目公司的不同方式如图 6-7 所示。以中金普洛斯为例，扩募之前，中金普洛斯 REITs 已经是中金 - 普洛斯物流基础设施资产支持专项计划的唯一持有人；扩募时，REITs 产品将于本次新增专项计划（中金 - 普洛斯物流基础设施 2 期资产支持专项计划），签订《专项计

图 6-7 REITs 扩募时新专项计划
持有项目公司的不同方式
数据来源：Wind，沪深交易所，
YY 评级整理

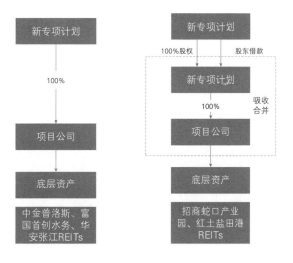

划认购协议》，将扩募资金以专项资产管理方式委托计划管理人管理，计划管理人设立并管理本次新增专项计划，基金管理人取得本次新增资产支持证券，成为本次新增资产支持证券 100% 的持有人。在完成上述操作后，中金普洛斯 REITs 将同时持有中金 – 普洛斯物流基础设施资产支持专项计划及中金 – 普洛斯物流基础设施 2 期资产支持专项计划的证券份额，而资产支持专项计划通过拥有旧、新项目 100% 股权从而实现对底层资产的控制。中金 REITs 扩募后结构如图 6-8 所示。

2. 资金用途

从资金用途来看，扩募的 5 单产品中有 4 单的扩募资金用途均为新购入基础设施项目，而博时蛇口产业园除新购入基础设施项目外，另有偿还全部并购贷款（首次发行时向招商银行深圳分行借入的 3 亿元，年利率为 3.5% 的并购贷款）。从扩募草案可知：蛇口产业园 REITs 扩募前 2022 年预测可供分配率为 3.13%。

REITs 通过扩募实现规模增长是海外市场的普遍做法，近年来美国 REITs 年度扩募规模已达到 300 亿 ~500 亿美元，占当年市值总量的 2%~4%，占年度市场融资总额的 50% 左右，是 REITs 规模增长的主要途径。

2022 年以来，交易所及国家发展改革委持续出台了若干扩募相关政策，对于新购入项目需满足的条件、购入项目的程序安排和扩募的发售定价等细节

图 6-8 中金 REITs 扩募后结构图

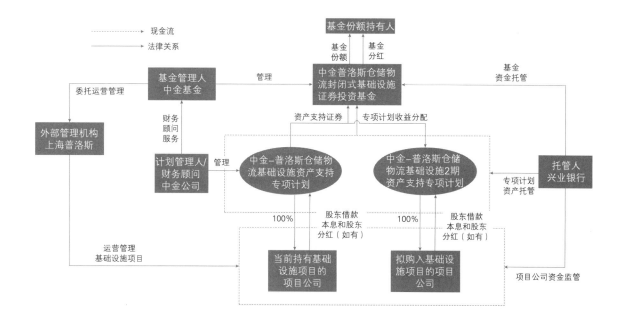

作出了明确安排与指引。2022 年 9 月 28 日，首批 5 只公募 REITs 集中发布了扩募相关公告及草案，拟购入资产合计 7 个，募集金额合计超 60 亿元，REITs 扩募进入实质性推进阶段。5 只公募 REITs 扩募重点各不相同，依据海外 REITs 市场的成熟经验，REITs 业绩增长的最大驱动力即为扩募和收购带来的资产规模扩大。同时，新购入资产意味着资产分散度的增加和收益风险的降低，契合 REITs 的实质。表 6-12 为 REITs 扩募相关政策文件。

REITs 扩募相关政策文件　　　　　　　　　　　　　　　　　表 6-12

序号	发布时间	发文部门	政策文件
1	2021.01.29	上海 / 深圳证券交易所	发布《公开募集基础设施证券投资基金（REITs）业务办法（试行）》
2	2022.04.15	上海 / 深圳证券交易所	发布《公开募集基础设施证券投资基金（REITs）规则适用指引第 3 号——新购入基础设施项目（试行）》
3	2022.7.13	国家发展改革委办公厅	印发《关于做好基础设施领域不动产投资信托基金（REITs）新购入项目申报推荐有关工作的通知》
4	2022.09.28	首批 5 家公募 REITs 扩募	华安张江光大 REITs、中金普洛斯 REITs、富国首创水务 REITs、博时蛇口产业园 REITs、红土盐田港 REITs

3. 越秀 REITs 扩募路径

2005 年 12 月，越秀 REITs 打包白马大厦、财富广场、城建大厦和维多利广场 4 个底层资产上市香港联交所，初始估值为 40.05 亿港元。随后历经 7 次收购，资产数量增加至 9 个，在管面积增加 6.4 倍至 118 万平方米，资产规模较上市时提升 9.5 倍至 438.6 亿港元。2012—2021 年越秀 REITs 底层物业前十大租户租金占比见表 6-13。

在突发因素面前（如疫情影响），REITs 资产物业组合的抗风险能力很重要。在扩募历程中，越秀房托通过不同业态、地区的资产布局来平衡风险收益。截至 2021 年末，越秀 REITs 在管物业类型涵盖写字楼、商业综合体、零售商场、批发市场四种类型，分布于广州、上海、武汉、杭州四大城市。从营收构成来看，越秀 REITs 逐步降低对单一物业的依赖度，从资产占比最大的广州国金中心来看，2014 年其营收占比高达 61.1%，截至 2021 年末已降至 54.3%。

越秀 REITs 以商业地产为底层资产，其营收和现金流的丰盈主要取决于物业的出租率、租金和租户结构，因此我们重点关注这些的变动趋势。

出租率的变化：从出租率来看，2012 年、2017 两年因收购广州国金中心、武汉物业出现小幅下滑，但之后均呈上涨趋势。2020 年以来受疫情影响，租金和出租率都有波动。截至 2021 年末，越秀 REITs 整体出租率为 92%，和 2019 年疫情前的 92.6% 基本持平。

租金水平变化：2008—2015 年越秀 REITs 单平方米月租金稳步增长，2016 年之后开始略有波动，截至 2021 年末，租金为每月 200.9 元 /m^2，相比 2019 年跌幅近 6.3%，遭受了一定的疫情冲击。

租户结构多元化：2012—2021 年，越秀 REITs 各物业的十大租户占总租金的比重整体下降，租户集中化程度下降，对单一租户的依赖性降低。以最主要的营收贡献者广州国金中心为例，早期租户构成以房地产业为主，后续金融业、商业服务业租户逐渐进入，截至 2021 年末，前十大租户租金占比为 52.8%，相比 2012 年减少了近 13 个百分点。

2012—2021 年越秀 REITs 底层物业前十大租户租金占比　　　　表 6-13

物业名称	类型	2012 年	2013 年	2014 年	2015 年	2016 年	2017 年	2018 年	2019 年	2020 年	2021 年
国金中心写字楼	甲级写字楼	66.32%	55.33%	51.94%	50.80%	48%	48.8%	53.10%	52.5%	55.0%	52.8%
国金中心商场	零售商场	–	–	–	–	–	82.70%	81.0%	79.80%	75.30%	76.30%
白马大厦	批发商城	9.15%	9.75%	9.87%	10.0%	9.40%	9.60%	9.90%	9.60%	8.10%	8.10%
财富广场	甲级写字楼	52.90%	54.72%	53.89%	53.40%	51.20%	46.80%	45.80%	46.30%	43.60%	46.40%
城建大厦	甲级写字楼	65.22%	66.01%	69.47%	69.80%	68.20%	62.30%	59.40%	58.70%	63.30%	70.20%
维多利广场	零售商城	91.85%	92.65%	85.59%	82.90%	81.20%	81.80%	83.30%	83.80%	83.80%	78.30%
越秀新都会	综合商务楼	58.17%	58.00%	58.23%	58.70%	59.60%	47.90%	已出售			
上海越秀大厦	综合商务楼	未收购			31.50%	32.50%	35.10%	35.00%	39.10%	37.40%	48.50%
武汉越秀财富中心	甲级写字楼	未收购					75.20%	65.30%	59.20%	57.10%	45.50%
武汉星汇维港	零售商城	未收购					38.90%	33.70%	32.90%	32.70%	30.20%
杭州维多利	甲级写字楼	未收购						84.10%	89.50%	73.10%	88.30%

数据来源：Wind

第 7 章

城市更新的未来

截至 2023 年末，发达国家的城镇化率因国家而异，但普遍较高，一般在 70% 以上，甚至达到 80% 或更高。例如，美国、日本、德国的城镇化率分别达到 82%、91%、74%。其他发达国家的城镇化率也大都在以上范围内，如英国、法国、加拿大等。城市更新是立足于城市"全生命周期管理"的视角。发达国家在城市发展到成熟期后，结合产业的发展、城市的老化、人口的迭代开展了"城市更新"活动，比如巴黎的塞纳河左岸更新计划、美国休斯敦第四区振兴计划、波士顿中央大道改造工程等，还包括德国鲁尔工业区（工业区更新）、纽约高线公园（交通设施更新）、伦敦码头（交通设施更新）、新加坡河（居住社区）等著名城市更新工程，以适应新产业、新功能、新人口的需要。

2023 年末，我国全国常住人口城镇化率为 66.16%，与发达国家还有一定差距，但差距在显著缩小，这意味着未来城市发展的重点将不再是扩大规模，而是优化空间布局与提高生活品质。结合自然资源部对城区范围即城市化标准统计区范围的统计，作为一定时期城乡划分和城市化地区边界，解决城市化空间结构分析"分母"的标准化问题，全国 683 个设市城市城区范围总面积为 11.02 万平方公里。如何优化如此大规模的城市城区组织结构，给城市更新提供了巨大的市场及想象空间。

中国城市更新在借鉴国外优秀经验的基础上，也要结合中国自身的土地制度、人地矛盾、工业化和城镇化水平、产业、生态环境特点，以及目前日新月异的技术进步、人口更迭、经济模式转型等因素，努力走出适合自身发展的城市更新之路。目前，中国城市更新主要担负着以下使命：

1. 盘活存量土地资产，提高土地利用效率，提升土地开发强度。

2. 改造更新建筑设施，改善人居环境、城市面貌，美化城市景观等。

3. 优化城市公共服务功能，增加公共服务供给，促进空间复合利用，补齐城市功能短板。

4. 优化城市空间布局，改善地类均衡性，促进产城融合、职住平衡，产生规模效益，带动区域发展。

5. 结合城市自身特点，夯实产业基础，结合创新和企业家精神，使得城市更新有更长的生命力。

城市更新是一个综合性的平衡迭代过程，影响因素众多。政策因素、经济因素、社会因素和环境因素等共同作用，相互影响，决定了城市更新的方向和效果。城市未来发展要坚持集约发展，框定总量、限定容量、盘活存量、做优增量、提高质量，基于以上目标，城市更新主要的发展趋势如下：

1. 可持续发展：城市更新不仅仅是提升城市的外观和功能，更要实现对城市产业、社区环境、居民生活质量的改善与提升。因此，未来城市更新将更加注重环境可持续性，包括采用可再生能源、推广绿色建筑、发展高效的交通系统和废物处理技术等。

2. 智能化：随着第四次工业革命的到来，借助人工智能和物联网技术，使得城市更新的效率和准确性更高，也会促进决策的科学化和精细化，未来城市可以实现智能化的交通管理、能源管理和公共服务。例如，智能交通系统可以优化交通流量，减少拥堵；智能家居可以根据用户需求自动调节能源消耗等。

3. 生态友好：城市更新的规划将更加注重生态系统的保护和修复，增加绿化空间，建设湿地和公园，提高城市的生态质量，实现城市和谐共生。

4. 高密度和多功能：为了节约土地资源，集聚人才，未来城市会向高层和高密度发展，同时建筑也将具备多种功能，如办公、居住和商业的一体化，实现知识、信息的高效集聚与交换。

5. 公共服务：注重城市的多功能性和可适应性，包括但不限于对教育、医疗、文化和娱乐等公共服务的系统谋划，并结合数字化技术，更加高效有序地把公共服务的资产价值放大。

6. 社区和社交：在城市更新中，要充分与社区居民沟通，增强居民对城市更新的认同感和归属感，实现社区建设和社交互动，打造更加人性化和温馨的居住环境。

7. 创新和创业：创新和企业家精神是城市更新的生命力，通过建立创业中心，吸引各种人才和企业，推动经济发展和技术进步。

如何实现中国城市更新的高品质融合、产业的迭代升级、城市的均衡发展？落后城市又如何通过产业的转型升级，实现城市发展的弯道超车？中小城市的产业未来在哪里？城市更新为产业提升、城市功能再造提供了路径和可能。城市更新是空间价值的再塑造，通过改变空间格局，重构产业逻辑，丰富社区组团，形成高质量发展的城市更新新格局，为解决上述困境提供了选择。展望我国的城市更新未来，需要立足民生、发展、经济等多维度基础之上。

7.1　城市更新的内在逻辑

产业与城市的发展相生相伴。产业是就业的前提,人是城市的核心及主体,为城市带来了活力及生命力。城市区域是人们在可利用的科技尺度内所能接受的最大半径,科技的发展水平及高度决定了城市的规模及尺度。城市更新的内在逻辑也牵涉经济学、政治学、社会学、科技技术革命、工程、气候等多领域,但对于城市的管理者而言,在各种外部冲击的影响下,地域性流动、动荡和发展的不平衡,会使得城市区域的发展比以往任何时候面临更多的困惑。这个进程中的佼佼者必然使得人、产业、城市实现了和谐有序发展,但失败者面临的却是城市的衰落、产业的衰败,以及人才的大面积流出,很可能一蹶不振。

过去的城市更新开发模式大都是在政府的领导下,土地、资金、劳动力等要素从外部聚集到了城镇内,忽视了人民的发展需求、城镇工业支持和公共服务,导致人、产业和城镇发展不平衡。在新型城镇化进程中,各地都努力把人放在第一位,充分发挥市场的决定性作用,努力构建一个基于内生力量的人、产业、市场驱动整合的城市更新体系。

首先,通过要素和产品市场实现人与产业的融合。一是就要素市场而言,人为产业提供了一定数量的劳动力,如物质资本、人力资本、土地以及其他生产要素。而产业为人提供就业保障和相应的收入,如工资、利息、租金等,并可通过"干中学"促进人力资本的积累,进而为产业结构升级做好铺垫。二是就产品市场而言,一方面,人们通过购买商品来满足自身需求、刺激消费,从而促进产业的发展;另一方面,产品市场可以增加人在教育、培训和健康等方面的消费,从而提高自身人力资本。

其次,通过要素和产品市场实现人与城镇的融合。城镇在要素市场和产品服务市场上征税获得资金,从而可以加大对教育、医疗等方面的投入,为人提供教育、医疗等基本福利,如学校、医院、银行等。

再者,通过要素市场实现产业与城镇的融合。城镇通过创新的制度安排来规范和引导生产要素的流动及其合理配置,为产业的发展提供基础设施和公共服务;而产业可以为城镇提供物质基础,通过生产要素的重组促进技术创新,从而提升城镇的竞争力和活力。

　　从长远来看，人、产、城一体化的关键在于人力资本积累、技术创新和制度改革等内生动力的形成和运作。其中，人是应该放在第一位的。城市更新的一体化机制如图 7-1 所示。

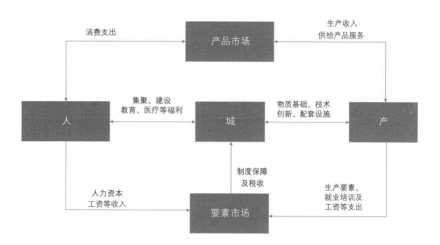

图 7-1　城市更新的一体化机制图

　　解释城市和产业变化的原因是社会科学的巨大挑战之一（Perloff，1963）。城市和产业的融合，与产业经济学、地理经济学等多个范畴的发展过程有关，而影响二者融合的力量在历史的进程中，也一直在此消彼长。是否存在着一种理论，能有效解释城市更新的内在逻辑？在目前来看是不现实的，尤其是在研究城市更新这样一个空间经济学的人、技术、资源在空间上的有序分布问题。

　　其实，经济学家尝试给出了城市更新的范式，即城市更新 =f（经济、制度、社会互动、创新、政治和规范等）。有了上述研究的基础范围，再从微观视角去分析个人、企业、城市如何通过相互的互动来建立和改变城市。

　　首先，有必要从经济背景分析产业的布局，以及企业和工作岗位的走向如何影响了家庭的地理布局及个人的区位选择。同时，个人的作用及偏好，以及企业发展的偏好（影响产业布局），也会对城市的布局产生微妙的影响。

　　其次，制度方面，发展经济学考虑的制度包括但不限于国家、宪法、规则、法律和正式政策。一般认为，"好的制度"与城市经济的发展正相关。但制度的范畴也很宽泛，当制度面临的群体有差异时，产生的结果也大相径庭。

再者，社会活动也会对城市、产业的发展带来变数。人类经过数千年的迁徙，在不同地域形成了不同的地域文化，也形成了相对独立的社会生活方式，进而形成了相对稳定的社会结构，并在历史的长河中不断演变，从而形成了相对成熟的城市及产业边界体系。需要强大的外力冲击，才可能发生变化。

创新是经济发展的核心动力，也能给城市更新带来破坏性变化。创新不仅仅改变局部区域经济，也可能改变片区发展轨迹。从历史的长河看，产业革命带来了经济腾飞，也彻底改变了城市格局及城市规模，每次产业革命的核心都是创新，把人类送入了发展的快车道。

政治和规范也是城市发展的重要因素。城市更新势必会受到国家政策的影响，反之，它也以隐形途径融入国家政治和社会生活当中。显然，各城市、片区决策者的能力、水平、格局，以及城市的决策效率的差异、土地等相关政策、对于人才的友好程度等影响着生产要素（劳动力、企业和技术）整合的效率，进而影响创新，从而产生了城市更新的巨大差异。

7.1.1　城市更新的地理经济学解释

新古典城市经济学及舒适性是对城市更新的路径解释。新古典城市经济学（NNUE）研究的是个人、产业（企业）和家庭在空间上的分布，其中爱德华·格莱泽（Edward Glaeser，2008）提出了"空间一般均衡"的综合框架，其中企业选址决策、工人的个体迁移决策等因素存在着互相影响的关系。消费者寻求效用最大化，即拥有较高的收入、合理的住房支出和体面感。企业寻求利润最大化，它们有可能在不同地区实现全部要素的替代。而建筑商依据法规和需求提供住房，以及更多的活动空间。因此，空间一般均衡理论认为：住房价格、工资和城市规模由工人、企业和开发商之间的相互作用决定，这些相互作用又影响着城市规模、收入水平以及人口和收入的增长率。

其次，部分经济学家如菲利普·格雷夫斯（Philip Graves，1980，1983）认为，对舒适性（包括但不限于气候、健康、犯罪、交通、教育、艺术和娱乐、邻里因素等指标）的偏好是个人和家庭做出选择的最重要考量，舒适性显然主要是指气候和"生活的品质"，家庭和个体是因为寻求气候和"生活品质"而迁移的。依照上述思路，中国地理学家胡焕庸提出的北起黑龙江黑河，一路向西南延伸，终点是云南腾冲的胡焕庸线，是城市舒适性的最好印证，繁华、荒凉在这里分界。线的西北边是"大漠长河"，占国土面积64%，却仅有4%的人口；东南边则是"小桥流水"，36%的国土上，聚集着96%的国民（1935年至今，线两侧人口波动不超过3%）。胡焕庸线是边塞与田园风光的分界线，东边是"绿树村边合，青山郭外斜"，西边是"大漠孤烟直，长河落日圆"。东边是"杏花春雨江南"，西边是"白马秋风塞上"。显然，胡焕庸线是干旱与湿润的分界线，也是中国农业与牧业的分界线，更是中国经济的分界线，中国所有一线城市和二线城市，包括西部的大城市成都、重庆、西安、昆明均集中在胡焕庸线的东侧，甚至所有住房均价过万的城市，也分布在东侧；而西侧的大城市仅有兰州、乌鲁木齐几个。同样位于东侧的高度发达的交通网，有效地提升了运输效率。气候（自然环境）、人口密度、经济发展水平和社会历史条件的不同，奠定了胡焕庸线两侧城市更新以及经济发展水平的迥异。几十年来，为了尝试改变东西部的人口分布、缩小经济发展水平差距、改变胡焕庸线等，人们进行了诸多努力。但需要切实提升舒适性与城市发展的关联性，经济学试图给舒适性定价，从而给舒适性一个合理的供给。结合人们的偏好，伴随着人口政策的放开，全球气候变暖，以及中国大型基础设施（包括但不限于大型水利设施、交通、能源）的建设，舒适性驱动胡焕庸线西侧的发展成为可能，并进而催动城市系统的重新调整。受困于东部的高工资及过往的交通条件因素的特定产业（即不需要高资金、高技术密集型的产业，越来越程序化和机械化），在工业4.0时代，依赖于先进技术，即使不需要有颠覆性的创新，企业的选择会更加灵活，企业的迁移或许可以获得更加廉价的土地和低技能、低经验的劳动力，从而形成雁群效应，打破胡焕庸线东西差异的格局。

7.1.2　专业化是城市更新的核心引擎

产业为什么会集中，保罗·克鲁格曼（Paul R. Krugman，1991）基于比较优势理论，认为在那些基本特征（如劳动力和资本、知识、交通条件等）相似的地方，如果其行业或企业具有规模经济，就可以进行高效的专业化生产，即少数地区集中生产就会比分散生产成本更低。如果集中生产的成本比远距离运送产品到市场产生的运输或贸易成本更低，那么专业化和集聚就会产生贸易。

在此基础上，美国经济学家迪克西特、斯蒂格里茨、克鲁格曼建立了DSK模型，试图解释劳动力流动、产品种类和规模经济，从而证实专业化使得产业效率提高，从而让城市变得更有活力。DSK模型加入劳动力流动作为动态力量，农业工人通过追随产品多样化和低廉的价格（企业规模效应的结果）获得效用。随后大量企业涌入使产业形成空间集聚，从而释放更多的规模效应，接着是"滚雪球"般的城市更新相互强化过程的形成，最终形成"乘数"效应，使专业化的效用发挥到最大。

此外，专业化程度的提高，使得专业化的人才形成了集聚的人才市场，所谓的"物以类聚，人以群分"。集群效应是技术学习和知识溢出的场所（Jaffe and Trajtenberg，2002），即使在技术和创意全球流动的时代，专业化也有效地集聚了创新者群体，进而强化了知识的共享、匹配和学习，有效地改善集群的劳动生产率，从而让"专业者变得更专业"。

总之，新经济地理学试图把城市和地区发展建立起"行为人 – 企业 – 产业 – 城市 – 经济体"的研究范式，来排列组合城市、产业、企业和行为人之间的关系，但纯粹的模型推演是很难有说服力的。通过实践的检验，如最早的西安古城手工作坊的专业化街道，到现代阿里巴巴数字经济在杭州的集聚及异军突起，证实了专业化是城市更新的核心引擎，肇始于产业集聚和空间集聚，形成城市更新的雏形，并整合各种不同的力量，包括不同类型的规模经济、产品种类和质量、贸易成本、创新和竞争等的影响，进而提升标准化、技术壁垒优势，形成稳定成熟的市场，从而有效保证了城市更新系统的稳健性。

7.1.3　个人偏好为城市更新带来了个性化的特征

个人偏好把感性的因素有效融入到城市更新的展望中来。比如，深圳是一个年轻而有活力的城市，平均年龄不到 30 岁，由于有良好的创业环境及知识集聚，使得很多有抱负的青年人试图追逐自己的梦，把自身效用最大化，从而促使城市蓬勃发展。此外，有类似背景的人更愿意成为邻里，类似背景使得沟通的舒畅性得到了保证。心理学家和行为学家认为，沟通的无障碍即是一种包容性，最终影响自身幸福的内在良性反映。此外，通过个体特征的集聚反映出来的是一个较为宏观的舒适性体验，比如良好的绿化、优质的教育资源、便利的交通、干净整洁的公共空间、低犯罪率和良好的邻里关系。好的舒适性会和良好的城市片区形成良性互动而互相加强，给城市发展带来感性活力。

此外，个人偏好反映在人们对熟悉环境的亲和感和对陌生环境的恐惧感。因此，个人在同等就业的条件下，愿意回到自己熟悉的区域，这也反映了很多高校毕业生的就业选择 ——"从哪里来、到哪里去"。熟悉的城市角落、熟悉的饮食文化、熟悉的个体及邻里关系，保障了个人对安全方面的偏好，这也为城市更新体现地域特色及地域文化给出了一种合理的解释。

7.1.4　城市更新的制度逻辑

发展经济学理论认为制度是影响长期经济增长的因素（Rodrik、Subramanian and Trebbi，2004；Acemoglu and Robinson，2012）。制度（Institution），或称为建制，泛指以规则或运作模式，规范个体行动的一种社会结构。制度可以是正规的组织，也可以是非正规的在实践中反复出现并相互作用的组织。而这些制度的加总，就会影响决策、影响发言权、影响人们的偏好，以及某些联盟的形成（Carruthers，2002）。相反，城市更新的效率和品质也会作用于制度，并对制度及政治进程产生影响，如企业协会发展到一定程度后，就会影响政府对某些产业的扶持，进而从制度上予以保障。Person and Tabellini（2006）试图揭示一个有趣的逻辑，即广义的制度结构和一个区域的政治进程是如何与基于产业的特殊利益集团和制度相互作用的，如企业协会等。图 7-2 给出了制度与群体与特殊利益集团的相互影响，进而分析与专业化、人力资本之间的可能的互动范式。

因此，专业化的最初产生是人类的本能或偶然，为了提高劳动生产率，从而集聚形成了城市，经过循环累积形成了城市更新的雏形，并逐渐强化。而这种专业化的驱动力更多来源于结构化体系的搭建，或者某些事件的驱动。但一个地方要有专业化和人力资源等永不枯竭的动力资源，则需要有良好的社群及团体组织，更多地体现了"物以类聚、人以群分"，这种社群组织带来的福利效用也显而易见，Michael Storper 用一个简单的公式对此进行了总结：

社群的福利效用 = Σ { 互动 / 偏好 / 选择增加 }+{ 赋权 / 交换增加 }-{ 阻止效应 }

其中：

互动 / 偏好 / 选择增加 = 生产率 / 增加的非人格化交换 + 发现 / 激励 + 增加的代理 / 激励 + 出现的选择 / 生产率

赋权 / 交换增加 = 社会资本 + 信任 + 较低的交易成本 + 更好地验证合作伙伴的能力 + 低成本制裁

阻止效应 = 更高的交易成本（协调困难、沟通障碍）+ 委托 - 代理成本 +
狭隘的本位主义 + 抽取租金 + 捆绑

社群中群体与精英对专业化的持续深度影响，也是正式制度运行的基础，
并为正式制度的建立提供了素材。同时，一些新行业、新产业的出现，又通过
社群组织来号召、动员人力资源的有序流动，并为新的专业化及人才集聚提供
路径支持。良好的制度用来保护社群组织的创造活力，并使之有序发展，促进
产城的深度融合。

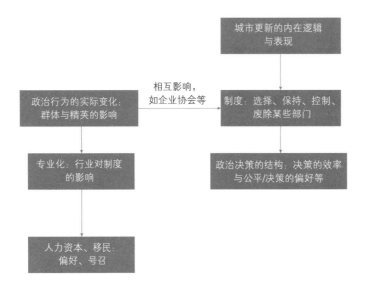

图 7-2 制度与群体与特殊利益集
团及专业化与人力资本之间的关系

7.1.5 城市更新的社会互动影响

社会互动是个体对他人采取社会行动或对方作出反应性社会活动的过
程——即我们的行动对别人的效果，以及别人的期望对我们自身的行为产生的
影响。它发生在个体之间、群体之间、个体与群体之间的相互的社会行动的过
程。这主要体现在面对面的接触、城市的禀赋、创新、全球化与区域互动三个
层面，进而影响城市更新的进程及质量。

1. "面对面接触" 与区域互动对城市更新的影响

随着科技的发展，面对面交流的必要性并没有消退，大城市人口的稠密程
度还在逐渐增加，北京、香港或者曼哈顿对于密集模式发展的偏好，或巴黎和
伦敦那种古老 + 密集 + 美丽的城市更新模式还有加剧的趋势。环境主义的先
知梭罗也曾说过人应该融入自然的怀抱，《瓦尔登湖》的神话或许能对个体选

择的偏好作出一种模式的回应，但总体而言，城市的出现或许是资源最好的利用方式。在目前阶段，实现资源效用最大化，也是最好的环境保护模式之一。面对面的社会互动的正向性作用还是显而易见的，主要表现在以下几个方面。

首先，面对面的沟通技术，体现在非标准化信息的大量传播。面对面的交流是具有社会创造性的复杂活动（J.L.Austin，1962），其中的视觉和身体线索对于了解"说的"内容以及话语本身同等重要。此外，交流的高频率和快速反馈有效降低了沟通成本，从而降低了面对面交流带来的拥堵成本和其他负外部性。

其次，面对面沟通对关系中的信任与激励有积极作用。信息不对称会造成道德论等一系列风险，而近距离的接触，会产生视觉上的交流与情感上的亲近，这也是人际关系建立的基础。通过近距离接触来解构和观察合作伙伴的行为及意图，并通过非语言信息的传递来判断谎言成本以及时间投入的对等性及互利性，从而有助于培养信任。

再者，面对面沟通有利于筛选和社会化方面。由于面对面沟通成本的代价，使得我们通过有意识地筛选出哪些是我们值得互动的人，进而建立起相关成员之间技能共享的知识储备库，通过真实可信的交流，个体作出判断与被判断，进而获得共同价值观。

此外，"冲动"是面对面接触的动力源泉。戈夫曼（Goffman，1959）认为面对面交流是一种"表演"（Performance），即信息产生的一种手段，从而有效提高传输信息的数量及质量。同时，"表演"可以激发模仿和竞争，进而促使人们的努力行为。

基于以上面对面交流所带来的正向效应，斯托珀尔等（Storper，2004）构建了面对面接触模型，证实了通过"面对面交流"可以有效提高劳动生产率，进而促使个体成为"圈内人"。基于以上交流的偏好，形成了北京、香港、伦敦等的城市集聚度，为产业繁荣及壮大提供了智力支持，同时城市需要提供岗位、企业及住宅，促进了产城的有效融合。

2. 城市禀赋及区域互动对城市更新的影响

区域环境包括区域的气候环境、居住条件对人才的吸引力，还包括教育资源的富集度，多样化的人才体系、研发体系、中介组织、风险资金等高端要素的集聚情况，进而形成创新的"马太效应"。这也使美国大约有 40% 的风险资金流向了硅谷及其辐射区。这指的是城市规模差异巨大的时候，形成的资源要素集聚形式的差别。

此外，即使经济规模相当的城市，由于城市的要素禀赋的差异，也会在劳动生产率、产业的选择方面有着微妙的区别。如成都、重庆两个大型都市，高铁运行距离不超过 1 小时，但两座城市的文化底蕴、行为方式都有很大不同，产业的布局差异也较大。这些时间、空间与环境的禀赋，包括历史的演变中所扮演的角色、空间中的自然环境、空间中的地理特征等因素，最后以一只无形的手影响着城市的气质和城市禀赋。成都试图建立"电子信息 +"产业核心区、"新一代信息技术"产业核心区、"智能制造"产业核心区、"数字娱乐"产业核心区、"大健康"产业核心区和"新金融"产业核心区，努力构建"音乐之都、美食之都、会展之都"的城市特色；而重庆的主导产业以汽车、电子信息业、装备制造业、材料工业、能源工业、建筑业、金融业为主，努力构建"国家历史文化名城、长江上游经济中心、国家重要的现代制造业基地、西南地区综合交通枢纽"。不同的城市"气质"及禀赋决定了对产业的定位有巨大差异，且这种"气质"随着时间及空间逐渐加强，最终形成了每个城市独特的禀赋。

3. 创新、全球化及区域互动对城市更新的影响

运输成本和交通格局的改变，使得许多分析师预测"距离在消失"（Cairncross，2001），但与之对应的一个事实是每次运输革命都会提高城市化和城市密度（Pred，1973）。出现这种情况的原因在于，"距离的消失"使得本地和远程活动有了更多互动，从而影响城市更新中产业格局的重组，并向生产更加复杂和更多品种的产品迭代。这在一定程度上强化了高技能人才和创新活动在与区域互动中的创新能力，使他们在全球化与区域互动中集聚。这主要体现在规范与交流、渠道、集群、社群、情境、合作与竞争七个方面。规范与交流：知识的发展过程同产品的生命周期一样，最终会导致规范化，但远距离传播规范性较差的知识会使发展更加困难且成本更高。知识由于迭代的速度更快，且是城市所在地地理和组织上的复杂组合，这就要求在全球化的浪潮中相对集聚的创新可能会效率更高。渠道：简·雅各布斯（Jane Jacobs，1969）认为城市即渠道。在知识的传播中，还有其他的传播途径，包括但不限于远距离的迁徙、互联网的搜索引擎，但这对于知识的系统性传播还存在着极大障碍，区域化的企业及学术研究溢出都有高度的本地化属性（Adams，

2005）。且有趣的是，城市更新中人才集聚的规模和集聚内企业的数量对知识的传播有极大的放大效应，这种带有选择性偏差的累积循环，最终也使得城市更新的力量在加强。集群：创新是专业化与城市化的结果，城市中的交流过程具有超可加性或"人气"，且创新与集群很可能互为因果（Braunerhjelm and Feldman，2006），至少在一定的条件下，它们相互加强，并可以累积和增加。社群：社群具有高度的信任基础，正如朱克等人（2006）指出，具有世界学术声誉的大多数科学家也选择与家门口的企业合作，这强化了本地的产业竞争格局和优势，也反向影响了创新在产业中的应用和实践。情境：许多人的决策和行动都受到情境限制，他们经常试图赶超与自己有联系的人，这是行动者的"动物精神"（Akerlof and Schiller，2009），但这种情境因素受地理因素的影响，即在特定情境下的创新活动对距离的敏感性，使得获取信息的人员以及设定追赶的对象和未来愿景都基于已有的信息和知识，促使行为人需要在特定情境下（及特定区域化的范围内）实现创新，促进了人员的集聚。合作：创新是知识、物质、人、资金的集合，这就要求不同领域不同专业的行为人之间的沟通和合作，各产业公司获得的创新技术也需要得到快速的反馈，这使得区域形成了产业核心集群，在集群内推广相应产品，并在全球范围内提供，加深了全球和区域化的联动，也促进了人才的相对区域化（Saliola and Zanfei，2009）。竞争：在创新的过程中，全球化会使得企业、政府和区域逐渐趋同，最终有可能产生过度竞争，这种竞争有可能会带来更多、更快的动态创新，又促使创新改变地理的分布，进而提高劳动生产率，从而影响城市更新的格局。

总之，创新、全球化与区域互动揭示了一个现象：高质量及高水平的创新活动是高度本地化的，全球运输和技术交流的创新增加了经济的复杂度和创新在时间和空间上的分布。但有一点是值得肯定的，即高度互动的城市是创新的先行者，也意味着这些城市可能率先完成产品和服务的重组，进而有效提升城市更新的质量。

7.1.6　城市更新的创新驱动力

创新是经济发展的原动力，按照增长经济学理论，如罗默（Romer，1986，1994）的增长模型证实，整个经济范围内的收益递增是资源约束下长期经济增长的主要来源，也即验证了科学技术是第一生产力。在历史的长河中，经济真正实现井喷的是三次工业革命，使得人类在短短的 100 多年里积聚了超越人类历史进程物质财富的总和，技术的驱动使得城市变得更加繁荣，城市更新实现了新跨越。这也说明，技术和知识有别于其他生产要素，它带来的生产率不受收益递减的影响。创新成为经济无限增长的源泉，也是城市更新的颠覆性源泉。

创新带来的产城质量提升是分阶段的。在第一阶段，正常生产的企业随着技术工人的集聚，产生知识集聚，创新随之出现在某些特定的地区和组织（企业）中，这构成了本地区域的技术壁垒，从而形成垄断租金，这也是几次工业革命中，西方发达国家在全世界掠夺资源的重要逻辑。当各国之间存在技术交流的障碍时，包括知识和技术利用相关的贸易沟通成本就会带来持久的垄断租金，技术在现实中存在着很大的排他性。

但随着时间推移，当相对落后区域的产业形成规模后，知识同样会形成集聚，对知识的复制和模仿就会变得容易。随着技术和模仿的广泛普及，价格降到平均成本，基于熊彼特式的创新竞争格局将被标准效率竞争所取代。知识的地理扩散与其他要素进行重新组合，势必会迎接新一轮的创新，这个过程周而复始，即不断的创新过程的开始，便可以赚取新一轮的垄断租金。存在垄断租金的产业集聚推动了高收入、高的生产要素价格，以及形成了极差地租。当企业的边际效应递减时，就会迫使产业（企业）迁移，也会使个人群体在空间上重新分布，从而使得成本高昂的地区最终回归均值。创新的原动力和回归均值的周而复始，使得城市在繁荣和衰落中更迭。

7.1.7　城市更新的政治和规范原因

政治协调着"公平与效率"，城市更新发展的程度关系着人们的生活方式和福祉，即对个体的工资、生活成本、工作机会和收入分配等有重要影响，这就促使企业和个人作出一个判断。首先在城市之间作出选择，并进一步在城市内部（包括社区区位）等对自我归类。其次，政治和规范对集聚有高度的限制，如果通过政治阻止集群进行调整，有可能阻碍创新生产力，进而抑制了专业化和城市更新的进程。此外，经济中崛起的强势企业和组织的地理起源也会反向作用于国家政治建构和政治权力的重新分配。

政治在努力促进"公平"中，要实现社会的稳定，有时避免不了对经济发展摊大饼，而不是"效率"最优的地理格局布局。如基础设施建设的投入，对于某些落后区域实现"县县通高速"，在短时间内的"投入产出"效应显然是不合理的，但"政治"上的公平可能在此发挥了主导作用。此外，在城市运营方面以公开、透明的方式考虑效率和分配结果，看上去能有效促进城市更新的进程，但是需要判断这种公共对话的设计是否需要更加成熟理智的个体才能接受等。因此，政治和规范从根本上也影响着城市更新的进程。

7.2　城市更新的发展趋势

城市更新是在我国转型升级的背景下相对于产城分离提山的一种发展思路。它要求产业与城市功能融合、空间整合，"以产促城，以城兴产，产业迭代更新"。城市没有产业支撑，即便再漂亮，也是"空城"；产业没有城市依托，即便再高端，也只能"空转"。城市化与产业化要有对应的匹配度，不能一快一慢，脱节分离，最终体现在城市与产业的功能融合、空间融合、结构融合、身份融合、组织融合，人、城、产业具有包容共生、良性互动的和谐关系。

中国在很长时间内仿照苏联产城分离模式，即在城市规划中一边做工业区、一边做商业区、另外再建设住宅生活区。随着城镇化率的提高，生产和生活的分离，大城市病逐渐显现，工作区位与生活区位的不匹配，也影响了经济活力和效率。

目前，大多数人都认可的城市更新是生产、生活、生态三者平衡。

同时，城市更新也迈入了新阶段，即向网络化、协同化、智能化、服务化的"四化"趋势发展。各大产业也顺应这四大特征，全面推进我国城市更新发展。

1."网络化"重塑了城市更新的空间分布

在大数据网络化发展背景下，我国城市将成为创新要素的聚集之地，成为推进创新成果推广应用的平台。在发挥互联网优势的同时，我国积极推动"大众创业、万众创新"，各级政府积极配合中央政府工作，做好创客空间、创新工厂、智慧创业等新空间的组织建设发展。

2."协同化"构造了城市的产业格局

国家"十三五"规划纲要明确提出，将协同发展作为一大发展理念。在国家政策的指引下，未来我国城市更新的协同化发展趋势还将日益显著。城市内部资源协同是城市更新的重要基础。在信息化时代下，任何城市的发展都是各类资源要素的协作发展，这是实现城市更新发展的重要基础。要实现城市更新，就要充分利用信息技术，建立城市系统内的跨部门、跨领域协同发展的信息化管理系统，有效推进城市内部信息资源的融合共享，实现精准化、协同化的城市管理。

3.“智能化”为产业格局大变局赋能

智能化为城市更新提供了多层次、全覆盖、高品质的公共服务，提升了社会资源配置效率，创新了公共服务供给模式。智能化系统有利于推进政务信息公开，强化部门之间的协调合作，为企业提供大量的信息资源。通过智能化系统，政府部门将医疗信息、企业信用、公共设施、环境质量等信息及时向社会公开，为民众提供充分、便捷的信息服务。智能化的发展有助于我国实现基础设施智能化、公共服务便捷化、城市管理精细化、产业发展科学化、生活环境适宜化，从而引领我国城市更新进入高端发展阶段。

4.“服务化”为产业结构调整提供了粘合剂

随着产业结构的不断调整，服务业已成为我国经济发展的主导力量，第三产业占比超过 50%。服务化是我国城市更新发展的新引擎。以电子商务、金融服务、信息服务等为主的 2.5 产业及第三产业为代表的服务业迅速发展，为政府、企业与其他用户创立了新的消费平台，不仅降低了成本，还提供了安全稳定的服务。服务化是我国城市更新发展的粘合剂。图 7-3 为城市更新规划路径。

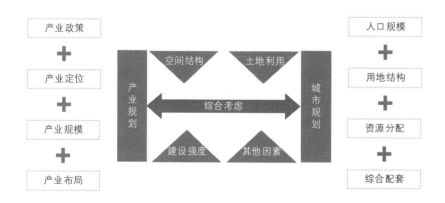

图 7-3 城市更新规划路径

7.3 城市更新的投融资发展趋势设想

创新是民族进步的灵魂，是城市迈向高质量发展的源泉，也是国家兴旺发达的不竭动力。而实现这一目标，离不开投融资创新的支持。结合城市更新特点，以及商业社会创新的融资特点来看，在快速迭代的商业社会，商业模式的创新比技术迭代更容易提升城市、社区、企业的活力。但类似的创新却很难得到传统融资模式的青睐，包括但不限于以商业银行为主的间接融资体系的有效支持，最终体现在城市更新的融资难、融资贵、融资慢、流程复杂等问题上。

伴随着数字技术的发展，借助大数据及人工智能，核心企业、社群、个人融资主体的信用将被拆分并穿透至供应链远端，可以有效打破当前创新主体缺乏足够的抵押品、无法获得银行授信的支持、在当前的融资体系下被边缘化的窘境。数字金融的出现能通过大数据、人工智能和云计算等数字技术，使资金供给方可以对客户进行精准的行为画像，从而结合城市更新的业务特点，设计出既符合客户需求，又能满足资金供给方风险防控需求的金融产品。精准投放信贷资产的行为，不仅能够推动整个信贷资源配置效率的提升，有效降低交易成本，也能通过为创新主体提供金融要素支持，从而有效推动城市的创新增长。

数字普惠金融的发展能够对创新增长产生重要影响，城市更新投融资必须拥抱创新，才能通过新质生产力实现城市高质量发展。

7.4　构建可持续发展的城市更新体系

城市更新作为载入国家"十四五"规划的战略抓手，是塑造经济新增长点、促进民生福祉、引领产业转型提质的综合性、长期性事业。如何在地方政府财政和债务负担加重、市场资金预期转弱的背景下实现可持续的城市更新，以及放在更长远的维度，实现具有前瞻性、引领性的城市更新，都需要做好系统的思考。

首先，要理清政策顶层设计逻辑、产权创新逻辑、整体性治理逻辑、财政可持续逻辑以及价值再造逻辑，从而构建城市更新可持续发展体系。在顶层设计上，需要从立法的角度做适当突破，从而实现在满足现有规范条件下的增容，自主更新等多维度的突破。其次，城市更新产权复杂，所有权和处置权细碎化，导致城市更新协调难度大，统一管理复杂，统一运营存在障碍，协调成本巨大等，后续要在所有权、使用权、经营权等分离上做好制度设计。再者，在整体性治理方面，由于城市更新牵涉主体多，包括但不限于城市管理者、投资人、银行、居民等，从城市更新公司治理的理论出发，它的目标就必然是以利益相关者利益最大化为基准，因此，要深入研究利益相关者利益最大化理论，城市更新公司通过对所有的利益相关者实行问责制和优化公司治理结构体系，从而最大化创造价值。至于财政可持续原理，城市更新是多维度、多层次的，各地城市更新除了要做好产业、空间的合理匹配外，也要做好战略规划，包括资金战略实施规划，量力有序开展城市更新，避免过度超前透支财政，加重地方政府负担。同时要积极引进社会资本的活水，实现城市更新资金来源多维度、多渠道。最后是价值再造逻辑，这是城市更新的本源，城市更新的价值再造包括居住环境改善的价值再造，产业迭代升级的空间价值再造等。只有实现了上述目标，城市更新才是有可持续性基础的有机更新。

7.5　城市更新的智慧化路径——智慧城市

7.5.1　智慧城市概念

智慧城市是把新一代信息技术充分运用在城市的各行各业，基于知识社会下一代创新（创新2.0）的城市信息化高级形态，实现信息化、工业化与城镇化深度融合，有助于缓解"大城市病"，提高资源配置效率，实现以人为核心的城镇化，并实现城市的精细化和动态化管理，有效提升城市管理成效和改善市民生活质量。

智慧城市面向的是未来的城市，也是以人为中心的城市，充分展示了人、空间、服务因数字技术而产生了全新的交互方式。

国内外都开展了智慧城市的实践与创新，其中有美国、日本、新加坡等在智慧城市方面的实践，通过政策制定、确定人本理念，进而实现"绿色、低碳"，万物互联，实现资源的有效配置，对中国智慧城市的建设提供了借鉴。中国北京、上海、深圳等地也把智慧城市建设作为城市发展的重要目标，努力全面贯彻"创新、协调、绿色、开放、共享"的发展理念。

7.5.2　智慧城市的实现路径

城市是一个复杂的巨系统，城市规模越大，城市运行管理的领域就越多。在党的二十大上，习近平总书记指出，"加强城市基础设施建设，打造宜居、韧性、智慧城市"。新型智慧城市是群众对更美好城市生活的向往，也是城市高质量发展的必然追求，借助 5G、大数据、云计算、区块链、人工智能等前沿技术，从而实现城市全面透彻的感知、宽带泛在的互联、智能融合的应用以及以人为本的可持续创新。具体实施路径如下：

1）基础设施智能化：利用物联网、传感器和智能技术，升级城市的基础设施，如交通系统、供水供电网络和公共安全设施等，实现高效的运营和管理。积极推动城市人流、物流、信息流、资金流的协调高效运行，推动城市发展转型升级。

2）数据驱动的决策：建立城市数据平台，利用大模型技术，收集和分析各种数据，以更好地了解城市的运行状况和居民的需求，从而做出更科学的决策。

3）智能交通系统：发展智能交通管理系统，包括实时交通信息、智能交通信号灯和智能停车等，未来实现"聪明的车、智慧的路"，形成车、路、网、云的有效联动，以减少拥堵，提高交通效率。

4）绿色可持续发展：推动可再生能源的利用，以及做好智慧能源体系，实施节能减排措施，改善城市环境质量，建设可持续的城市生态系统。

5）公共服务数字化：将公共服务，如教育、医疗、政务等，进行数字化转型，提供更便捷、高效的服务体验。

6）安全和隐私保护：加强网络安全和数据隐私保护，确保智慧城市系统的安全性和居民个人信息的保密性。

7）跨部门协同：促进不同政府部门、企业和社会机构之间的合作，形成协同效应，从而弥合各部门管理的鸿沟。

这些建设路径可以根据城市的特点和需求进行定制和实施，以打造更具智慧性和宜居性的城市环境，提高城市居民的生活质量和幸福感。同时，需要注重保障居民的权益和隐私，确保智慧城市的发展以人为本。

7.6　城市更新的生态友好路径——公园城市

城市是人类文明进步的结晶和摇篮。古巴比伦城呈现青铜时代两河流域的壮丽图景，古希腊城邦承载西方文明古典时代的哲学光辉，伦敦拉开工业文明时代城市现代化的序幕，纽约探索塑造后工业文明时代的新型城市形态，我国历史上也涌现出刻满古老甲骨文字的"殷都"、辉映锦绣盛唐气象的长安、见证千年风流繁华的北京、穿越近代跌宕沉浮的上海、傲立改革开放潮头的深圳等独具中国特色、承载中华文明的城市。

16 世纪的"乌托邦"、17 世纪的"太阳城"、18 世纪的"理想城市"、19 世纪的"田园城市"、近代的"生态城市""绿色城市"等理论代表了各个时代人们对城市的理想追求。《雅典宪章》《马丘比丘宪章》《新城市议程》和我国春秋时期《周礼·考工记》、宋代《营造法式》、明清《工程做法》等文献体现了关于城市可持续发展、追求人本关怀的共识。

霍华德针对现代社会出现的城市问题，提出带有先驱性的规划思想，关于城市规模、布局结构、人口密度、绿带等城市规划问题，提出一系列独创性的见解，是一个比较完整的城市规划思想体系。田园城市理论对现代城市规划思想起到了重要的启蒙作用，对后来出现的一些城市规划理论，如"有机疏散"论、卫星城镇的理论颇有影响。20 世纪 40 年代以后，一些重要的城市规划方案和城市规划法规也反映了霍华德的思想。

中国关于田园城市方面的理论研究主要集中在城市规划学领域，如中国城市规划设计研究院和同济大学建筑与城市规划学院出版和发表了田园城市相关的著作和论文。其他领域，如社会学和生态学的学者也对该理论有所关注。在中国历史学界，一些学者也开始了对霍华德田园城市理论的研究，如马万利和梅雪芹等。田园城市理论对中国城市更新的启示有：绿色发展，强调城市与自然的和谐共生，注重生态环境保护和可持续发展；重视生态，重视城市生态系统的建设和维护，提高城市的生态质量和生态服务功能；区域发展，田园城市理论倡导区域协调发展，通过加强城市与周边地区的联系和合作，实现资源共享和优势互补；城乡统筹，该理论提倡城乡统筹发展，促进城市和农村之间的互动和协调，缩小城乡差距，实现城乡一体化发展；人性发展，田园城市注重以人为本，关注居民的需求和福祉，通过提供优质的公共服务和舒适的居住环境，提高居民的生活质量和幸福感；优化制度，田园城市理论强调制度创新和优化，通过完善城市规划、土地管理、社会保障等制度，保障城市的有序发展和社会的公平正义。

以中国成都市新都区为代表的"田园城市示范区"，为实现田园城市提供了现实样板。新都作为古蜀国"三都"（成都、广都、新都）之一，拥有3000 年的悠久历史和丰富的文化积淀。书香、佛香、花香"三香"袭人，山脉、水脉、文脉、人脉"四脉"传承。宝光寺、桂湖、说唱俑、正因商周村落遗址、东湖等文化符号，无不证明新都的历史人文独具特色；同时，新都区位独特，是成都对接北向经济能量集聚的重要载体，也成为了田园城市的重要载体。

当今时代是开放包容的时代，是合作共赢的时代。以新发展理念引领城市更新是习近平总书记交给城市更新的时代课题，是生态文明时代城市更新发展的全新探索。把建设美丽中国摆在强国建设、民族复兴的突出位置，推动城乡人居环境明显改善，美丽中国建设取得显著成效，以高品质生态环境支撑高质量发展，加快推进人与自然和谐共生的现代化。

要实现公园城市的目标，需要做好以下几方面工作：

1）丰富公园城市的内涵。公园城市理念内涵丰富、博大精深，在城市更新中引入公园城市概念，必须在实践中不断探索，践行生态文明价值现实路径，实现人居环境的有效改善，才能使生态价值文明理念不断创新发展。在此过程中，创新成为公园城市的动力源泉。高水平、常态化举办公园城市专业研讨会和论坛，共同深化城市更新过程中公园城市的内涵、形态、价值、场景、品质、品牌等重大问题的持续研究，共同构建美丽宜居公园城市的规划体系、指标体系、政策体系、评价体系，最大范围凝结以生态文明思想引领城市发展的广泛共识，从而在城市更新中实现城市形态的迭代。

2）实践中摸索公园城市建设模式。城市更新本身就是系统性工程，融入公园城市的建设理念，目前还没有现成的模式，需要凝心聚智、共同探索。协调成为公园城市建设的内生特点，人城产的发展理念成为共识，把人作为第一核心要素，精准科学的城市更新规划造就城市独特的风貌特质，别具匠心的城市更新设计破解"千城一面"的简单重复，产城融合、职住平衡持续消解大城市的外部负效应，组团发展、功能复合也将城市"摊大饼"式无序蔓延，绿色廊道、开敞空间全面疏朗市民生活的格局尺度，生活场景、消费场景、生产场景叠加耦合推动农商文旅体的融合发展，实现公园城市生长发育的整体性、持续性。

3）挖掘城市更新的内涵价值。公园城市的本质在于提供有价值的生活方式。通过城市更新，实现绿色成为公园城市的底色，"绿水青山就是金山银山"理念得到践行，多元文化场景和特色文化载体塑造别样精彩、独具特色的现代城市新意象，资源节约、环境友好、循环高效的生产方式成为新经济发展、新动能培育的重要支撑，"轨道+公交+慢行"三网融合的绿色交通体系最大限度优化交通组织方式，以优质绿色公共服务供给引领形成绿色生活方式，充分彰显公园城市绿水青山的生态价值、诗意栖居的美学价值、以文化人的人文价值、绿色低碳的经济价值、简约健康的生活价值。

4）探究公园城市发展路径。公园城市建设要系统考虑公园城市的特征，顺应市场规律实现互利共赢，遵循商业逻辑推动模式创新，共同探索以公园城市理念推进城市更新有序增长、城市有机更新、片区一体开发、场景立体营造，共同分享新时代赋予的发展机遇，共同描绘高颜值、生活味、国际范、有归属感的公园城市新画卷。

7.7　城市更新的动力源泉——创新

创新是城市更新的核心动力，而创新驱动的实质是人才驱动。我国人才规模大、存量大，但人才的产业服务体系不完备，导致大量的人才浪费。每个城市要结合自身的城市资源要素，实现吸引人，留住人，以人为中心，塑造人才体系，实现产业链的延伸。比如，景德镇在开展城市更新过程中加大对陶瓷历史文化的保护，带动了相关产业的发展，形成了自己的特色，通过更新吸引了大量"景漂"。"景漂"是指来自全国乃至全球各地的艺术工作者和陶瓷爱好者，他们汇集于景德镇，被该地的陶瓷文化所吸引，投身于陶瓷艺术的研究和创作。目前景德镇吸引了超过3万名景漂，其中包括知名的古陶瓷专家、学者和艺术家。景漂不仅促进了景德镇陶瓷文化的传承和发展，也为城市带来了创新和活力，他们的到来，重塑了城市的精神气质，使景德镇成为国内外关注的焦点。此外，景漂现象也与景德镇的历史背景和文化资源紧密相关，该现象已成为景德镇文化生态的重要组成部分。

7.8　城市更新的理论借鉴与研究方法

7.8.1　城市更新的理论借鉴

随着城市化进程的深入，传统物质性的城市构建已经演变为内涵更加全面深入的城市更新，学术界也发展出众多理论，这些理论主要围绕着城市更新的三个维度：城市改造发生的动力机制，城市空间更新的设计形式，以及城市空间的使用及感知。进一步归纳，其主要体现在产业发展的相关理论、城市发展的相关理论，以及政治经济学和社会学理论等。

1. 产业发展的相关理论

产业经济学从作为一个有机整体的产业出发，探讨在以工业化为中心的经济发展中产业结构、产业内企业组织结构变化的规律，以及研究这些规律的方法。产业经济学的研究对象是产业内部各企业之间相互作用关系的规律、产业本身发展的规律、产业与产业之间互动联系的规律，以及产业在空间区域中的分布规律等。

1）产业组织理论

产业组织理论研究市场在不完全竞争条件下的企业行为与市场构造，即研究产业内企业的规模经济效应与企业之间的竞争活力的冲突。其中哈佛学派和芝加哥学派构建了自身的理论框架，哈佛学派建立了 SCP 结构主义理论范式，即市场结构—市场行为—市场绩效的分析框架，研究结构、行为与绩效之间的因果关系。而芝加哥学派主要的观点是上述三者之间没有必要的因果关系，或者是市场绩效—市场行为—市场结构的逆向因果关系。

2）产业联系理论

产业联系理论侧重于研究产业之间的中间投入和中间产出之间的关系，即利用投入产出法，较好地反映产业的中间投入和中间需求，以及分析各相关产业的关联关系（包括前向关联和后向关联等），产业的波及效果（包括产业感应度和影响力、生产的最终依赖以及就业和资本需求量）等。

3）产业布局理论

产业布局是一国或地区经济发展规划的基础，该理论主要研究影响产业布局的影响因素、产业布局与经济发展的关系、产业布局的基本原则、产业布局的基本原理、产业布局的一般规律、产业布局的指向性以及产业布局政策等。

其中比较典型的有古典区位理论，杜能 1826 年在《农业和国民经济中的孤立国》中提出，在确定农业活动最佳配置点时，要把运输因素考虑进来。此外，韦伯 1909 年在《工业区位论——区位的纯理论》中，提出了区位因子决定生产区位，并分析了影响工业区位的因子，进而确定合理的工业区位。

随着区位理论的发展，诞生了近代区位理论，其中比较典型的有市场区位理论的代表人物奥古斯特·廖施（德国，1939 年）在《经济的空间秩序》中认为，工业布局的根本原则是寻求最大利润。地理区位学派的代表人物克里斯塔勒（德国，1933 年）在《德国南部的中心地》中系统地阐述了中心地的数量、规模和分布模式，首次建立了中心地理论（或中心地假说），进而给出了中心地分布的三种变化模式：市场原则、交通原则、行政原则。

到了现代，产业布局理论向多样化方向发展，其中有成本—市场学派，核心内容是研究成本与市场的相互依存关系，认为产业区位的确定应以最大利润为目标，对区位进行多种成本因素分析；地理学派在中心地的等级衡量方面，把城市人口规模与中心地等级联系起来，从而提高了中心地理论在城市系统研究中的应用价值。

4）产业发展理论

产业发展理论主要研究产业发展过程中的发展规律、发展周期、影响因素、产业转移、资源配置、发展政策等问题。

对产业发展规律的研究有利于决策部门根据产业发展各个不同阶段的发展规律采取不同的产业政策，也有利于企业根据这些规律采取相应的发展战略。

其中比较典型的有发展极理论的代表人物弗朗索瓦·佩鲁（法国，1955 年）在《略论"发展极"的概念》中论述了经济增长过程会产生一些自身增长迅速并能对邻近地区产生强大的辐射作用的"发展极"，优先发展可以带动邻近地区的共同发展。

地理性二元经济结构理论的代表人物有缪达尔（瑞典，1957 年）在《经济理论和不发达地区》一文中提出经济发达地区优先发展对其他落后地区的促进作用和不利影响。

2. 城市发展的相关理论

1）城市增长理论

城市增长的区域理论：比较代表性的中心外围理论是由弗里德曼（美国，1966 年）提出的，弗里德曼认为，在若干区域之间，多种原因会造成个别区域率先发展起来而成为"中心"，其他区域则因发展缓慢而成为"外围"，中心区在空间上表现为中心城市、城镇群或城镇地区。

城市增长的经济学理论：主要有基础经济理论和聚集经济理论，其中基础经济理论是描述城市经济发展中人、产、城不同阶段的逻辑关系，聚集经济是指因企业、居民的空间集中而带来的经济利益或成本节约。

城市增长的人文生态学理论：从城市是一个生态系统的角度，揭示了人类的相互竞争和依赖促进了人类社会的发展和城市的进步，相互竞争导致为追求生产效率而进行社会分工，社会分工又促进了彼此间的依赖。

城市增长的交通通讯理论：区域层面，交通及通讯不再是制约社会和经济发展的首要问题，有效拉近了城市与城市之间的时空距离，产业链在城市之间的协同发展成为可能，城市之间的合作模式也愈发复杂。

城市增长的全球化理论：随着全球经济一体化，在新的国际劳动分工中，控制 / 管理功能趋于空间集聚，制造 / 装配功能趋于空间扩散，进而促进了发展中国家的工业化和发达国家高端技术的突破及金融领域的控制能力加强。

城市增长的政治经济学理论：城市政治就是在追求"效率与公平"的基础上，不断促进经济发展，政府、企业集团、社区等利益相关方通过政治、经济相互制约、相互协调，合力推动城市发展，塑造着城市空间。

2）城市空间理论

主要有城市空间布局理论和城市空间分析理论。其中，城市空间布局理论包含城市分散发展理论和城市集中发展理论。城市分散发展理论建立在通过建设小城市来分散大城市的基础上，主要理论包括田园城市、卫星城市和产业新城的思想，以及有机疏散理论等。而城市集中发展理论主要有霍尔 1966 年在《世界城市》中描述的，世界城市的特征是政治中心、商业中心、人才中心、人口中心、文化娱乐中心，进而世界城市的国际功能决定了该城市与世界经济一体化相联系的方式、程度。

城市空间分析理论包括生态区位理论、经济区位理论、社会区位理论、政治区位理论。生态学派主要采用描述性的历史形态方法，概述城市土地利用的历史增长趋势并归纳城市空间分布规律，其中包括轴向增长理论、同心圆理论、扇形理论和多核理论等。经济区位理论主要以市场平衡理论为基础，注重运用空间经济学理论和数理分析方法来演绎和建构城市土地利用模型，分析和解释城市土地利用的区位决策和空间模式。社会区位理论认为人受价值观、思维方式、知识水平和信息掌握程度等方面的影响，人们对区位的决策以及对土地的利用并不是使利益最大化，往往决策和影响因素较多。政治区位理论是运用政治经济学理论和方法来分析城市土地利用的内在动力机制，演绎和解释城市土地利用的空间模式，即对城市空间结构的认识必须从土地及其所在的社会背景和政治经济结构入手，才能透过现象看本质。

3）城市规划理论

城市规划理论包括综合规划理论（Comprehensive Planning）、分离渐进规划理论、混合审视理论、连续性规划理论。它以系统思想及其方法论为思想理论基础。

综合规划理论通过对城市系统的各个组成要素及其结构的研究，从整体上对城市问题提出解决方案。

分离渐进规划理论是理性主义和实用主义思想的结合。渐进的决策是一种补救的、更适合于缓和现状的、具体的社会政策方法，而不是对未来社会目的的促进，核心是就事论事解决问题。

混合审视理论不像系统综合方法那样对领域内的所有部分都进行全面而详细的检测，而只是对研究领域中的某些部分进行非常详细的检测，对其他部分是概略、大致的认识，试图对综合规划理论和分离渐进规划理论进行补充和完善。

连续性规划理论认为城市规划应当统一地考虑总体的和具体的、战略的和战术的、短期的、中期的、长期的操作和设计，以及现状和未来的终极状态。

城市更新主要研究产业在空间的合理分布，需要把产业相关理论和城市发展的相关理论结合起来，系统考虑产业在城市中的空间分布机理，充分考虑产、城、人的联动性，以及相互融合的内在逻辑。

7.8.2　城市更新的研究方法

城市更新首先要建立产业和城市研究的框架，其中产业研究主要是产业链/价值链构成分析、行业规模与成长性分析、行业产品结构分析、市场集中度分析、行业区域分布、竞争力分析、营销模式分析、产权结构分析、进出口结构分析、行业进入壁垒分析、市场发展预测、行业价值判断、行业并购整合分析、细分行业系统性研究，从而建立产业研究的框架体系。

城市研究的框架是基于统计学的方法系统分析城市人口、土地利用、交通、环境、工程技术等，并利用系统化方法，把以上因素有效统一。主要方法有GIS、信息技术、概率与数理统计、博弈论分析方法、计量经济学分析（主要是空间计量经济学）、均衡与非均衡分析方法，还有系统动力学、平衡计分卡、层级分析法、专家深度访谈法等，以上方法为城市更新研究提供了科学支撑。

城市更新依赖于产业规划和空间规划在时序上的统一，二者需要借助战略规划实现落地，并借助新技术的应用，如应用IT技术分析人流及物流的空间分布，使得城市更新的产业与空间的融合更加合理有序。

现代城市已经具有五个维度：物质性的三维空间，时间作为第四维度，以互联网为依托的虚拟空间（virtual space）作为第五维度，未来信息技术会越来越广泛地应用于城市规划及更新中。利用大数据技术记录居民活动及分析人行轨迹、消费习惯、出行半径等，为更加合理地创造城市空间提供了可能；应用人工智能，通过Deep Learning算法语言（如DBN所用wake-sleep算法）等开发的信息识别技术（文字、人脸、声音识别），在居民的空间使用分析中得到应用。其他未来类似Chat GPT等大智移云新技术在城市规划、设计的应用也日益进步。一方面，这些高新技术对未来的城市设计及城市更新会产生重大挑战及影响，应该加强关注；另一方面，人类社会在心理上、伦理上、实践中都尚未对此做好准备。如何保护人类与生俱有的私密性要求，在公共和个体、便利和私密、管理和自主中找到平衡，仍然有漫长的道路，理论建设应先行一步。

7.9　城市更新未来展望

在未来的时空画卷中，城市将展现出一幅融合了新科技、新产业、智慧城市以及和谐城市等元素的宏伟图景，为我们呈现出美好的城市生活愿景。每座未来之城都有自身独特的个性，宛如一颗璀璨的明珠，既有自身的底蕴，又处处充满科技感，让和谐高效的元素融合到街道的每个角落。

短期内可以设想的是，通过城市更新，城市面貌将发生重大变化。基础设施将迎来一场智能化的革命，无人驾驶汽车及低空飞行器在不远的将来在道路上及低空能自如行驶，智能交通系统将成为城市交通的智慧大脑，精准地调控交通流量，拥堵将成为遥远的回忆，出行将变得便捷而高效，城市规划也逐渐从二维平面衍生至立体空间维度。新产业如绿色可持续能源、智慧能源也将如雨后春笋般崛起，为城市的发展注入蓬勃动力，同时减少了对环境的污染，通过多维度的金融模式创新，城市更新成为经济发展新引擎。

中期的城市更新的特点是智慧城市的理念将深入城市的每一个角落。物联网技术将如同一张无形的大网，将城市的各项设施紧密连接在一起。智能垃圾桶犹如一位勤劳的环保卫士，自动分类回收垃圾，让城市更加整洁；智能路灯似一位贴心的伙伴，根据环境光线智能调节亮度，为城市增添温馨的气息；居民通过智能手机就能轻松获取丰富多样的城市服务，预约公共设施、查询交通信息等都变得轻而易举；无人机体系可以有效融入家庭生活，可以有效接驳，提升工作效率。

长期来看，城市规划将更加注重人与自然的和谐共生。大量的绿化空间和公园宛如翠绿的宝石镶嵌在城市之中，人们可以在繁忙的生活中随时与自然亲密接触，感受大自然的治愈力量，释放压力，重拾内心的宁静。环保建筑材料的广泛应用，不仅减少了对自然资源的消耗，还为城市增添了一抹绿色。

在未来城市中，我们以更加开阔的胸怀，全要素地推动城市更新。投融资模式随着诚信体系的完善，股权融资和债权融资也将迎来创新，与城市更新完美结合。通过吸引社会资本参与，城市更新将得到充足的资金支持，推动城市的可持续发展。

城市更新与产业的结合将更加紧密。产业的发展将为城市更新提供动力和支撑，而城市更新则为产业发展创造更好的环境和条件。投融资模式的创新将促进城市更新与产业的完美融合，实现互利共赢。

每座城市，通过更新，都将绽放出有底蕴的科技光芒。新科技将不断推动城市的发展，如人工智能、大数据、区块链等技术将广泛应用于城市管理的各个领域。城市将变得更加智能、高效，为居民提供更加便捷的服务。

新产业的繁荣将为城市注入新的活力。绿色产业、高新技术产业等将成为城市经济的重要支柱，创造更多的就业机会和经济增长点。智慧城市的建设将让城市变得更加聪明。智能交通系统将实现交通的优化，减少拥堵；智能能源管理系统将提高能源利用效率，减少能源浪费。和谐城市的打造将注重人与人、人与自然的和谐共处。社区将成为居民交流互动的温馨港湾，人与人之间的关系更加融洽。

城市的发展将更加注重可持续性。环保理念将贯穿城市建设的始终，减少对环境的破坏，实现经济发展与环境保护的良性循环。

未来的城市改造和城市更新将更加注重多元化和包容性设计，以满足不同人群的需求和期望。例如，公共空间的设计将充分考虑老人、儿童、残疾人等不同群体的需求，实现无障碍设计和通用设计。在城市改造和城市更新中，对历史文化的保护越来越受到重视。未来，更多的城市将采取有力措施，保护和传承历史文化遗产，让城市在现代化进程中仍保持独特性和特色。绿色低碳发展已成为全球的共识。在城市改造和城市更新中，将更加注重绿色建筑、绿色交通、绿色基础设施等方面的发展，以降低碳排放，实现城市的可持续发展。

随着信息技术的不断发展，智慧城市建设已成为城市改造和城市更新的重要方向。未来，更多的城市将运用物联网、大数据、人工智能等技术，构建智慧交通、智慧安防、智慧社区等系统，提高城市的宜居性和宜业性。

科学合理的规划和管理，可以推动城市的可持续发展和创新升级。在这个过程中，政府应起到引导和支持的作用，为城市的改造和更新提供必要的政策和服务保障，同时要充分发挥市场机制作用，激发社会各界的积极性和创造力，共同推动中国城市的繁荣和发展。为了更好地适应新的形势和发展需要，政府还需要不断完善相关政策和法规，加强监管和服务，确保城市的改造和更新能够有序推进，为人民群众创造更加美好的生活和发展环境。同时，要注重国际合作和学习借鉴先进经验，不断提升中国在城市化领域的国际地位和影响力，为全球城市化贡献中国方案。

在更久远的未来，伴随着科技的进步及城市理念的迭代，未来的城市更新或许是颠覆性的。人类从来没有停止对自身生存空间的思考，早在古希腊时期，哲学家柏拉图就在其所著的《理想国》中描绘了他理想中的未来城市，即少数哲学家做统治者、武装战士负责守卫城市、广大农工劳动供养前两种人，三者各司其职，便可形成有序的城市。随着时代进步，众多科学家及建筑学家给出了未来城市的雏形，包括漂浮的城市、悬空的城市，以及折叠的城市等。

1）模块城市

英国建筑师彼得·库克建立了插入式城市的雏形，他试图把住宅做成组合的模块，依据城市规划及城市基础设施配套，可以轮流用起重设备搬去一批或插上一批，房屋可以周期性更新（模块更新周期一般为 40 年）。

2）吊城

苏联建筑师格·波·波利索夫斯基设想了"悬浮"建筑方案，结合文艺复兴大师达·芬奇设想的空间架构，把建筑物悬吊于城市上空，或利用超高强度钢索，在景色优美的峡谷把街道、住宅、学校、花园、运动场悬挂起来，形成独特的悬挂城市，伴随着低空经济的放开，以及能源的有序迭代，空间城市随着交通及能源的发展，城市的发展会更加立体，且城市的半径也会随之扩大。

3）海上城市

美国建筑师富勒设想建造高 20 层上下的四面锥体，可漂浮在浅水的港湾或海边，与陆地用桥梁连接。通过有效的空间布局，将其组织成一个有序的小城镇，其中把设备安排在底层，商业中心和其他公共设施安排在四面体中间，网球场等运动设施布置在甲板。人口规模为 1.5 万 ~3 万人，以 3~6 个零星单位组成，从而构成小城市集群，这些有趣的构想都会随着第四次工业革命的到来，在实践中展示出另外一副生机勃勃的城市更新模样。

4）仿生城市

1968 年，意大利建筑师莱利提出了"仿生城市"的概念，即规划大树状的巨大结构，把城市居住区、商业区、无害工厂、街道广场、公园等，层叠安排在"巨树"的枝桠上，四周都可以种植庄稼和绿地，被誉为"未来城镇的典范"，未来城镇的规划未必一定是安置在"大树一样的巨大结构"上，但人类对生态、可持续发展的追求会一直刻在我们的基因中，结合科学技术的发展，生态城市、和谐城市会以人为本，为我们人类提供更加生态的庇护所。

在这个美好的愿景中，我们看到了科技的进步、产业的繁荣、金融的赋能、智慧的闪耀以及和谐的氛围。让我们携手共进，共同努力，向着壮丽的未来城市迈进。

参考文献

[1] 路子强. 城市更新和城市更新基金概述 [R]. 郑州产城更新，2023.

[2] 贾康，孙洁. 公私伙伴关系（PPP）的概念、起源、特征与功能 [J]. 财政研究，2009（10）：2-10.

[3] 李振宇. 资产证券化：原理、风险与评级 [M]. 北京：中国建筑工业出版社，2009.

[4] 秦虹. 城市有机更新的金融支持政策 .[J]. 中国金融，2021，（18）：16-18.

[5] 林华，罗桂连，张志军. PPP 与资产证券化 [M]. 北京：中信出版社，2016.

[6] 张朝元. 传统和新型基础设施投融资创新实务 [M]. 北京：中国金融出版社，2020.

[7] 朱杰，唐潇，温建利. 资产证券化实务详解 [M]. 北京：中国法制出版社，2019.

[8] 中基协：不得搞明股实债、明基实债！股东借款不予备案 [EB/OL]. [2017-12-05]. http://www.sohu.com/a/208681347_100012073.

[9] 中国人民大学国家发展与战略研究院与高和资本联合课题组. 城市片区统筹更新趋势下统筹主体的作用及机制 [R]. 2022.

[10] Allen M T. Capital structure determinants in real estate limited partnerships[J]. Financial Review，1995，30（3）：399-426.

[11] Ansoff，H. I. Strategies for diversification [J]. Harvard Business Review，1957（35）：113-124.

[12] Alchiain A.，Demsetz H. Production information costs，and Economic Organizations [J]. American Economic Review，1972，（62）：777-795.

[13] Amiud Y.，Lev B. Risk Reduction as a Managerial Motive for Conglomerate Mergers [J]. Bell Journal of Economics，1981，12（2）：605-617.

[14] Bernheim D.，Winston M. Multimarket contact and collusive behavior [J]. RAND Journal of Economics，1990，21：1-26.

[15] C. J. Hadlock，G. B. Lumer. Compensation，Turnover，and Top Management Incentives：Historical Evidence[J]. Journal of Business，1997，70（2）：153-187.

[16] Dye R. A. An evaluation of "Essays on Disclosure" and the Disclosure Literature in Accounting [J]. Journal of Accounting and Economics，2001，32：181-235.

[17] W.H. Mikkelson，M.M Partch. The decline of takeovers and disciplinary managerial turnover[J]. Journal of Financial Economics. 1997，44（2）：205-228.

[18] 申广军，姚洋，钟宁桦 . 民营企业融资难与我国劳动力市场的结构性问题 [J]. 管理世界，2020, 36（2）: 41-58.

[19] 中国人民银行成都分行营业管理部课题组，龙俊桃 . 供应链金融与小微企业融资：从信用孤立到信用穿透的嬗变 [J]. 西南金融，2020,（7）: 65-75.

[20] 周利，冯大威，易行健 . 数字普惠金融与城乡收入差距："数字红利"还是"数字鸿沟" [J]. 经济学家，2020,（5）: 99-108.

[21] 黄凯南，郝祥如 . 数字金融发展对我国城乡居民家庭消费的影响分析——来自中国家庭的微观证据 [J]. 社会科学辑刊，2021,（4）: 110-121.

[22] 吴雨，李晓，李洁，等 . 数字金融发展与家庭金融资产组合有效性 [J]. 管理世界，2021, 37（7）: 92-104.

[23] 胡中立，王书华 . 数字普惠金融发展能否缓解城乡收入差距——基于省级面板数据的检验 [J]. 统计学报，2021, 2（3）: 1-13.

[24] 杨少雄，孔荣 . 数字金融市场参与改善农户收入了吗？[J]. 华中农业大学学报（社会科学版），2021,（5）: 180-190.